广州大学2015年度教材出版基金资助项目

项目编号：JC201519

广东省特色专业系列教材

GUANGDONGSHENG TESE ZHUANYE XILIE JIAOCAI

Copy Writing for Radio and Television

广播电视文案写作

钟剑茜　李　近　曾　岑　著

暨南大學出版社

JINAN UNIVERSITY PRESS

中国·广州

图书在版编目（CIP）数据

广播电视文案写作/钟剑茜，李近，曾岑主编．—广州：暨南大学出版社，2015.8（2020.9 重印）
（广东省特色专业系列教材）
ISBN 978－7－5668－1442－5

Ⅰ.①广…　Ⅱ.①钟…②李…③曾…　Ⅲ.①广播工作—文书—写作②电视工作—文书—写作　Ⅳ.①F152.3

中国版本图书馆 CIP 数据核字（2015）第 119194 号

广播电视文案写作
GUANGBO DIANSHI WENAN XIEZUO
主编：钟剑茜　李　近　曾　岑

出 版 人：张晋升
策划编辑：史学英
责任编辑：颜　彦
责任校对：刘舜怡　胡　芸

出版发行：暨南大学出版社（510630）
电　　话：总编室（8620）85221601
　　　　　营销部（8620）85225284　85228291　85228292　85226712
传　　真：（8620）85221583（办公室）　85223774（营销部）
网　　址：http：//www.jnupress.com
排　　版：广州良弓广告有限公司
印　　刷：广州市穗彩印务有限公司
开　　本：787mm×1092mm　1/16
印　　张：17.125
字　　数：329 千
版　　次：2015 年 8 月第 1 版
印　　次：2020 年 9 月第 3 次
定　　价：45.00 元

目　录

基础篇

广播篇

电视篇

基础篇

第一章　广播电视写作概说

第一节　传统文章写作和广播电视写作

一、传统文章写作

写作是人类的物质生活和精神生活发展到一定水平的实践产物，具有悠久的历史。自从人类创造文字以来，人们就开始借助它来记载事实、传递信息、表达思想与倾诉感情。文字、文章与写作伴随着人类的进化历程和人类社会进步发展的步伐而不断丰富、不断变化、不断发展与不断完善。

千百年来，人们从不同观点、不同视角和不同应用目的出发去探索写作活动，总结、概括与论述了关于文章写作的方方面面，如对生活中的写作素材的观察思考与体会感悟，对写作材料的准备、概括与提炼，写作思维的运用与深化，写作语言的外化与培养，写作方式的优化与写作手段的现代化等。由于人们不断总结与挖掘不同文章的写作规律，研究与论述不同文章的写作艺术，于是形成了今天丰富的写作理论。

（一）文章的粗略划分

人们根据文章在实践生活中所担负的任务和所发挥的作用，把文章划分为不同的类别，而人们对文章的认识又往往与其对文章的划分联系在一起。

现在高校一般采用的写作学教材通常把文章分为广义的文章和狭义的文章两大类。广义的文章不仅包括记叙文、议论文和说明文，也包括各类应用文、学科论文、长篇理论著作和所有的文学作品。狭义的文章一般是指记叙文、议论文、说明文等所有门类的应用文体，如各种公文、日常应用文、新闻文体、长篇理论与学术著作。严格来说文学作品不包括在狭义的文章范围内，但大多数写作教材都把纪实性的文学作品（如报告文学、史传文学、纪实性散文）归入狭义的文章中。换言之，是否允许虚构成为划分文学作品与狭义的文章的界限。

（二）文学作品与狭义的文章的写作比较

1. 关于文学作品的写作

文学作品，一般包括诗歌、散文、小说和戏剧等作品形式。从内容上讲，它注重以形象化的手法反映不同时代丰富多彩的社会生活。写作者通常采取对世界的艺术的掌握方式写作，故文学作品的内容源于生活而高于生活；换言之，写作者采取各种艺术手段，从生活中取材但又经过虚构，不拘泥于真人真事。文学作品中的人物不专以生活中的某一个人为模特儿来塑造，而是杂取多人、合而为一；文学作品追求塑造立体的、具体生动的、有鲜明性格的人物形象；文学作品中叙述的事件也不只依托于一个生活事实，可以糅合若干同类事件、事实，或只选取事件发展的一端加以生发；文学作品所表现的生活环境，也不会只描摹一地一处的自然环境，写作者既可以表现作品所处时代、社会的大环境，又可以根据作品表达需要对环境加以组合创造，文学作品中的环境具有主观创造性与情理性。从形式上讲，文学作品在语言运用上强调语言须富有文采，追求优美感人的语言，且凸显写作者的语言个性等。

文学作品的结构和形式多样，且种类繁多。文学作品的结构虽有类型之分，却没有死板的条条框框的限制，是写作者的写作思维外化、深化与创新构思的结晶。因此，文学作品的结构和形式随时代进步、社会发展以及人们对生活认知和写作探索的不断深入而创新发展。从社会功能来讲，文学作品作用有二，一是社会教化作用，二是审美作用。写作者通过其文学作品中塑造的人物形象与其构思的故事情节，影响读者的感情与想象，并试图以作品中渗透与传达的思想感情与价值观念，达到感化人、教育人的目的。

2. 关于狭义的文章的写作

狭义的文章的写作是一种信息的输出，也是一种意识的传达。文章都是写作者对客观事物的能动反映，融进了写作者的理解、意志、情感和趣味。写作者使用经过整理、加工的书面语言，把对客观事物的观察、感知、认识或体验表达出来，文字才能成为文章。狭义的文章要求写作者用“对世界的科学的掌握方式”进行写作，以个别反映一般。

从内容上来讲，在写狭义的文章前写作者须掌握与搜集翔实、准确无误的材料，文章须真实反映所写事件的时间、地点、人物、原因、经过和结果等信息，对事物的外形、大小、性质、特征和用途等的说明必须准确，所列举的数字、图表、事例等必须可靠，一切都讲求客观真实，不允许想象与虚构。

从形式上讲，狭义的文章采用书面语言进行表达，比生活语言更精练、更规范、更优美，能广泛表现不同种类的客观事物，写人、记史、叙事皆可。文章的表达方式多样，写作者可以视内容表达的需要与特定文体的要求，选择使用记叙、描写、抒情、议论或说明等表达方式。各类应用性的文章多采用直接叙述的方式，在内容表达上要求呈现出如下特点：一是事实清楚，语言朴素明白；二是逻辑严密，结构合理，条理清晰；三是表述直接简明，有的放矢。

从功能上讲，文章不仅具有“美教化、善人伦”，“言志”，“尚用”等作用，表达先进的政治观念的好文章还有助于治国安邦。自隋唐实施科举制度以来，文章增加了为统治阶级选拔人才，帮助学子加官晋爵、显身扬名的作用。社会发展到今天，文章写作的作用越来越重要。从个人来讲，文章写作是个人能力的一种必要体现。现实生活中，人们从小到大都必须学习各种各样的知识与技能，吸收各种思想营养，以完成自身的社会化进程。写作使人把自己的感知、认识和对知识经验的思考和理解等方面的积蓄，用自认为最恰当的方式传达出来，能动地影响客观现实，争取他人或社会的认同。从社会角度看，文章的社会作用表现在三个方面。一是认识作用。文章是作者认识客观世界的成果，反映着人类思维、自然界与社会生活的方方面面，记录着社会进程；反过来，人们可以通过文章认识社会，认识自然，拓宽视野与增加知识。二是教育作用。文章记载、传递信息，传播各种门类的具体知识，传承文明；好文章歌颂真善美，抨击假恶丑，能帮助读者明辨是非，提高认识与觉悟，文章的教育作用不容置疑。三是审美作用。文章里，有作者对生活中各种美的行为、美的事物景观、美的思想情操的思考的反映，这构成文章内容美的内核。同时，文章融入了作者对社会生活独特的情思与认识，反映着不同作者诉诸不同文章形式（如语言、结构、修辞表达等方面）的独特的审美追求。不同内容和形式的美文，给读者呈现不同的美感，带来不同的审美情趣。

二、广播电视写作

（一）写作与广播电视媒介

对传播媒介的理解通常包括两个方面：一是指信息传递的载体、渠道、中介物、工具和技术手段；二是指从事信息的采集、加工制作和传播工作的社会组织，即传播机构。

今天，众多新媒介随着网络传播的发展与传播技术的日渐成熟而迅速崛起，对传统的纸质媒介、电子媒介形成了巨大的竞争压力。当然，传统大众媒介并不会因为网络传播与新媒介的发展与冲击而消亡，依然以其信息权威、公信力强等特点保有传播优势；同时，传统媒体积极谋求实施全媒体战略转型，以应对网络等新媒介的冲击。在此之前，人类在社会发展历程中经历了五个传播阶段。人类最早采用结绳记事、石壁刻符号线条、点燃篝火等原始方式传递信息。之后，随着人类语言日渐成熟，人类开始采用更利于沟通互动、更易于直接接收的口头语言作为信息传递的主要媒介。由于稍纵即逝的口头语言在信息传递、接收与记录等方面受距离、时间等限制颇多，文字在出现以后很快代替口头语言成为人类使用的主要信息媒介。人们用文字作为传播工具，可以更长久地保留与更具体地记载社会大事、历史变迁，记录生产、生活与学习的经验、教训、技能，传承政治、经济、文化等各种方面的文明。无论是从甲骨刻辞、金器铭文还是从《唐诗三百首》、《四库全书》来看，文字在社会文明发展中都扮演着举足轻重的角色。

在经历原始媒介阶段、语言媒介阶段和文字媒介阶段后，随着人类社会实践活动的深入发展以及科学研究与技术水平的不断进步，尤其是造纸术和印刷术发明后，人类进入了印刷媒介阶段，这时出现了以报纸、刊物为代表的纸质平面媒介。与此同时，写作成为人类进行信息传播活动的最主要手段，写作与传播媒介从此变得密不可分。

广播诞生于20世纪。1906年12月25日，加拿大人费森登首次成功进行了广播实验，这次实验是公认的无线电广播诞生的标志。1920年8月31日，美国底特律一家实验电台播出了所在州的粗选新闻，这被认为是最早的广播新闻。1922年11月，美国匹兹堡西屋电器公司成为第一家申请商业广播牌照的、最早涉足广播传媒业的公司。自此世界范围内的广播业迅速发展，至1927年，广播电台已遍及欧美；也几乎在相同的时期，中国的广播业开始起步了。

1929年，BBC公司采用贝尔德的机械电视装置开始试播电视节目。1936年11月，BBC公司以一场规模盛大的歌舞开始了电视节目的正式播出。而电视在世界范围内普及是在第二次世界大战以后。“二战”以后相对稳定的和平环境，使得各国经济得到迅速恢复与发展，科学技术也得到迅猛发展。20世纪六七十年代以后，随着卫星电视和有线电视的发展，电视日益成为影响力最大的大众传媒。广播电视等电子媒介的日渐普及和迅速发展，对传统的以文字为媒介进行的写作和传统纸质媒介主要以“文字+图片”传递信息的传播方式造成了革命性的颠覆。人类步入了传媒发展的第五个阶段——电子媒介阶段。

由于广播电视媒介在传播媒介物、传播方式、传播渠道和传播特性等方面与纸质媒介存在诸多较大的差异（这部分内容将在本书的第二章中进行具体阐述与介绍），因而，与传统的文章写作相比，广播电视媒介中所应用的写作行为及其形成的文稿成品无论在内容或形式上都有较大差异，出现了许多新的特点。在传统文章写作中形成的固有观念、写作方式、写作结构、写作规律乃至写作语言，并不能全部适应广播电视媒介的写作要求。这也说明传播媒介的变化与传播技术的发展进步，给人类的写作带来了巨大的冲击、影响。

广播电视媒介实践的发展，要求人们根据开展广播电视媒介业务的实际需要去探索与总结广播电视写作的特点和规律。

当然，深入分析广播电视写作与传统写作之间的关系，也能发现它们的共同点，如两种写作都既要求写作者具备一定的写作能力，也要求写作者对作品的内涵具有探索创造的精神、对写作的艺术开展精益求精的探索。

（二）广播电视写作涵盖的范畴

广播电视作为大众传媒，与属于传统平面媒介的报纸、刊物一样，也需要担负起传播信息、传播思想、传播科学知识等职能。广播电视媒体人需要完成采写、拍摄、录制、编辑、合成、传播等工作，通过不同的媒介物与媒体平台，向社会传播承载着新闻、评论、综艺、教育等各式内容的节目，从而服务于社会公众。广播电视媒体进行的采、写、摄、录、编、评、播等各项工作，离不开一个很重要的环节，那就是广播电视写作。

广播电视作为大众传媒，是为制作和传播各类节目而生存的。广播电视节目是广播电视写作的直接服务对象；广播电视写作为广播电视节目的生产制作和传播而写；广播电视写作的各种文本成品构成广播电视节目内容或形式的一部分。两者是水乳交融、密不可分的。

广播电视写作涵盖的范围很广。首先，从广播电视节目的生产制作过程来看，广播电视写作贯穿于广播电视节目生产制作的全过程。从节目策划、前期采制、后期编辑制作到正式播出的整个过程中，所有文字方面的写作都属于广播电视写作的范畴，如写作广播电视各类型节目的策划书、广播电视的新闻报道稿、电视综艺晚会的脚本与串联词、广播电视访谈节目的采访提纲与拍摄提纲、电视纪录片的串联词与解说词、广播电视广告的文案以及广播剧与电视剧的剧本等。以电视节目的制作为例，从节目开始制作前就须撰写“编导设想和阐述”，以提供给媒体领导，让其了解编导的想法。这部分的写作内容包括选题总述、片名、类型、时长、周期、创作人员构成、主题阐述、结构方法、风格、拍摄手段和拍摄计划。之后在节目的制作过程中，还需要写作“拍摄提纲”、“采访记录”、“脚本”、“分镜头本”、“解说词”、“标题和字幕” 等文本，但不是所有电视节目的生产制作都需要上述完备的文本，可根据实际创作需要来确定写作文本的类型和数量。可以肯定的是，电视文本写作在电视节目制作过程中是少不了的，其作用与必要性是不可否认的。

其次，从广播电视节目的制作者、传播者和管理者等媒体内部人员来看，广播电视写作方法是广播电视媒体各个岗位的人员都必须掌握的。无论是前台的播音员、主持人或出镜的记者，还是后台的编辑、编导、编审；无论是负责把关节目质量的人员，还是负责节目宣传推广或营销的人员，在各自的工作流程中，都需要写作不同类型的广播电视文稿。广播电视媒体管理者在日常工作中，还需要写作媒体管理文件。而所有广播电视媒体的从业者在个人申请晋升职务职称的过程中，都需要写作与提交相关领域的学术研究论文。

最后，从更大的范畴来看，广播电视写作还应用在广播电视节目和广播电视媒体的管理、营销等领域。诚然，广播电视写作主要与根本的目的是为广播电视节目服务，生产制作各类型的广播电视节目也是广播电视媒体的主要工作，但是，广播电视媒体的日常工作还包括许多方面，如节目的质量管理、节目的成本管理、节目的宣传营销、媒体整体形象的宣传和媒体组织内部的纪律管理等。广播电视写作贯穿广播电视节目从选题、采访、摄录、编辑到传播的全过程，有时渗透、融入广播电视节目中的文本是无形的，是听众和观众听不到或看不出的。除此以外，无论是广播电视节目在推广宣传中所需的营销文书、媒体与其他社会组织共同举办大型社会活动所须撰写的策划方案，还是媒体为提升自身整体形象所拟写的宣传文案等，都需要媒体从业者根据不同的目的与需求进行精心设计，写出具备不同应用效果的文稿或方案来。

本书主要讲述和介绍的是广播电视节目生产制作环节中所应用到的广播电视文案的写作。

第二节　广播电视文案写作的特点

在印刷媒介作为人类传播主导媒介的时代，文字写作是人类社会大规模、长时间传播信息和保存信息的最重要手段。当人类社会进入电子媒介时代后，新的媒介要素与新的传播方式进入大众传播领域，文字不再是信息传播的唯一工具；另外，进入电子媒介时代后，社会受众接收信息的途径变得多元化，受众不再只是接触单一的印刷文化、只得到单纯的文字阅读体验。

广播媒介让受众透过有声语言与各种声音去接收信息；电视媒介则让受众同时通过画面与声音两种渠道接收信息，而与画面同时播出的字幕则为受众更全面地接收信息提供了帮助。此外，广播电视媒介传播让受教育程度有限或文字解读能力有限的那部分受众也得到了平等的接收信息的机会，打破了传统纸质媒介要求受众具备一定的文字符号解读能力的传播门槛限制。

广播电视写作是为广播电视媒介平台服务的，其写作思维、写作内容、写作形式等都必须与广播电视媒介特定的传播属性相适应，故与纸质媒介单纯的文字写作之间存在巨大的差异。

与传统纸质媒介的文字写作相比，广播电视写作具有如下特点：

一、广播电视写作具有媒介依附性，写作的内容在传播中具有非独立性

事实上，广播电视写作只是广播电视节目整个生产制作过程中的一部分，广播电视写作的内容只是广播电视节目的构成元素，而受众收看和收听的是能显示出媒介传播价值的各类广播电视节目的整体。对于广播电视媒介的受众而言，广播电视写作的内容只有融合在节目中、成为节目内在的“分子”才有意义，广播电视写作的内容是不具备独立的阅读价值与欣赏价值的。

广播是运用声音语言进行传播的媒介，声音是听众接收到的最终信息符号。通常来说，广播媒介为让传播的内容更准确、更精彩生动，会先把要传递的信息、资讯等写成文字广播稿。广播稿写作要求采用口语化的文字，使“声音符号”传播时更形象生动、更方便受众接收理解。广播稿的字音要求响亮、语句声调要求和谐。若节目内容中有现场音响、同期声访谈等，广播稿还要求文字与这些声音要素配合，以便使整个节目浑然一体。这些都说明广播写作是“为听而写”，写作目的是组织好“声音”。在广播写作的过程中，从字词语句的选择运用到稿件写作的要求和目的都须从属于广播媒介的传播特性，服从于广播媒介的实际传播需要。

在四大传统大众媒介中，唯有电视媒介才拥有对受众具有强烈吸引力的画面图像，这使电视媒介传播更形象、更直接。相对于以声音语言作为传播符号的广播媒介，电视媒介有着“画面 + 声音”双通道的传播优势。因此，电视媒介在四大传统大众媒介中是居于强势地位的。而在电视节目的生产制作过程中，采制、编辑、播音和宣传等都离不开电视写作。从一般电视节目的内容成分看，解说词、字幕等文字的写作通常是不可缺少的，但是若把这些解说词、字幕等文字单独抽离出来看，它们并不能构成独立的、完整的文本，其表达的意思也无法与画面信息脱离而单独理解。事实上，应用于各类电视节目中的各种电视文稿，不能游离于其他电视元素而单独存在。电视媒介有三大传播元素：画面、语言和声音，它们在电视传播中是相互依存、紧密配合的，三大传播元素缺一不可，无论缺少哪一种元素都不可能完整传达与体现电视传播的魅力。正因如此，电视写作作为电视媒介传播中的内容，既要考虑声音的传播规律与作用，使所写文字与声音配合，创造更有效果的传播形

象，又必须考虑所写文字与画面的配合，或声画合一，或声画对位，以及考虑不同配合方式的传播效果对整体节目的影响等。总之，电视写作已不仅是单纯的文字写作的问题，它不能脱离的其他电视传播元素而独立存在。事实上，从受众观看电视的需求与状态来看，无论写作的是哪一种文本，只有当它们完全融入与表现于电视作品中时，才能被电视观众欣赏，才是有价值的。

二、广播电视媒介写作具有相对不完整性，写作内容的形式不具备传统写作意义上的完整性

传统意义上的写作，讲究文章开头和结尾的表达、内容的过渡与文章整体的谋篇布局照应，以及讲究文章内容、观点表达全面、系统有序。总之，传统的文章写作既要求意思表达完整，让读者对文章表述的人物、事件或观点有较完整的了解，又要求文章结构形式完整严谨，不能支离破碎。

在广播电视媒介的发展历程中，强化媒介自身的特色、突出媒介自身的专业优势一直是广播电视媒介发展的内在动力。在广播电视节目的生产制作过程中，写作部分的确起着重要的作用，但它并不是节目的全部。毕竟，广播电视传播不是以文字作为主要的传播手段的。面对激烈的媒介竞争，广播电视媒介的发展越来越强调发挥媒介自身的专业优势、突出媒介自身的传播特色。例如，广播媒介是以声音语言来进行有效传播的，因此其尤其重视打造能突出“声音”特长的节目。在广播新闻传播工作中，录音新闻因短小精悍、时效性强，且报道通常由与声音相关的现场采录音响、人物讲话录音、口播叙述语言三部分组成，一直受广播媒介重视。这里的广播写作指的是口播叙述语言部分的写作，这部分文字写作的内容包括三部分：一是交代说明新闻六要素和对现场音响作出解释；二是负责组织衔接现场采录音响和人物讲话录音；三是对新闻事件进行评论分析，表达观点和感情。显然，广播写作的这三部分内容是直接为录音新闻的三部分服务的。撇开录音部分单独看广播写作的文字内容，是很难将其与一篇完整的文章相提并论的，单凭文字内容很难让听众明白其所以然。

又如，电视媒介最突出的传播优势是具有画面的形象直观性和现场感，电视文字写作也要尊重电视这种传播方式的优势。电视的文字传播元素与电视的其他传播元素之间是相互制约、相互协作的，故电视写作的文字内容须与其他电视传播元素（画面、声音）所表达的信息彼此配合、互相照应。

近年来，电视新闻更注重对重大事件进行现场直播报道，呼吁并努力实现重大事件新闻直播报道的常态化。在这类现场直播报道里，现场采访和现场同期声（含

现场音响）所带出的现场感、所传递的信息量和所起的作用，是原来的录播新闻中后期制作的解说文字无法比拟的。在新闻现场直播报道中，本应事先后期写作的解说文字——对画面信息的补充、对新闻事实的陈述、对新闻背景的解说、对画面转场的说明等，变成只能依赖于记者的现场发挥——现场记者根据事先写好的解说提纲，在出镜前对采集到的信息进行归纳总结，边构思、边拟稿、边出镜播出现场报道导语，然后进行出镜采访，继续报道后续事实的信息。现场记者头脑中所“写”的内容，分散表现在镜头前对不同画面的解说与提问上，它们是零散的、不能完整成篇的，但它们与现场画面、同期声配合起来，就能使观众了解现场正发生什么、最新的状况怎么样。

再如，其他类型的电视节目的解说词写作有一个原则是要求解说词“跟、贴、让”。“跟”是须紧跟画面的流动转换；“贴”是须贴切充分地补充说明画面；“让”是如果写作者的文字表达与画面内容冲突，须让位于画面，以拍到的画面为准。最后一个原则显然太过于强调“画面”作用，有轻视文字语言功能之嫌，但这个原则也反映出一些客观事实：电视写作的文字语言是不可以独立成章的；电视写作的文字语言是分散镶嵌在电视节目内容中的；电视写作的文字语言以与电视画面信息、音响、音乐交织融合、互补说明的片段呈现；电视文字写作的文本只有与电视画面、音响、音效结合在一起才能完整地表现电视节目的特定内容。

三、广播电视写作注重强化媒体节目栏目的类型风格特色，淡化作者个性表达的特色

写作是一种个体的脑力劳动。文章是每个写作者脑力劳动的智慧结晶，文章也必然会体现写作者对人生世事的独特观察与思考，张扬写作者的个体本性。传统文章的写作因写作者的受教育程度与文字功底存在差距，阅读习惯与生活历练各异，人生观、哲学观与追求的文学理想也有差异，故每个写作者的作品都会带上个人特色。成熟的作家更在其写作历程中不断磨砺与探索，逐渐形成属于自己的独特的个人风格。如现代文坛著名作家钱钟书，其作品喜以智者的眼光去洞察人类的种种劣根性，对世俗笑骂揶揄，深刻揭示人与社会的阴暗面；他文笔简洁、犀利、机智、幽默，文风恣意且一针见血，善用象征等方式，常用精辟字句带出寓意深刻的内容，将社会、人心、道德的病态都鞭挞得无所遁形，这种特殊的写作风格在他的《人·兽·鬼》及《围城》中表现得尤为明显。而著名女作家冰心的写作特点则迥然不同：她的作品从内容看多是歌颂母爱、童真、自然的；从语言运用看，她文笔柔和细腻，微带忧愁的色彩，善用委婉含蓄的手法和清新明丽的语言，这些构成了冰心

作品独有的语言艺术风格。

不同的广播电视媒体有着不同的媒体定位、不同的媒体战略与不同的竞争追求。广播电视媒体内的不同栏目、节目既要服从于媒体的整体管理，同时也有着各自的栏目定位、竞争指标与目标受众群，从而形成不同层面的运营管理。而广播电视写作既要尊重广播电视媒介的传播特性，又要服务于广播电视节目运营的需求，故而广播电视写作往往从广播电视栏目或节目的类型、样式与风格出发，力图使文字写作部分能强化栏目或节目的风格特色以加深受众的印象，提高受众对栏目或节目的认同度。从写作服务对象的需求出发来完成对自身写作的规范，这是广播电视写作者淡化个人的写作个性特点的一个原因，而另一个原因是广播电视节目的生产制作需要集体合作。一篇广播稿、一个电视节目文本往往要集合许多人的心力与智力进行修改；有时写作文本要由从记者、编辑、编审到主管领导的多层人员出于经验、形势或大局意识等作多角度、多层次的综合考虑来加以完善。尤其是一些大型的节目和广受关注的活动策划，其台本与策划文书等都须成立写作组，由多位主创人员分工负责、协同合作，凝聚集体的智慧与劳动才能完成。也就是说，广播电视写作的成品大部分是集体创作的，因此很难界定是哪一个写作者个体的劳动产品。此外，还有一个原因是广播电视写作的内容并不是广播电视节目的终极成品，文字部分只是写作者对广播电视节目终极成品的一种设计或只是一个部件；文字部分还要经过摄录制作、编辑的后期整理等环节，经过这些环节合成后它可能已面目全非。故而，广播电视写作者只有对撰写什么文字内容多加考虑，才能令广播电视媒介产品的媒介类型风格更加突出。

四、广播电视写作要具备通俗性，直白易懂，满足广播电视媒介受众的需求

广播电视媒介优于纸质媒介的传播魅力就在于：广播的听众、电视的观众都可以不受文字解读能力的束缚；广播电视媒介把受众接收信息的“门槛”降到了最低。

广播媒介以“声音”作为信息传播的工具。声音是稍纵即逝的，故而广播传递的声音内容力求让听众一听就明白，一听就懂得，这样才能方便听众接收信息，从而不会错过信息。从听众接收广播媒介信息的实际状况来看，听众可以边工作边收听、边走路或边坐车边收听、边忙家务边收听……广播的声音内容并不会中断或妨碍听众正在从事的任何事情。也就是说，广播媒介具有伴随性的传播特色。另外，处于收听伴随性声音信息的状态的听众，对于广播媒介播出的声音信息的接收并不是全心全意的。故而，广播媒介写作的文字内容要满足听众的接收心理需求：简明易懂、通俗直白。

电视媒介以图像、声音和部分文字为传播工具。人们借助直观形象的画面与伴随画面的声音，能更加轻松地接收电视媒介传播的信息。此外，电视媒介因其拥有多种传播符号与多个传播渠道而具有独特的传播优势：逼真的声画协同性构筑的电视媒介信息系统，能创造出与现实环境几乎一致的信息世界。面对电视媒介透过节目（尤其是电视新闻类节目）创造的“拟态环境”，观众观看电视播出的内容时如同身临其境，如见其人、如闻其声，人们观看电视时的状态是轻松自如的。电视媒介的这个传播特点决定了服务于电视节目的电视文字写作既要注重配合电视画面内容的播出，讲究配合的技巧与方式，又要注意选择采用普通人常用的生活化语言来写作，尊重观众“轻松”看电视的习惯。毕竟，观众在看着电视画面的同时，也同时听着对画面进行解说的语言。从这个意义上说，电视写作是为观众的“听”服务的，它必须通俗易懂、直白如话。

第三节　广播电视文案写作的必要性

一、广播媒介写作的必要性

广播诞生后，凭借其传播迅速的优势，以及声音的表情性和音响的写实性等特点，成为人们乐于接受的媒介，也被迅速利用为进行新闻信息报道的媒介工具。尤其是进入20世纪30年代以后，立体报道、现场报道、录音报道等广播新闻报道新形式的出现，更为广播新闻报道开拓了新的天地。新闻素材的整理加工和新闻信息的传递不再是只有依靠记者手中的一支笔与记者的文字写作劳动才能完成的工作。如录音报道所含的“现场采录音响”与“人物讲话录音”部分，直接以记者录下的声音来传递新闻事实的信息，文字写作的分量在录下的有效声音的包围下减轻了。又如现场报道，通常是记者奔赴新闻现场，利用现场事物发出的音响、周边环境发出的音响和记者访问录音，与记者的现场解说、述评组合起来完成报道，文字写作在整个广播报道中所占的比例确实减少了。

但不可否认的是，广播媒介传播依然需要文字写作，哪怕记者只是在现场临时进行构思或作提纲式的腹稿准备。广播媒介写作的内容变少了，却并非取消了。相反，缺少了广播媒介写作部分，广播媒介也无法完整地、准确地传递信息。如录音报道中的“口播叙述语言”，即解说词与文字稿，它们所担负的作用是相当重要的。第一个作用是它可以对“现场采录音响”作出准确的解释说明，减少“音响”的模糊性。如现场录下的机器轰鸣声到底是来自工厂生产流水线上的机器，还是由拆迁工地的推土机发出，或是碾压机正在碾压假冒伪劣商品的声音？如果没有记者解说词的正式说明，听众是不可能分辨清楚的。第二个作用是“口播叙述语言”能连接起录音报道的其他两个声音部分，起到过渡照应的作用。录音报道的“现场采录音响”与“人物讲话录音”彼此之间可能是相对脱节的，这就需要记者通过对现场事实信息的了解，对事实迅速作出判断，对信息迅速进行梳理，用叙述语言把采录的两部分声音材料衔接起来。第三个作用是对“现场采录音响”和“人物讲话录音”材料进行评述，直接揭示新闻主题，或概括事实本质，表达对事实的分析和看法。

二、电视媒介写作的必要性

人们对电视语言的一般理解是：电视语言是一个综合的语言体系，它包括“画面语言”、“声音语言”、“文字语言”和“音乐音响语言”。电视媒介集合多种电视语言，经由“画面”与“声音”两个信道进行信息的传播。事实上，出现在电视屏幕上的除了流动的“画面语言”外，还有以各类字幕形式出现的“文字语言”，无声的字幕当然也担负着传递信息的任务。

上述几种电视语言作为媒介传播符号，可以说各有特点、各有优势，但也各有局限。它们在电视传播的过程中互相配合，实现优势互补，共同完成电视信息传播。电视媒介写作以其独特的文字优势，发挥着不可缺少、不容忽视的作用，弥补了画面与声音的局限。电视写作的文本使各类电视节目的内容与形式得以完整地呈现于屏幕上，保障了电视媒介传播的顺畅进行。

电视媒介写作的必要性表现如下：

（一）电视媒介写作是对画面语言表现局限的弥补

电视媒介的传播力优于其他传统大众媒介之处，在于电视拥有并使用画面进行传播。然而，电视画面自身在电视传播中却存在着诸多局限（关于“电视画面局限”这部分内容的解释分析，见本书的第二章第四节）。电视媒介写作的各类文本，可以与电视传播中的画面进行优势互补。

1. 对画面“拍不到”的信息进行文字补充

在实际生活中，电视记者常遇到某些“拍不到”的事实，如作为新闻背景的过去发生的历史事实，又如电视记者赶到现场前已发生或已结束的突发事件。有时，电视记者也会因环境条件所限而“拍不出”符合播出要求的画面，如事件发生在“禁拍”的特定区域，或现场是不允许记者接近拍摄的危险地带、敏感地带等。有时，电视记者克服各种条件限制拍到了反映事实的画面，却因为画面内容充斥着太多暴力、血腥的元素，或涉及色情等有伤风化的内容，或暴露了拍摄对象的隐私等，使其不宜播出或只能遮挡播出。凡此种种，都需要电视记者写作相关文本（如解说词或报道词），凭采访中了解、挖掘到的事实信息（无论是过去发生的新闻背景事实，还是现场发生的新闻的各方面要素），对未能拍到的画面或只能采用部分画面的事实状况作整体的、客观的补充说明，满足观众全面了解事实真相的需求。

2. 对画面“拍不出”的信息进行文字补充

流动的画面语言直接、直观，有利于记录和表现人与事物外在的形象、外在的属性。而对内在、抽象和精神层面等的信息的表现，画面语言是很难胜任的。例如，对于人的丰富复杂的内心世界，人类的重要发明对社会发展的贡献意义，各行各业中重大成就的作用和影响，复杂的事件背后深层次的本质，事物相互间的内在联系，以及必须抽象概括才能得出的事物发展规律等，电视画面都存在“拍不出”的局限。而上述这些方面，正是文字表达的强项，它可以对画面“拍不出”的信息进行补充。写作者既可以把人物的内心世界——所思、所想、所感、所惑、所忧、所喜等，以真实细腻的文笔描绘出来，也可以通过概括科学的、简练精准的文字，表明事物间复杂的内在联系及客观存在的自然规律。另外，文字还擅长呈现媒体对事物的性质、作用与影响具有指导性的意见看法。

事实上，正是电视写作语言与电视画面语言相互间天衣无缝地配合，各自发挥所长，实现优势互补，才能全面立体、形象直观又科学准确地给观众展现完整的、真实的世界。从观众接收信息的角度看，电视写作的内容能帮助观众从外部到内部、从形象到抽象地认知世界，准确合理地完成信息接收过程。

3. 对“无法拍”的画面信息进行文字补充

世间事物的存在与发展遵循着一定的自然法则与客观规律。人们可以根据事物发展的轨迹与事物发展不以人的意志为转移的客观规律，去预测与估量将要产生的结果。

某些重大的事件、重要的时刻的发展过程与结果有巨大的新闻价值。即使众多电视媒体对其高度重视，并已采用电视直播形式作同步报道，但有时受限于目前的科技水平，如人类目前尚未掌握某些技术，因此不能拍摄具体的画面。面对“无法拍”的画面，人们利用一日千里的计算机技术，把三维动画制作技术引入电视节目的生产制作中，利用三维动画作品去展现事物发展的下一个过程或将要出现的结果。例如，中央电视台在进行《神九飞天　再探天宫》的直播报道时，对于“神舟九号”升空飞行 725.150 秒时的情景，使用了双视窗模式来表现（如图 1－1）：一个视窗展现舱内三个航天员的情况，另一个视窗则播放三维动画技术制作的视频，形象地展现此时太空中的“神舟九号”的太阳帆板是怎样展开的（如图 1－2）。按现有的电视拍摄技术与条件，人类尚不可能在太空飞船舱外的太空中拍摄相应的画面。中央电视台提早制作“神舟九号”飞行中必须进行的操作的三维动画视频，在直播中播放，既帮助观众通过三维动画直观形象的演绎了解相关航天知识，正确理解直播报道内容，也能弥补由条件所限无法拍摄画面导致的画面缺失。电视写作也需要对此进行必要的解释说明，简明准确地告知观众此时看到的画面是什么、是怎么来的，以免误导观众，造成以讹传讹。

图1-1　双视窗模式展现舱内外情况

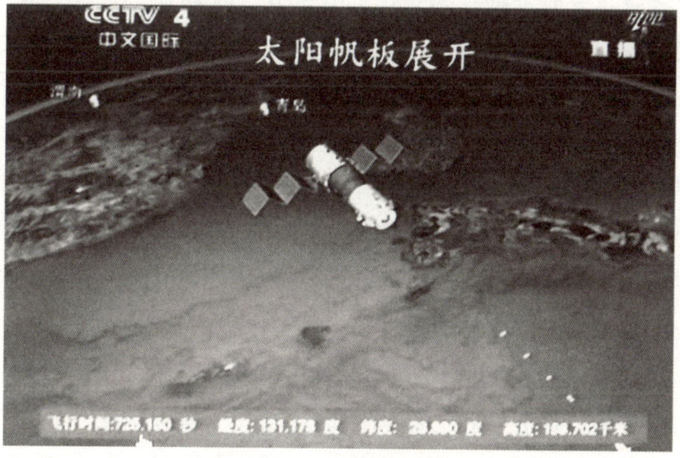

图1-2　太阳帆板展开

4. 对表意模糊的画面信息进行必要的文字说明

美国传播学者威尔伯·施拉姆认为：具象的非语言符号具有语言符号所不具有的作用。属于“模糊语言”的画面语言比抽象清晰的语言符号具有更丰富的信息含量，因此，活动的、流转的画面语言具有多释性。同一幅画面在不同的观众看来，可能有多种不同的理解，有的观众对画面含义的理解可能与电视编导的想法与阐释相距甚远。这类表意模糊的活动画面对观众的思考与想象的指向性不明显，对观众的联想的提示性也不明显，有时容易误导观众，因此，有必要采用电视写作与画面语言互补的手段，帮助观众正确理解画面语言表达的意思。

（二）电视媒介写作有利于制作者控制节目的节奏

电视节目的节奏形态一般分为两种：一种是“外部节奏”，即观众看到的画面上所有主体的运动节奏、镜头转换速度的节奏、声音快慢的节奏等；另一种是“内部节奏”，主要指电视节目中反映的事件发展脉络、人物内心的变化、制作者关于节目内容的思考变化等。这两种节奏通常相互有机结合，相互依存。在电视写作文本中，该如何处理两种节奏都会体现出来：节目哪个部分该长、该快，哪个部分该短、该慢，哪个部分该客观叙述，哪个部分该鲜明表态等。在进行电视写作前，写作者应根据节目制作主题的表现需要与节目内容的实际情况，周密考虑，精心构思，合理安排好节目的两种节奏。

在电视传播实践中，无论哪种节目的制作都必须考虑人们的生理习性，尊重观众的收视心理习惯。一般来讲，观众收看电视节目时都处于一种自在的非强迫的状态中，他们收看电视节目除了对新闻信息有需求外，也对娱乐、教育、理财等信息有需求，故而不可能长时间收看同一节目。从电视媒体的角度看，电视节目播出的时长是电视媒体资源运营管理的重要内容。正因为电视节目有“限时性”的特点，写作者在电视文稿写作中要体现对节目节奏的严格控制。在节目制作过程中，整个节目内容的起、承、转、合等都要依据文稿定下的节奏进行，不疾不徐，不乱阵脚，步步推进。

（三）电视媒介写作有利于提高电视节目制作质量

电视媒介写作是以文稿的形式存在的。电视媒介写作产生的各种电视文稿对于电视节目的内容主题、内容特色、结构形式，以及节目追求的目标效果，甚至细化到节目中哪些画面需要播什么导语、串词，播哪些画面时应配合播什么解说词、需要打出什么字幕、何时该响起哪段音乐或歌曲、什么内容要配合什么音响效果等，都有清楚的交代与记录。

越是规范的文稿和操作方案，越能保证电视节目达成目标和实现预计效果，也越能缩短各类电视节目从策划到制作播出的周期，促使其顺利完成。从这个意义来看，电视媒介写作对写作者提高规范写作意识的要求，客观上促进了节目制作者加强对整个节目制作流程的自查，强化了电视媒体人努力提高节目制作质量的自律意识。

另外，电视媒介写作的文稿形式有利于对电视节目制作进行约束。各类为紧密配合电视节目各环节而写作的电视文稿，为电视媒体管理者全方位地审校节目提供了便利。电视媒体管理者可在节目播出之前根据电视文稿所列的具体内容对电视节目的各个方面，尤其是内容的导向性、评述的科学性与指导性等方面进行更高层次的把关，以便及时发现内容中的错漏或表达上的不妥之处，及时纠错与修改，帮助促进节目质量的提高。

第四节　广播电视文案写作的意义

一、基础性意义

许多广播电视节目从研讨、策划、采录拍摄、编辑到播出前的宣传，都有赖于广播电视文案提供的框架与具体设计。广播电视写作的成品所起的作用，如建筑设计图之于建筑施工者、乐谱之于乐器演奏家一样重要。通常广播电视节目从筹备策划阶段开始，就需要策划者提供相关的节目策划文案，包括媒体管理者对栏目是否值得筹建、节目是否能够制作的研讨结论，以及节目策划者的行动方案。栏目开办后，在制作具体节目时，就要依据拟好的框架性文稿，按其指明的结构方式、具体步骤、解释说明、过渡提示投入制作。而在节目后期制作中，须补充撰写相应的文字内容——或解释画面，或补充背景，或综合评述，或阐发主题，以更好地配合节目前期制作中采录的声音与画面，体现原来构思好的表达意图。广播电视写作在广播电视节目的前期筹划，节目内容的具体生产环节，以及在后期制作乃至节目制作完成后的播出宣传中，都发挥着不可缺失的作用。广播电视写作的文字语言与画面、声音一起构筑了丰富绚丽的电子媒介世界。

广播节目为听众营造“听得见”的媒介世界，电视节目为观众提供“看得见”也“听得见”的声画世界，广播电视写作的各类文本就是打造精彩的电子媒介世界的无形基石。有了这块“基石”，广播电视节目才拥有了扎实可靠的制作基础。更进一步分析，广播电视媒介写作为整个广播电视传媒行业的业务成熟与发展奠定了基础。

二、有序性意义

在广播媒介、电视媒介的日常运营中，许多节目都离不开广播电视媒介写作的支持。如一则电视新闻的播报需要有写好的电视新闻稿；一次访谈节目的制作需要有事先列好的谈话提纲；一期纪实性调查节目的拍摄或一场综艺晚会节目的举办都需要事先撰写好的相关文案。

广播电视媒介写作直接服务于广播电视节目的生产制作，许多广播电视媒介文案就是广播电视节目制作的设计蓝图。广播电视媒介文案把节目中画面的内容、景别的运用、镜头技巧、采录与使用什么对象的同期声，乃至音乐和音响的设置运用都全方位地表现于文字稿中。广播电视文案这种涵盖全面的整体性内容，往往把广播电视节目的内容、结构、表现手法、主题等都一一呈现出来。如果忽略了广播电视写作，广播电视节目制作中就难免出现混乱与无序。尤其是当广播电视节目中包含对事件核心的深度探访、人物内心独白、背景资料介绍，或对事实进行深度分析、对节目内容进行综合评述时，若没有前期文案的充分准备，节目将无法顺畅进行。总体而言，广播电视媒介写作对于广播电视节目生产制作的有序性起到了规范与保证的作用。

广播电视媒介写作既为广播电视节目的制作流程提供了相对的有序性保证，也方便了媒体管理层对节目文稿内容进行审查把关，有利于广播电视媒体加强对节目制作质量的管理。

三、宣传性意义

作为传统大众传媒的一员，广播媒体与电视媒体都具有双重属性。“新闻事业具有上层建筑的属性，也有信息产业的属性。我们对新闻事业的双重属性的认识，可以概括为一句话：‘事业性质，企业经营。’即新闻事业必须服从党和政府的领导，恪守党性原则，但可以采取企业管理的办法，在经济上自主经营、自负盈亏，依法纳税，按照社会主义市场经济规律运行。”① 广播电视节目既要在内容制作上贯彻“事业性质”属性，也要努力使节目赢得听众、观众的青睐，满足听众、观众的心理期待与信息需求。同时，广播电视媒介的广告商、节目合作者以及广播电视媒介管理层总是期待节目有理想的收听率、收视率，也会对节目进行一定的筛选。

在广播电视栏目策划筹建时，媒体管理者、广告商等总是凭前期策划文案预测

---

① 黄瑚主编：《新闻法规与职业道德教程》，复旦大学出版社2010年版，第9页。

栏目开播后的收听或收视效果，写得好的节目前期策划文案因构思缜密、创意新颖、分析到位，总能争取到更多的准予制作、投入生产的机会。即使有再好的创意构思，如果没有转化成好的文案，也是难以实现视听化生产制作的。同样道理，对于广播电视节目制作质量的好坏，广播电视文案的写作质量很多时候起着决定性的作用。此外，广告商是否选择广播电视媒体为其制作广告，也就是广播电视媒体能否争取到更多的广告收入，除了取决于节目制作实力外，关键还看媒体能否提供更能打动消费者的广告文案，或能否创作出更有创意、更能激发消费者购买欲望的广告语。广播电视媒体为了提高自身的知名度、美誉度，需要不时播出宣传整个媒体的形象，或推广介绍其皇牌栏目、节目的宣传声带、宣传片。制作与播出这些媒体宣传包装作品，也需要撰写能给听众、观众留下深刻印象的广播电视宣传文案。

本章思考练习题：

1. 基于同一则新闻事实，比较报纸所报道的新闻与广播、电视所报道的同题新闻，分析同样的文字表达在不同媒介中所起的作用有何不同。

2. 请选择一则完整的广播新闻或电视新闻，在小组讨论中，谈一谈你对广播电视写作四大特点的理解。

3. 请以一则完整的电视新闻为例，分析说明文字写作在这则新闻的完整表述中所起的具体作用。

4. 广播电视写作在一档广播或电视节目的日常播出中应用于很多方面，请结合一期广播电视节目，谈谈广播电视文案写作的意义。

第二章　广播电视媒介的基本认识

第一节　广播媒介的传播符号

所谓“传播”主要指信息的流通。所谓“符号”指的是传播者和接收者之间的中介物，它承载着交流双方向对方发出的信息。符号通常表现为有意义的代码及代码系统，如声音、图形、姿态和表情等。

众所周知，广播媒介是用声音进行信息传播的。广播媒介的信息传播过程所运用的传播符号主要是声音。

一、声音的性能

广播写作是为广播媒介上各类节目的内容与宣传推广工作服务的。广播媒介传播的各类节目信息以声音的形式被听众接收，因而广播写作主要是为“听”而写，要写出能供不同节目使用的声音文稿。因此，了解广播写作首先要认识清楚声音符号的性能。

从物理性能的角度看，声音是一种物理现象，它是发声体的振动所产生的一种波（即声波）。声音借助媒介的传送，被人的听觉器官所感知。声音的属性按其外在表现可分为音调、响度和音色。音调是指声音的高低，它由声波振动的频率决定；响度是指声音的强弱，它由声波振动的幅度决定；音色是指声音的品质，它由声波的结构决定。

从社会性能的角度看，当声音被人类所利用、所感受时，它就具备了社会性能。声音的社会性能有两点：一是表情性，二是心理性。表情性，是指声音语言直接诉诸人的感官，声音的响度、音色、音调的不同组合，可以产生丰富的内涵，可以直接传递发声体包含在声音中的感染力、说服力和鼓动性，从而使声音具有表情达意的功能；心理性，是指人们总是以各自特有的心理活动与心理状态（包括感知、联想、想象、认识、理解等）去感受和理解所接收到的声音。

二、声音的传播态势

声音是广播媒介所应用的主要传播符号，它在传播中的优点和缺点，都影响甚至直接表现为广播媒介的传播优势与传播劣势。

（一）声音的传播优点

1. 声音应用早，传播速度快

声音，是最早被人类采用的传播符号。在文字诞生之前，人类广泛利用声音传递信息、交流情感、互通经验教训等，声音是人类应用最广泛、最普遍的传播工具。比起文字符号来，声音符号在人类的进化历史上更早被人类所掌握、利用。

声音符号的传播速度比文字符号更迅速。而且，与文字符号需要写出来才能作交流相比，说出来的声音符号具有使用更方便、交流互动更快捷的特点。

2. 声音表达真实直接，容易感动人

声音符号比起文字符号有更强的感染力。因为文字符号所表达的情感，需要阅读者调动过往的学识经历，经过大脑的思考才能理解消化，有时甚至要调动联想、想象等心理活动，才能产生思想情感的共鸣。而声音符号具有传真性，直接传达准确的信息含义；声音符号还具有表情性，使说话者可以通过对音调、响度的组合与调整，赋予声音更强的感染性、鼓动性与说服力。印在报纸上的新闻报道、新闻故事、文学散文或讣告消息，读者可能读完就放下了，通常未能被打动；而在广播播音员的播报中，由于播音员已把对文字内容的理解作了表情化处理，融于声音中的表情效果能直达听众耳中。听着报道的内容，听众不需要再作理解与转化，就可以被感动。原来渗透在字里行间的情感、情愫，直接就渗透到听众心里，使听众收到与阅读不一样的效果。

3. 声音传播的适应人群最广、最大

一般来说，人们只要听力正常、说话表达能力正常，都能“听”能“说”。在日常生活中，不论是什么年龄、性别，不论受教育程度高低、智力高下，不论是什么籍贯、种族，不论是什么阶层，人们日常的沟通与互动所应用的交流传播工具，主要还是口头语言（声音），而不是文字，不是网络，也不是电视媒介。

与文字符号、图像符号等传播符号相比，以声音符号（不论方言、普通话或外语）作为日常生活中交流沟通的传播工具的人数最多，声音的适应面最普遍、最广泛。

（二）声音的传播缺点

声音符号用于传播时，与其他传播符号相比较而言，有它自身的劣势：

（1）声音传播的距离很有限。因为声波是一种机械波，在空气中的传播速度只有 330～360 米/秒。

（2）声音传播的信息不容易保存。在空气中传送的声波是无影、无形、无色、无味的，人们看不见也摸不着。声音连同声音传递的信息转瞬即逝，很难留得住，如同玻璃般脆弱易碎。据研究，进入人耳的一般信息只能在人的大脑中保存 6～10 秒；对于自己觉得有价值的声音，人们会比较关注和留意，这类声音可以形成短暂记忆，保持时间约达 20 分钟。经过人的大脑的有意选择与刻意努力，只有少数信息可以形成较长时间的记忆，即所谓的刻骨铭心。在录音技术发明之前，人类以声音传播的信息，一般而言是无法保存的。

（3）与文字传播相比，声音传播的范围与年份有较大的局限。录音技术发明以后，人们通过录音设备录下了部分“有价值的声音”。但囿于早期的录音技术有限，以及早期录音磁带的保管条件、保存技术有限，即使是 20 世纪初录下的有价值的、珍贵如文物的声音资料，如今能留存下来的也不多，而能保持清晰流畅的播放效果的录音磁带更不多，因为受当时的制造技术条件所限，录音磁带的寿命只有 10～20 年。而文字符号记录的信息，无论是刻在甲骨上、青铜器皿上或竹简上的文字，还是印在线装书上的文字，只要方法得当就可以长久保存，到现在依然能看得到，也可以进行大范围的展览和传播。

（4）声音传播的清晰度既受声波传播的物理环境影响，也受到语义、口音或风俗文化等人文环境的限制与影响。首先，声波在空气中传送时是会有损耗的，声源的高度及区域空间的风力大小等，都会影响声音的清晰度。所谓“登高而呼，声非加疾也，而听者远”就是这个道理。其次，用来听的声音符号表意容易混淆，不如写的文字符号表意那样一目了然。

声音语言在流传过程中，受不同的地方生活习惯与地方区域文化等诸多因素的影响，形成不同的地方方言和一音多义等语言现象。也就是说，对于同一个字或词，虽然意义所指完全相同，但不同地方的人们会发出不同的声音。例如，大陆与台湾地区对于某些字词有不同的读音：

字或词	大陆	台湾地区
垃圾	lājī	lèsè
癌	ái	yán
携	xié	xī

另外，对于同一个字或词的读音，生活在不同地方、有不同的生活习惯的人们可能有不同的理解，即同一种声音意义指向不同的事物。《战国策》里记载了一则故事：郑人把未雕琢的玉叫“朴”，周人把未腌制的鼠肉也叫“朴”。郑人到周，有周人问郑人：“要买朴吗?”郑人说要，等周人拿出来一看却是鼠肉，连忙推辞不买了。

民间谚语里所谓的“口说无凭，立字为据”，既透露了广为流传的生活经验，也说明了人们对于声音表意易混淆与具有不确定性这一特点是有深刻认识的。

三、声音在广播媒介中应用的三个要素

声音在广播媒介中的应用有三个要素：有声语言、音乐、音响。

有声语言在广播媒介中所起的作用主要有：①传播与提供信息；②整合与组织节目；③制造与渲染节目气氛、提供特殊的艺术情境。

音乐在广播中的作用有：①充当广播文艺节目的成分；②充当广播媒体和节目的标志（开始曲）；③间隔或过渡节目内容（间曲）；④深化节目的主题与营造节目的特色；⑤渲染与节目内容相应的情绪，烘托气氛；⑥协调节目要素，提高表现力。

音响，是除有声语言和音乐之外的所有声音的统称。在广播新闻中，它被用来指报道语言、解说语言（不包括采访对话语言）和节目背景音乐以外的一切声音，包括：①新闻性音响（实况音响、历史性资料音响）；②音响效果（写实性音响、夸张性音响）。音响效果是信息传播者制造出来的或转借来的声音，它与新闻性音响的区别在于：新闻性音响具有客观真实性，是客观的存在；而音响效果仅具有真实感，它是人为制造的模拟声音，不具有客观真实性。

音响在广播媒介中所起的作用有：①加强广播内容的真实感，如在广播现场新闻报道中插入采访人物同期声等；②用来表现特定的时间和特定的空间，如某个报时提示声、某段报站声等；③烘托、渲染环境气氛，例如球赛现场的各种喧哗声、拍打球的声音、啦啦队的呼喊加油声或观众的尖叫声；④刻画人物的心理情绪，例如宣泄悲怆的哭声或表现喜悦的笑声等；⑤在文艺作品中构成情节的一部分，例如敲门声、爆炸声、枪声、吵架声等。

第二节　广播媒介的传播特性

广播媒介的传播特性是由广播媒介的传播方式决定的。因此，要认识广播媒介的传播特性，首先要了解广播作为一种媒体介质的传播方式。

一、关于广播媒介的传播方式

“广播”作为媒体介质与传播平台，需要依靠无线电波传输声音。要播放广播节目，首先广播媒介需要拥有能进行广播的相应设备：调制设备、无线发射设备。第一步，广播媒介使用调制设备将声音信号转换为射频信号；第二步，广播媒介用无线发射设备将射频信号发送出去。而听众手里需要拥有能接收广播信号的收音机。听众手里的收音机能将射频信号还原为声音信号，通过收音机里的扬声器（喇叭）传播广播媒介播放的各种节目。

随着科学技术的进步发展，数字压缩技术被应用于广播传播，使用数字卫星进行广播也成为可能。数字技术发展成果的普及与应用，使现在的广播传播大大突破了地域的限制。而且，数字广播传输的声音，比过往的调频立体声广播音质更清晰、更保真。应用数字技术后，广播媒介所制作与播放的现场直播节目，在现场感、声音清晰度与保真度等方面都大为改善。

近年来，在社会科学技术发展力的推动下，网络技术一日千里，互联网运用日趋普及。许多广播媒体为了提高与其他传统媒体竞争的实力，纷纷在互联网上建立起自身的网络版电台。网络时代的到来，确确实实使广播媒体的发展获得了蓬勃生机：生机一，广播媒体将自身的节目搬到互联网上同步传播，使广播媒体解决了广播信号覆盖范围有限的困扰；生机二，听众在网络上不受时间与地点的限制，可任意点播自己喜欢的节目，或重复点播错过的广播节目，增强了广播收听的便捷性；生机三，广播媒体的网络版吸引了原来对广播较为陌生、只热衷网络传播的年轻受众，提高了他们对广播媒体的关注度，培养与扩大了广播媒体的年轻受众群。

此外，微博等新媒介也不甘示弱地设置了微电台、手机广播等。新媒介与广播媒介传播既互相融合，也相互促进。

二、关于广播媒介的传播特性

（一）广播媒介的传播广泛性

广播媒介自从利用无线电波作为声音的传输方式后，凭借广播发射技术的改良，解决了声音传播范围小的问题，使广播信号的覆盖面积大大扩展。广播媒介发射的承载着各种声音信息的电波信号覆盖城市和乡村，穿过陆地和天空，跨越高山和海洋，理论上能到达世界的每一个角落。只要拥有一台短波收音机，理论上谁都可以收听到全世界的广播节目。与属于传统大众媒介的报纸、刊物相比，报纸、刊物的覆盖面远不及广播媒介。

（二）广播媒介的传播快捷性

与报纸、刊物和电视等其他大众传播媒介相比较而言，广播媒介的传播速度是最快的，它具有“先声夺人”的传播优势。刊物因为有出版周期，传播速度最慢。而在时效要求最高的新闻信息报道工作上，报纸媒介的新闻信息在采写完成后还须经编辑、排版、印刷、发行，之后才能与受众见面。每逢有重要新闻、突发新闻发生，报纸媒介即使采用电子出版系统出“号外”，也比不上广播媒介的信息传播速度。由于电话、网络的普及，广播媒介的传播速度有时比电视媒介还要快。广播媒介的快，源于它不需要等待拍摄和制作画面的时间，也无须进行耗时较多的后期编辑。与广播媒介相比，电视新闻报道制作需要的设备相对复杂，制作环节也比广播新闻的制作环节多，不如广播新闻灵活。广播媒介在新闻信息传播中，可以由记者在现场与采访对象借电话连线直接向听众报告事实信息，记者边传送实况，边播报自己的所见所闻，有时还要进行必要的解说。总之，省去了节目制作的时间。电视媒介也能借用电话连线采访的方式，但它必须用画面传输信息，不可能长时间使用电话采访。电视媒介只有在进行新闻现场直播时，时效快捷的优势才能充分发挥出来。电视媒介对某些可预知的新闻事件可以作现场同步直播，但一般常态下的电视新闻报道都须进行后期的编辑制作。而广播媒介对于可预知的新闻事件同样可以进行现场直播报道，在日常新闻报道中只需对广播新闻稿进行把关后即可播出，省却了繁杂与耗时较长的后期制作步骤。故而，电视媒介在总体的传播时效上是不如广播媒介快捷的，广播媒介传播速度快的优势是其他传统媒介所无法取代的。

但是，随着网络技术的飞速发展，依托网络的微博、微信等新媒介迅速崛起，智能手机、iPad 等通信工具不断普及，“公民记者”大量涌现，人人都可以成为自媒体已经成为现实。每当突发事件发生时，事件中的当事人、目击者等都可能变身为“公民记者”，这些因素的综合出现对广播媒介的传播速度优势构成了隐性冲击。

（三）广播媒介的受众多样性

与报纸、刊物等平面纸质媒介需要受众掌握一定的文字解读能力才能完成对报刊传播的文字信息解读不同，广播媒介与电视媒介一样对受众的信息接收能力不设任何门槛，文化程度很低甚至不识字的人也能听得懂广播的内容。所以，广播媒介与电视媒介一样，受众层次显示出多样性。在我国文化教育事业还不发达、文盲和半文盲人数还较多、电视机还不算普及的贫困地区，尤其适合推广广播媒介传播。

（四）广播媒介的传播伴随性

一般情况下，听众收听广播时的状态都较为自由、随意。因为收听广播可以不受时间、地点的限制：不管是在白天还是晚上，不管听众在哪里（如在家里或公交车、地铁上），也不管听众在干什么（如做菜、吃饭、运动、玩电脑游戏甚至是开车等），只要打开收音机，都可以接收广播信息。而且，人们在收听广播的同时，可以不必中断原来正在进行的工作、学习、运动或娱乐，不必像看电视、看报纸那样，要专门挤出一段时间来专心地看，才能接收到确实信息。广播媒介传播的这种伴随性，使生活节奏越来越快的现代人能方便地接收信息。尤其是在改革开放以后，我国社会经济的持续发展使我国私人小汽车的拥有量快速增长，这一经济现象给广播尤其是广播交通电台带来了发展的新契机，因为唯有具传播伴随性的广播媒介，才能让驾车者边开车边了解前面道路的交通即时状况，提早做好相应的准备。

科技制造业的进步，使收音机越发向小型化、轻便化发展。另外，有的具有收音机功能的数码产品如 MP3、MP4，体积只有手指般大小，甚至有的智能手机也具有收音机功能。电子科技的进步与具有收音机功能的多媒体数码产品的普及、应用，也使得热衷于追逐数码产品时尚的年轻人，以及居于中高端收入水平的精英人群、成功人士拥有了更多接触广播媒介的机会。再加上广播媒介信息接收具有伴随性，方便在快节奏中生活着的现代人“收音”，从某个角度看，这其实也给广播媒介的发展带来了新机遇。

（五）广播媒介的传播成本低

一方面，科技的进步使听众用于接收广播媒介信息的收音机向小型化、轻便化发展。有的收音机只有火柴盒大小，尤其适合随身携带。而且，目前智能手机的运用更为普遍，不少智能手机都有收音机的功能，听众可通过手机上网收听广播媒介网络版的内容。这意味着听众可以用最低廉的成本接收广播媒介传播的信息。

另一方面，与电视媒介的设备投入昂贵，节目制作耗时长、成本高相比，广播媒介的设备费投入没有那么高，节目制作过程相对比较简单，制作成本相对低廉。

（六）广播媒介的传播受客观条件制约较少，在灾难救援中独显优势

电波的传输与覆盖可以不受空间的限制，也可以不受天气、交通、地震、洪水等自然灾害或人为突发事件导致的原有条件改变的影响。在某些特定条件下，如在一些自然条件比较复杂的地区发生地震、洪水、泥石流等自然灾害时，尤其是在停电、通信中断、道路毁坏或堵塞的情况下，广播媒介就能发挥信号受限较少这一独特的传播优势，在各种灾难救援中大显身手。1983 年陕西安康遭遇特大洪涝灾害，当时安康整个城区陷入一片汪洋，安康人民广播电台将播音设备搬到楼顶，架起户外广播，成为全城撤离和营救的前沿指挥所，其发挥的抢险救灾作用与作出的贡献受到了当时国务院的表彰。广播媒介在自然灾害面前的作用得到实践的检验，也得到社会的认可。2013 年 4 月 20 日，四川雅安芦山发生 7.0 级地震，中央人民广播电

台第一时间启动国家应急广播报道程序，首次以“国家应急广播”为呼号，在突发灾难事件中向灾区民众定向播出应急频率。“国家应急广播·芦山抗震救灾应急电台”的开播，是将广播媒介纳入国家应急救援体系的良好实践尝试，也意味着广播媒介在灾难救援工作中发挥的优于其他媒介的传播力量得到了肯定。

（七）广播媒介的传播灵活性

因为广播媒介节目是诸媒介节目中制作周期最短的，“船小好调头”，故广播媒介传播也具有较大的灵活性。一方面，当有突发事件或其他意外情况发生时，广播媒介可以根据实际情况及时改变原来的播出安排，插播特殊的节目或信息。相比起其他节目制作需要较长时间的媒介，广播媒介在调整节目播出时段方面相对比较容易与灵活。另一方面，广播媒介在与其他媒介的竞争中，可以根据竞争对手的举动及时调整自己的战略部署，快速作出反应，或进行节目改良，或增减节目板块，或引入与新媒介融合的全新广播形式与内容。传播灵活性有助于广播媒介增强在媒介融合与媒介竞争中的实力。

但是，广播媒介传播也有自身的不足。首先，广播媒介传播是一种线性传播，声音信息不能重复，稍纵即逝。听众若听到一时理解不了的内容，不能令节目停顿下来慢慢揣摩、消化理解。其次，听众对广播节目播出顺序的可选择性小。虽然听众可以根据自己的喜好选择收听不同的广播节目，可以对不喜欢的节目通过调台来筛选替换，但广播媒介所提供的节目信息必须按事先的编排顺序播出，听众在什么时间听什么内容，完全听命于广播媒介。再次，广播无法提高声音符号的清晰度，只能做到高保真，即只能保持原来声音的声调、节奏与腔韵等不变；但在人际传播中，人们面对面讲话时可以借姿势、表情、眼神等辅助性手段进行丰富且更确切的表意，广播媒介传播则无法做到。从这点来说，广播媒介没有消除，反倒是增加了声音的模糊性。最后，广播媒介的传播效果受媒介自身的传播伴随性的影响。听众在接收广播信息时，多是伴随着自身的工作、学习、运动或娱乐活动，听众的“听”处在一种三心二意的、注意力分散的状态中，传播效果当然大打折扣。

第三节　电视媒介的传播符号

文字写作的最终目的是写出好的作品供人阅读，启发人们对现实、对世界的思考，启迪人的智慧，从而促进现实世界不断发展进步。而电视媒介写作的最终目的是保证电视媒介各类节目的成功拍摄，或者帮助推介、预告各种电视节目的播出或媒体活动的开展等。要进行电视媒介写作，写作者必须先认识电视这种独特的传播媒介具有哪些多样化的传播符号，具备哪些传播特性，以便了解在制作电视节目与传播信息的过程中将要面临哪些独特挑战，需要了解和具备哪些与一般的文字写作不同的写作要求与才能。

语言是一个符号系统，人们对“语言符号”有各种不同的认识与研究。欧洲符号学之父费迪南·德·索绪尔关于语言符号的理解较为有名，有学者研究后将其归纳为：“符号本身包含所指和能指两方面，这两方面结合所形成的各个符号有连带关系，而且每个符号之所以具有价值都是因为有其他各个符号同时存在，符号与符号之间有一种对立统一的关系，价值便产生于这种关系。在语言符号系统中，价值离不开关系，关系是构成价值的基础。”①

对于电视媒介实际应用到的传播符号的认识和把握，也可以从两个层次着手：一是对电视媒介传播载体类型（能指）的认识；二是对这些载体类型的传播所蕴含的概念（所指）的理解。通俗地说就是电视利用其媒介材料（传播载体）传播了含什么意义的内容。

在传播实践中，电视媒介所使用的媒介材料（传播载体）与平面媒介所使用的媒介材料存在较大差别；电视媒介传播中所运用的电视语言也有别于平面媒介的文字语言。关于电视语言，人们通常把它粗略地分为两大类：画面语言与声音语言。电视的画面语言可以通俗地理解为电视中可“看”的部分，包括画面的色彩、构图、影调、光效以及字幕信息等；电视的声音语言可以通俗地理解为电视中可“听”的部分，包括同期声、解说词（也含导语）、音效、音乐等不同的声音材料。电视是以声画合一的方式作用于受众感官与思想的传播媒介，所以，对于电视语言我们不能只作平面化的理解，而应把它放到电视传播体系中，立体化地理解其作为传播符号的用途。

电视传播符号，指的是在电视媒介信息传播过程中用以承载、传达信息的视觉性符号系统与听觉性符号系统的总和。也就是说，电视传播符号主要分为以下两大类别：可视性符号和可听性符号。

一、可视性符号

（一）图像符号系统

用流动的图像画面传播信息是电视区别于报刊、广播等其他媒介最主要的特色，

① 马婷婷：《对索绪尔语言符号价值概念的认识》，《襄樊学院学报》2008年第4期，第53页。

也是电视媒介最吸引受众之处。

出现在电视画面上的图像符号属于一种非语言符号，它是一种难以用语言来表述的模糊而又具体的信息。图像符号的传播是多通道的、无序性的，而且是交叉传播的。

1. 图像的性能

就其物理性能来看，图像简单而言就是电视机中的电子枪将接收到的节目信息转换成电子束，电视机屏幕上的像素接受电子束的逐行扫描后形成的影像。因为图像可以被人们用来表情达意，人们也可以根据各自特有的心理活动（包括感觉、知觉、联想、想象、认识、理解等）去感受和理解所接收的图像，故而图像具有了它的社会性能。

2. 图像的构成

图像符号是丰富的，大多是长于造型的造型符号。它包括形体符号、表情符号、服饰符号、色彩符号、空间符号、节奏符号、特技符号、角度符号和照片符号等。

图像的类型，如果按制作方式划分可分为：①影像；②图画；③特技画面。

影像是通过摄录设备拍摄录存的事物的状貌声音经由播放设备播放而显现出来的物质实际存在的形态。影像包括摄像机实拍的和录像机录制的电影、电视片以及照相机拍摄的照片等。图画一般是指人工或电脑绘制的形状，包括绘画、图表等。特技画面是经过电脑和相关软件的特殊技术处理的图像，其特点是打破了事物原有的时空结构，现实中的时间被延长或缩短，如原来处于不同时空的事物被组合到同一个画面中，本来处于同一时空的事物被拆散到不同时空，或事物被作了变形变色的处理等。特技画面的种类很多，包括快动作画面、慢动作画面、定格画面、平面切割画面、色彩失衡画面、亮度失衡画面、三维动画画面、抠像画面和变形画面等。

3. 图像的特性

图像在电视传播中具有连续性、现场性、选择性和多义性。

所谓连续性，指电视图像可以连续显现事物运动和发展的动态过程。电视图像的这种连续性，让事物的真实状貌得到动态的、过程性的展现，让观众感觉比看静态的照片更立体、更逼真、更细致。动态的图像往往给予观众如临其境、如见其人（物）、如闻其声的感觉。因而，观看电视图像的视觉享受是最全面、最真实的。电视图像因为具备连续性，所以具有“过程性”，可以被人们用来记录和见证某些重要时刻、某些重要的人与事的变化更替等，如刘翔、孙杨等运动员夺得冠军或打破纪录的比赛图像画面。

所谓现场性，指受众总是以一种现在进行时的眼光与心态接收电视传播的各种节目信息，电视传播的信息让观众感觉始终是一种现状，因为电视的播出与观众的收看是同步的。观众总会以为电视报道的新闻是正在发生着的事实、节目是正在表演着的节目，如同跟随电视走进了事发现场或节目演出现场。比如，自从中央电视台的新闻频道开播以后，每遇可预知的重大事件（如我国每年的“两会”、定期召开的世界性运动会、“神舟”系列飞船发射等）都会作现场直播报道。每当有重大事件和影响巨大的突发事件发生，中央电视台的新闻频道总是力争在事发后迅速转入直播报道状态，充分满足观众对最新大事要事、最新局势的信息知情权。该媒体报道的新闻信息时效性通常是很强的，因此观众就会形成一种心理定式，自然会把所看到的新闻理解为当下正在发生的事情。图像的现场性这一特性决定了电视新闻写作要对电视新闻事实的时态作清晰的交代，最起码须以现在进行时为主来进行写作。而对于时效性不强的新闻，图像本身是无法说明事件发生时间的，为避免误导同步观看的观众，此时电视新闻写作就必须发挥文字语言表意清晰的作用，确切说明新闻事实发生时态等信息。

所谓选择性，指电视图像中的对象是经过制作者预先处理过的。制作者总是根据自己的制作理念（如不同的新闻观、不同的叙述角度）选择不一样的情景来说明一条新闻，为什么选择这个画面而不是别的画面，为什么这样拍而不是那样拍，也是因为制作者有着不同的叙述目的或不同的艺术表现视角……总之，画面如何拍摄、如何选择与如何处理，完全是传播者意识的主观体现。

所谓多义性，指电视图像的表意是模糊的、不确切的。在不同的观众看来，同一个电视图像可以有不同的理解，所以电视图像需要文字语言对其进行诠释说明。而从电视媒体的角度出发，因为对于同一个画面的解释不同，所体现的含义乃至性质或态度也就不一样，所以，同样的一个画面信息，在不同的媒体播放时，由于其体制与所秉承的新闻理念不同，就会产生不同的解读与不同的解释说明。如对于“9·11”事件中飞机撞向美国世贸大楼的画面，美国媒体与半岛电视台的解释显然不同，这反映出媒体的不同立场。这说明了：一方面，电视图像传递的信息是不确定的、不全面的，存在多义性；另一方面，既然电视传播中画面的含义是不确定的，就必须用语言和文字来加以限制才能准确叙事，配合画面作相应的声音解说或文字说明是非常重要的。电视写作（尤其是电视新闻写作）的主要功能也集中于此——对具有多义性的画面进行解释，让观众凭借文字语言的解释说明，全面准确地了解电视图像传递的信息。

4. 图像的组接

电视图像有三种组接形式：画面、镜头和蒙太奇。

画面是电视媒介应用的图像中最小的表意单位，意义的表达通过空间特性得以实现。

镜头是电视图像基本的叙事和表意单位。镜头是从不同的角度、以不同的焦距、在不同的时间拍摄下来，并经过不同处理的画面。也就是说，镜头的含义在电视节目制作过程中是有所变化的。在电视节目制作前期，镜头指摄像机从开机到关机所拍摄下来的一段连续画面；而在节目制作后期，镜头指的是画面经过剪接后两个剪接点之间的片段。

所谓蒙太奇，原是法语“Montage”的译音，是建筑学上的一个术语，意为构成和装配，后被借用和引申在电影制作上，表示为了一定的表达目的将独立拍摄的画面、镜头经剪辑或组合组接在一起的手法的统称。如果蒙太奇手法按所要达成的主要目的看，又分为叙事蒙太奇和表现蒙太奇。叙事蒙太奇采用连续、平行、交叉和错觉的手法将相关的画面或镜头组接在一起，交代情节或叙述事件的后续发展过程和结果；表现蒙太奇则是采用象征、对比、抒情、心理暗示等手法，将相关画面镜头加以艺术化的组接，旨在激发观众的联想，启发观众的思考，以强化制作者力图在节目中表现的主题思想或要表达的信息导向。

5. 图像的传播局限

虽然电视图像有着上述种种优点，但是电视图像在表意上也确有其不容忽视的局限与不足：

（1）从信息的完整性看，电视图像只能表现拍摄时间内的信息。

在电视信息传播中，电视图像不能拍摄过去的事物，也不能拍摄未来的事物，只能拍摄开机后、关机前的现在的事物。尤其在从事电视新闻直播工作时，若要贯彻新闻报道的客观性与真实性，电视媒体就既不能拍摄过去的事件，也不能拍摄未发生的假设事件。有时，某些电视节目为了对事件作出深入解读，可能通过模拟拍摄的形式，以“事件回放”作为展开新闻评论的由头。此时，电视屏幕上一定要出现“模拟资料”等字样，以免误导观众。

现实生活中，在报道新闻信息时，电视记者往往在突发事件发生后才能赶到现场，因此往往拍摄不到事件的全过程。

电视媒介在进行信息传播时，其画面拍摄的时间跨度是有限制的，只能在拍摄时间内记录与传递信息。所以，电视图像对信息的反映是不完整的。

（2）从信息的叙述内容看，电视图像难以表现完整的情节和故事。

首先，电视拍摄的新闻画面是不完整的，有时甚至只是零碎的片段。电视图像只能记录在拍摄时间内的信息，不能完整地反映事件的全部信息，甚至只能在事后拍摄目击者或知情人对事件的陈述。其次，电视媒介在新闻传播实践中，通常采取单机拍摄，即使是大型的活动、晚会采取的多机多点拍摄，也会有中断的时候，如摄像机换电池的时候等。再次，虽然电视图像采用长镜头拍摄时可以记录相对较完整的内容，但从观众接收信息的实际看，大量的长镜头容易使观众产生视觉疲劳；而且纯自然拍摄的长镜头需要耗费大量的播出时间，不适合现代观众越来越紧凑的收视节奏。最后，事物是立体的、多面的，长镜头难以拍摄与表现事物的多个方面，所以电视图像需要不断更换拍摄角度、距离和高度，才能满足观众的收视要求。而当摄像机要变换机位、角度时，镜头就可能错过了某些情节内容。

（3）从新闻信息报道的要求看，电视图像难以交代新闻五要素。

时间（When）、地点（Where）、人物（Who）、事件（What）与原因（Why），被视为新闻的五要素（又称“五 W”）。这五个要素当然也是新闻写作的重点。在电视新闻信息传播中，电视图像不擅长表现这五个要素，须借助文字语言进行辅助性的说明与陈述。

时间：用文字很容易明确而清晰地表达年、月、日、时和分，但是在电视新闻报道中，如果只采用拍摄的画面图像就很难准确表示时间，因为新闻现场中不一定有日历、时钟、太阳等物，有的话也不一定能让拍摄者拍到，而且太阳在天空中的位置也不能准确表现时间。对于黄昏或日出的画面，若没有文字语言说明，观众是分不清的。例如，图 2－1－1 和图 2－1－2 分别是镜头中的日出和日落的情景，光看画面观众难以分辨清楚。

图 2－1－1

图 2－1－2

图 2－1　镜头下的日出和日落

地点：新闻事件发生在哪个国家、省份、城市、乡镇或街区等信息，在电视镜头中是很难反映的。除非在电视图像上出现了为人熟知的地标性建筑，如美国的自由女神像、北京的天安门等，否则观众不能准确知悉新闻事件发生的明确地点。如图2－2，在西方基督教徒眼里，它是值得与应该去朝拜的圣地，每年也都吸引大批来自世界各地的教徒前去朝拜，原来它是坐落在土耳其一个小镇上的圣母玛丽亚故居。若没有电视写作的文字语言的说明，观众从电视画面上看到它时，只会把它当作一间不起眼的平房，也不清楚它准确的地理位置。

图2－2　圣母玛丽亚故居

图2－3中的几张图片拍的都是与水相关的景点。若不作确切的文字说明，人们也都无从知晓其准确的地理信息，如它在哪个国家、哪个省份，它的经度和纬度是多少，它的名字是什么。

图2－3－1

图2－3－2

图 2 – 3 – 3

图 2 – 3 – 4

图 2 – 3　与水相关的景点四处

事实上，这几个与水相关的景点分别位于不同的国家。图 2 – 3 – 1 是尼泊尔第二大城市博卡拉的费瓦湖；图 2 – 3 – 2 是土耳其的博斯布鲁斯海峡；图 2 – 3 – 3 和图 2 – 3 – 4 都是我国江西婺源的美丽乡村。

人物：观众除了对著名的政治人物和具有较高知名度、较高媒体曝光率的文化、体育、娱乐明星比较熟悉，能一眼辨别出他们的样貌外，对于出现在新闻事件里的生活中的普通人可能都不认识，更不熟悉。即使他们的真实样貌出现在镜头前、画面上，观众也无从得知他们是谁、具有什么身份。有的科学界、学术界的知名人物为人处事一贯低调，有意回避媒体采访与曝光，因此观众也没有机会认识他们。当电视镜头对准普通人时，观众单凭画面图像难以得知人物信息，此时就必须加入电视写作的相关解说或字幕介绍。

图 2 – 4 – 1

图 2 – 4 – 2

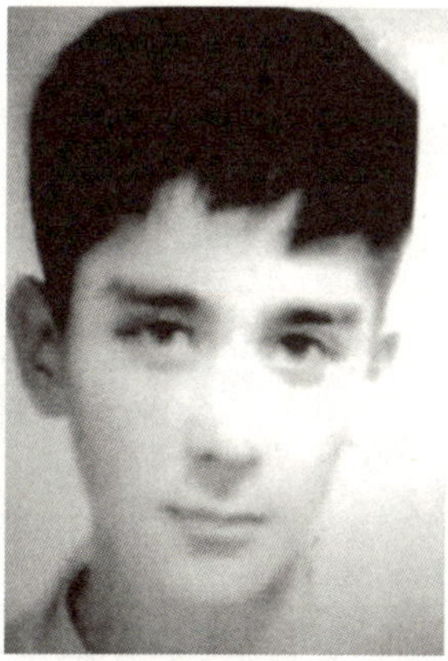

图2－4－3

图2－4－4

图2－4　吴彦祖与王德民

如图2－4－1，比较熟悉演艺界明星的观众或大多数年轻人一眼就能认出他是香港著名影星吴彦祖。2013年9月，有网友把一组照片——图2－4－2、图2－4－3、图2－4－4与图2－4－1一起放到网上，顿时引起万千网民的围观与惊叹。那三张图其实是酷似吴彦祖的中国工程院院士王德民年轻时候的照片，这组照片连同其主人立即一起在网上走红。按照传统观念，后者的社会地位、贡献和成就比前者大多了，但前者因经常曝光于媒体娱乐节目或版面而为广大受众所认识，而后者因不是被媒体关注的明星而鲜为人知。如果不是这次的照片引来网友围观，以及众多大众媒体的跟进报道，估计当王德民出现于电视镜头前时，若媒体不作相关的介绍说明，很少有观众能只凭样貌认出他。

事件：电视图像往往形象而直观地反映事件的表面性、一般性。如拍摄新学期开学很多学生家长拿着大包小包的行李来到学校报到时，电视图像很难反映事件的核心信息：这是什么学校？新生们来自哪里？陪同学生报到的家长有多少？学校对陪同子女报到的各地家长有没有安置的措施？新生对学校环境、宿舍条件的评价怎样？因此，介绍事件的具体情况时，媒体除了需要提供画面以外的相关采访信息，如现场采访当事人（学生、家长、学校有关部门负责人等）的同期声，也需要根据采访掌握与核实的信息写出相应的解说语，从而对事情作出综合而准确的介绍，让观众充分了解事件的具体面貌和内容。

图 2－5　广州大学 2012 级新生入学军训汇报表演

例如，当屏幕中出现图 2－5 中的画面时，观众会想知道方阵队伍里的是什么人？不同方阵的人的具体身份是什么？什么导致他们要列方阵行走？在事情何时发生，何时结束？事件发展过程中有哪些突出的细节？场面的气氛如何？他们是在进行经常性的操练，还是在进行训练结束时的汇报表演？事件结束时哪些方阵获得了表彰？所有这些与事件相关的信息内容，单凭电视画面是难以清晰、明确、简洁地表述出来的，但配上相应的解说词，只需两三百字就能很清楚明晰地解答观众以上的疑问："画面所反映的是 2012 年 9 月在广州大学运动场上举行的 2012 级新生入学军训结束时的汇报表演。画面中的各方阵由各学院不同专业的 2012 级新生组成，他们汇报表演的项目有威武有力的军体拳、别具一格的防化服穿戴展示、编排新颖的持枪对抗等，赢得了现场观看表演的师生的阵阵掌声。让人印象深刻的是消防技能表演，在消防官兵的配合下，新生在烈火熊熊的模拟现场中沉着应对火灾，有的手持灭火器扑灭火焰，有的铺开救生垫让同学从二楼跳下逃离，有的搬起水龙头向火场喷射水柱……现场气氛十分严肃，展现了新生较强的应对能力。最后，大会表彰了一批在军训中表现突出的先进个人和集体，并授予其锦旗与证书。”

原因：导致新闻事件发生的原因往往是复杂的、多方面的。电视图像因以下原因难以表现它：有时候事件的原因在报道时尚未被调查出来，媒体无法拍摄相应的画面；有时候事件的原因是复杂的、深层次的，或是多样的、主观的，这些都是无法用镜头去展现的；有时候导致事件的原因并不在拍摄的现场等。

（4）从信息内涵的挖掘表现看，电视图像难以表现信息内在的意蕴或抽象性的事物。

电视图像擅长形象地、直观地反映事物的外在状貌等表面性、一般性的信息；对于抽象的、深奥的、复杂的事物，电视图像是缺乏表现力的。但是，电视与其他大众媒介一样，是党、政府和人民的喉舌，担负着以正确的思想引导人，以科学的知识和先进的人生观、世界观、道德观教育人的职责。电视节目除了要反映事物的表象，还需要反映事物内部的思想、精神等深层次的内容，以及反映蕴含于事物内部的、需要长期研究探索才能概括出来的抽象性规律、定理等。例如，中央电视台的报道《神九飞天　再探天宫》中有丰富的画面，甚至全程直播“神舟九号”点火、成功升上太空以及在太空完成展开太阳帆板的任务的过程。“神舟九号”返程时，中央电视台同样作了现场直播报道。尽管如此，电视图像无法拍摄出此次航天飞行有何重大意义，它对今后的太空研究有什么影响，以及它对我国航天事业有什么贡献。所以，必须借助电视写作的文字语言擅长挖掘事物内涵和擅长综合概括事物的意义、作用与影响等优势。

当电视屏幕上播出如图2－6的图片信息时，制作者要及时作出如下清晰准确的说明：小羊多莉是一只与众不同的羊，它是人类利用人工克隆技术孕育而成的，克隆是英语单词“Clone”的音译，指人工诱导的无性繁殖。动物克隆的成功在细胞工程方面具有划时代的意义，多莉的诞生标志着人类基因技术取得重大突破。

观众无论是在观看多莉的静态图片还是在观看电视画面时，都无从得知多莉的确切信息，更无法了解这只小羊的诞生有着怎样的意义。没有配合画面图像播出的解说声音或字幕，观众甚至会以为那是一则再普通不过的消息。这只外貌普通的小羊羔提不起观众收看新闻详细内容的兴趣。

图2－6　小羊多莉

（5）从信息传递的效果看，电视图像的表意是模糊的，容易产生歧义。

“广播电视由于其自身性质的特殊性，是国家意识形态的要害部门，是最重要的舆论阵地。”① 电视媒介作为权威的大众传播平台，对事实信息的反映必须是客观真实的。电视画面最能直接客观地反映事物，但由于图像在信息传播中具有多义性，也由于社会生活中每个人观察、思考事物的着眼点不同，不同观众收看电视节目信息、观看电视画面所得出的印象、理解与相信或接受的程度都会不同。例如，2012年我国媒体关于我国的渔政船和渔船进入钓鱼岛附近海域的报道与日本媒体对此事的报道内容就截然不同，主要原因是报道者关于钓鱼岛的主权理念不同。中国新华社的报道内容是：“截至9月18日，已有12艘公务船同时在钓鱼岛附近海域联合执法，这也是中国有史以来巡航规模最大的一次。”（如图2－7－1）而在同一天，日本媒体对此事的报道是：只有两艘中国渔政船出现在钓鱼岛附近（如图2－7－2）。另外，中国受众与日本受众即使面对着同一个画面或同一组图片提供的事实信息，其接受程度与相信程度也肯定是不同的。中国受众更愿意相信中国媒体的报道，而日本受众更倾向于日本媒体的说法。出现此现象的原因如下：两国受众一直以来所接受的历史教育不同，这导致两国受众对于钓鱼岛主权归属的看法不同，还有两国民众的民族情感也不同。

① 黄瑚主编：《新闻法规与职业道德教程》，复旦大学出版社2010年版，第32页。

图 2－7－1

图 2－7－2

图 2－7　两国媒体报道钓鱼岛事件的图片

正是由于以上所述的情况，虽然电视传递信息时给观众播放的的确是真实的画面，但画面图像的传播效果客观存在多义性、复杂性，此外，镜头截取角度、画面播出范围大小的不同等因素，都会导致不同的传播效果。如图 2－8，如果我们排除照片是由某些企业或个人出于一定的商业目的而故意“PS”而成，假设它是拍摄自现场活动的真实照片的话，则看到左图时，观众以为是姚明单独出席某商业宣传活动；看到右图时，才知道另一明星也出席了该活动。由于拍摄者对摄像镜头角度的调整不到位，让另一明星“掉”出画面外了。上述这些因素（情感倾向、拍摄技术欠佳或操作不当等），都会造成观众对同一画面图像信息接收与理解的不同。

图 2－8　画面对传播结果的影响

综上所述，电视图像实际传达给观众的信息往往是不充足的。电视媒介给观众播放的虽然的确是内容真实的画面，但由于画面图像的传播效果有个体差异，不同的观众对于电视图像信息的接收程度和理解不同，故电视图像实际传输给观众的信息往往不足 100%；而且，电视媒介最后实际传输和送达观众的画面信息或意念，有可能已经受到各种干扰因素的影响而发生了变形，甚至出现或掺杂了谬误的信息意念。

（二）文字符号系统

在电视传播实践中，出现在电视屏幕上的不仅有流动的画面图像，还有文字符号。文字在整个电视传播过程中的分量虽然不算太重，但也不可缺少，它往往能起到画龙点睛的作用。而且，让文字出现在电视屏幕上，让观众边听边看，还有帮助观众理解信息的作用。根据有的传播学者研究的成果，人们阅读文字能记住 10% 的信息，收听声音可以记住 20%，观看图像能够记住 30%，而边听边看能记住 50%。

显然，视听结合地接收信息的方式传播效果最佳。

文字作为可视性符号出现在电视屏幕上时，又分为两种：一种是画内文字，一种是屏幕文字。

1. 画内文字

画内文字是指电视传播中被收入摄像镜头内的景物中所包含的文字。如墙壁上的标语、会议的横幅、广告牌上的文字、路牌上的路名、著名建筑物的名称、公司大门上的名称等，这些文字出现在新闻报道的画面里，可以传递新闻的地点要素，或者透过文字带出一定的信息，如召开的是什么会议、广告宣传的是什么产品等。电视媒介记者在拍摄过程中要注意对这类画内文字合理运用，防止拍摄到不完整的画面而导致出现不完整的文字内容，造成歧义或误导观众。

2. 屏幕文字

屏幕文字是指在电视节目的后期制作中，节目制作者根据节目内容的表达需要或突出节目重点与揭示主题的需要，利用电脑技术叠加于屏幕上的文字。屏幕文字的类型较多，主要的类型有新闻标题、电视节目所需的各种字幕、滚动字幕新闻。

（1）新闻标题。

在目前各电视媒体采用的电视新闻报道方式中，通常把每一条播报的电视新闻标题显示在屏幕上，这样既可以概括出该条新闻的主要内容，又方便观众通过提要式的标题加深对新闻主要事实的理解与记忆。从形式上讲，屏幕上出现的新闻标题也可以与下一条新闻作区分。

（2）电视节目所需的各种字幕。

各种电视节目在传播过程中通常需要各种字幕的配合与辅助。字幕的特殊性在于：受众以看画面的形式接收字幕的信息，却要通过解读文字的方式才能理解字幕信息的内容。

在电视节目信息传播中，字幕十分实用，它通常担负起强调重点、讲述提要、帮助认知、连接转换、宣传和引用等作用，目的是让观众看得更清楚、听得更明白。字幕也可以“虚”用，通过变化字幕和字体创造一种形式上的美感，可以帮助节目营造独特风格或节奏。电视节目中运用的字幕因用途不同，可分为很多种类，主要有：

标题性字幕：可以起到节目、栏目间的转换和衔接的结构作用。如画面先出现《焦点访谈》栏目名称，继而出现突出节目特色的字幕“用事实说话”，最后出现宣传栏目定位的内容：“时事追踪报道，新闻背景分析，社会热点透视，大众话题评说。”

提示性字幕：对观众作有针对性的善意提醒的字幕。如“现在已是深夜，请将电视机音量调小，以免影响他人休息”。

宣传性字幕：内容主要是作公益类宣传或号召做好某项重要工作的宣传口号。如“公益广告也是一盏灯”，“办好民族奥运、文明奥运、绿色奥运”等。

注释性字幕（又叫同期声字幕）：配合电视画面图像上出现的人物谈话打上的与谈话内容相同、谈话节奏同步的字幕，通常是为了配合电视记者在现场采访新闻人物而使用。注释性字幕以文字的形式显现，可以消除受访者的方言给观众带来的理解上的障碍。

介绍说明性字幕（人物介绍条）：把出现在电视镜头前接受采访的人物的姓名、职业、职务等信息配合人物图像呈现出来，让观众了解此人的真实身份，也方便观众更好地观察新闻记者是否实现了采访的平衡。

整屏文字阅读性字幕：在传播一些重要的会议公报、政令和重要的成员名单时，电视媒体往往使用整屏文字配合播音的手法，强调信息的重要性。长的文字稿可以逐渐向上移动。例如，播报每届人民代表大会选举出来的领导人名单时，都采取这样一种声画（字）合一的手法。

重点内容字幕：电视媒体把一期新闻节目的重点信息制成字幕，放到屏幕上显示，在新闻节目开头就提醒观众特别关注重点新闻；或者配合某条新闻播报的节奏，同步把该条新闻里的重要信息点显示在屏幕上。

图表字幕：电视节目中需要反映的内容如果涉及较多数字，节目制作者通常把同类的或不同类的数字分别列入表格中进行处理，如各地的气温、当天主要肉菜价格、股票指数、运动员比赛成绩等。数字是抽象的信息，不容易让观众记住，把数字列入图表显示在屏幕上，方便加深观众印象，数目大小也一目了然。

此外，电视节目中用到的字幕还有唱词字幕、转场字幕、引文字幕、节目预告字幕、节目组成员或演职员字幕等。

（3）滚动字幕新闻。

电视媒体为了在不打断正在播放的原有电视节目信息的前提下报道即时发生的重大新闻，会在电视屏幕下方穿插一行滚动前进的字幕。它通常采用一句话新闻或简讯形式，及时播报有重大新闻价值的或刚接收的新闻信息。使用滚动字幕新闻，是电视媒体采取的重视与突出电视新闻报道时效性，又不破坏正在播放的节目的完整性的举措，同时也是电视媒体增强竞争力的有力措施。

二、可听性符号

电视媒介传播中运用的可听性符号系统，分为有声语言符号和非语言符号两大类。有声语言符号又分为播音语言和现场语言；非语言符号又分为音乐和音响。

（一）有声语言符号

电视媒介传播运用的有声语言符号，主要指运用在电视信息传播中的人声语言，它是电视屏幕上的各种人物表达思想和情感时所发出的各种声音。有时播音员或记者不出现在屏幕上，而是在画外发声，配合解说电视画面图像信息（画外配音）。

1. 播音语言

播音语言通常又称为报道词，是电视专职播音主持人用来播报信息的有声语言。播音语言具有简明通俗、完整准确的特点。

播音语言有以下作用：一是可以延伸画面，解释、阐述或说明图像符号所包含的意思，扩大画面的信息量；二是对其他传播符号没有提供的内容进行补充说明，与画面和音响进行互补；三是可以独立表意，充分发挥文字擅长挖掘与表述事物的本质规律或深层内蕴的特点，或直接概括节目主题；四是可用播音语言连接画面，灵活转换场景，实现语言蒙太奇。

播音语言在电视短新闻报道中几乎承担了全部新闻要素的表达任务。在电视深度报道和专题新闻报道中，播音语言也起着表达节目最有价值内容的重要作用——对节目报道的事实与话题作出深刻评析，提供观点，引导观众辨别是非。在电视信息传播中，播音语言符号也是与画面图像符号结合最紧密的元素。

无论是画内的播音语言还是播音员的画外配音，在叙述事实、证实画面和帮助画面形成对事实的完整表达上都起着重要作用，电视新闻写作的主要部分也集中在这里。

2. 现场语言

现场语言又称画内语言、人物同期声，是电视节目制作者用录音设备在现场采录下来的人物的真实说话声，包括接受采访者的讲话声音、记者的采访提问声音、记者或主持人在现场的叙述语言、描述场景气氛或细节的声音等。

应当注意的是，在现场语言中受访者的人物同期声是不可预估的，也不属于电视写作的范畴。在运用这类现场语言时，须在后期编辑过程中控制好受访者同期声的长度，不可太长，不可使用太滥，也不要采用意思过于偏颇的同期声内容，以免影响节目的质量、效果与拖慢节目的节奏。

（二）非语言符号

1. 音乐

音乐在电视媒介中，有时作为一种电视节目——电视音乐节目里的主角而存在，有时作为电视传播符号的其中一种而存在。

音乐在电视音乐节目中是独立播出、独立传达的节目内容。电视音乐节目里的音乐采取演唱或乐器演奏的方式，追求自身节奏和旋律的美，结构是完整的。而作为一种电视传播符号时，音乐在各种电视节目中一般不会独立播出，而是配合电视媒介的其他传播符号，共同完成节目内容的播出。因而，作为电视节目配角的音乐，很多时候不具备完整的结构，而是以片段、乐句甚至只是几个音符的形式出现于电视节目中，协助实现电视节目的美、增强电视节目的美。

音乐作为电视传播的非语言符号，与作为广播媒介传播符号的音乐一样，起到多种作用：或作为节目、栏目的标志，或间隔节目、栏目，或渲染、抒发情感，或深化、揭示节目主题，或帮助刻画人物内心，或连接气氛和情绪内容相差不远的画面等。要注意的是，作为传播符号的音乐在电视节目中只是配角，既不可用得太密、太多，导致滥用现象的出现，又要用得准确，避免音乐与节目主题相互剥离，显得生硬突兀。

2. 音响

与广播媒介的音响相同，电视节目中应用的声音符号中的音响（又称实况音响），指的是伴随电视画面出现的除了人物有声语言和音乐之外的所有声音的总和。

电视现场音响也分为客观音响与主观音响。客观音响（又称自然音响）是事物自身或环境带来的声音。它既包括来自自然界的各种事物发出的自然性的声音（如流水声、动物的鸣叫声、风声、雨声、机器的轰鸣声等），也包括人的不同行为发出的社会性的声音（如市场的叫卖声、吵架声、读书声、脚步声等）。主观音响指的是为了配合电视节目表达的需要人为制作出来的或对自然音响作变形处理得到的用于配合其他传播符号使用的声音（如科幻电视剧中不知名物体发出的或神话里的无名怪物发出的怪异声音）。

与广播媒介中运用的音响一样，作为电视传播符号使用的音响，在电视节目中能增强节目的现场感、真实感，能渲染节目气氛，能直接地或间接地表情达意，能直接表现人物的内在心理。电视节目中运用的音响包括记录的现实的声音、模拟现实的声音、电脑特技制作的声音。

对于音响的运用，电视媒介要求：一是根据节目性质、节目表达与制作的需要运用；二是需要捕捉最有特色的、最具表现力的音响；三是音响不可滥用，须与其他传播符号配合使用；四是音响音量不可盖过有声语言。

三、电视传播中视听符号的组合关系

声音和画面共同担负着电视媒介的信息传播工作，如果二者相互配合默契，就会达到一种“1 +1 >2”的系统效果，但若二者相互干扰、互为噪音，那么传播效果

将比只有一者时还差。因此，如何认识电视可视性符号与可听性符号之间的关系，在电视新闻制作实践中如何处置二者的关系，简单而言即如何理解、认识电视声画关系，在一则电视新闻的制作过程中如何具体处理其声画关系，一直是电视传播工作者必须面对、思考和妥善解决的问题。正确认识、理解与处理好电视声画关系，是电视新闻写作的基础。

电视媒介传播中的可视性符号与可听性符号之间的关系，总的来说呈现两种形态：①声画合一；②声画分立。

（一）声画合一

声画合一，指的是声音和画面反映的事实内容完全一致，声画同步发生、发展，视听高度统一。声画合一的组合方式是电视传播中最基本的声音与画面的关系，具有真实可信、明白易懂、符合一般受众的认知规律与接受心理的特点。例如，电视新闻现场采访往往出现受访者的人物同期声、现场音响等；还有重大新闻事件、球赛、大型晚会的电视现场直播等，都是声画合一的表现。声画合一，又可分为两种情况：①画内声画合一；②画外声画合一。

1. 画内声画合一

画内声画合一，指画内音响空间和视觉空间的统一，如各种同期声与画面图像内容的统一。在画面内的人物发表演讲或相互间谈话，或记者作出镜报道、进行现场采访等情况中，观众既看到画面内人物的动作，同时也听到他们的声音。

2. 画外声画合一

画外声画合一，指画内视觉空间和画外音响空间的统一，二者在时间上是同步的，必须指向同一时间内音响与画面所指的同一对象。画外声画合一常见于大量的电视新闻报道里，以画外播音语言（报道词）对画面内的事物内容作同步解释说明。电视纪录片、电视文艺片也较为广泛地运用画外音解说，一则可以节省因条件所限拍不了的画面，二则可以用具有较强概括力的文字语言丰富画面语言。

（二）声画分立

声画分立是指声音和画面内容不一致。在这种情况中声音不是来自画面中的发声主体，而是以画外音的形式出现。业内有人把“声音”与“画面”背离、各说各话的现象称为“声画两张皮”。声画分立有两种情况：声画对位和声画对立。

1. 声画对位

声画对位，是指声音和画面各自独立，表现不同的信息，但所表示的信息又互相配合、互相呼应、互相补充，有机地阐述同一中心内容或表现同一故事情节，殊途同归，各臻其妙，此时电视的表意内容为画面与解说之和。

声画对位可以扩大传播的信息容量（如画面展现现场的情景，但声音可以对历史背景进行追溯，或对事件原因进行主观归纳与分析），促使受众将画面信息和声音信息结合起来联想，使原有的内容得以充实乃至升华，产生单靠画面或单靠声音所不能达到的深层次的传播效果。例如，中央电视台摄制的大型文献片《新中国》中的一个片段中的画面是北京大学教授季羡林在书房，而解说词则是："在北京，这间书房的主人就曾在牛棚里蹲了8个月的时间。30年后，他写下了自己的回忆录《牛棚杂忆》。"表现现在时空中的人物的画面与表现过去时空中的人物往事的解说，分别传达着不同的信息，两者形成对比却又围绕同一个中心——以人物命运的改变去表现社会的变化进步。又如，在新闻评论类节目中或在电视专题深度报道中，常有画面播放着新闻事实或新闻调查进程，嘉宾、评论员、主持人或记者在画外进行有针对性的评论分析或表达质疑等的报道方式。

2. 声画对立

声画对立，指声音和画面所表达的内容与意思完全相反，与对方形成强烈对比，使电视节目所要传达的信息更加鲜明突出或造成讽刺的意味。

声画对立的形态，比较适宜运用于允许进行艺术创作、艺术虚构的节目中，如电视文艺片、电视剧等。艺术创作类节目的编导出于特定的艺术目的，有意识地创造画面与声音在情绪、气氛、格调甚至内容等方面的对立，从而产生新的含义或潜台词，通过观众的联想达到对比、象征、隐喻等艺术效果。

应当注意的是，在电视新闻类节目里，对于声音与画面的关系的处理不适宜采用"声画分立"形态，以免声画对立、"声画两张皮"的处理方式使观众收看新闻时产生误解，从而影响新闻的客观真实性和观众对电视媒体新闻报道质量的评价。

第四节　电视媒介的传播特性

电视媒介传播是一种独特的信息运动形式。电视媒介所使用的传播符号、传播信道等物质材料以及所采用的传播方式等都有别于其他传统大众媒介，这决定了电视媒介有以下几个方面的传播特性：

一、视听兼备，受众接收信息方便而轻松

电视媒介传播有别于其他传统大众媒介传播的独特之处主要有两点。其一，电视媒介传播所应用的传播符号最多。电视媒介传播是集文字、声音、画面、图片、色彩等多种传播符号于一体的传播形式。其二，电视媒介是通过"视觉＋听觉"的

双信息渠道实施其信息传播的。报刊媒介能看而不能听；广播媒介能听不能看。只有电视媒介提供的信息既能看（而且不仅能看到文字，还能看到活动的画面），又能听。电视传播中活动的画面图像与相应同步的声音，共同作用于人们的感官，给了人们同步观形听声、身临其境的感觉，大大提升了人们接收信息的方便程度与享受程度。电视使新闻现场的环境、新闻人物的言行举止、新闻事实的始末等信息得以形象、直观、直接再现，信息无须经过观众头脑再解码转化，信息接收的过程相对轻松方便。电视媒介视听兼备的全息性传播优势，还能使人们获得最大化的信息量。此外，电视观众通常是在家庭氛围中收看电视的，观众接收信息的身心状态也较为放松。

二、传播的信息具有较强的现场性、真实性、记录性和过程性

电视媒介进行新闻信息传播时，能够实施现场报道与现场直播，使电视新闻信息具有强烈的现场性、真实性。电视记者能够迅速奔赴新闻事件的现场，以采访者、目击者甚至参与者的身份，进行声画兼备的报道。在某些可预知的重大新闻事件发生前，电视媒体会作好直播的策划和准备，而在重大突发事件发生后，电视媒体也会迅速调动所有资源（包括引入当地媒体的综合报道），即时将播报内容转变为对突发事件的现场直播报道。现场直播把现场的图像、声音及电视记者在事发现场的采访与叙述报道转换为电视信号，直接发射，即时播出。

报纸媒介与广播媒介对新闻信息进行报道时，都要通过记者及编辑对新闻事件的存在方式、发展状态作出客观的陈述。受众从报纸与广播中得到的是文字信息或声音信息，他们还需要把接收到的信息经过大脑思考、理解和转化，才能得出对新闻事实的认识。即使有图片辅助，报纸读者与广播听众对于现场环境、新闻人物的言行举止等，也只能得到间接的认识和了解。而电视声画兼备、声画同步的传播方式，直接让观众从画面看到新闻现场与新闻人物等，如临其境、如闻其声、如见其人。观众一般都有眼见为实的心理定式，通常更相信自己看到的一切完全是现场所发生的真实的事情。此外，电视媒介还能声画同步地、逼真地记录新闻事实发生和发展的整个过程。电视写作的文字语言一方面使得信息更完整，另一方面也对保证电视新闻的真实性起着重要作用。因此，电视传播的信息具有较强的现场性、真实性、记录性和过程性，这些特性使电视媒介成为最具说服力的新闻媒介。

三、信息传播具有较强的时效性

自新闻传播出现之日起，新闻时效性就是衡量新闻价值的一个决定性标尺。电

视媒介刚刚诞生之时，由于采编制作技术与设备条件相对落后，后期制作过程延宕，尽管其与广播媒介同样使用电波传播，但传播速度仍然不如广播媒介迅速。随着科学技术的发展进步，电视新闻制作的时间大大缩短；尤其在卫星电视出现后，电视媒介的信息传播速度已大为进步。电视新闻的时效性早已不再停留于“当天新闻当天播”，更多时候电视新闻信息的报道时间与事实发生的时间同步，实现了“现在正在发生的新闻同步播”。在我国不少有影响力的电视媒体中，电视新闻直播常态化已成为现实。

四、线性传播，信息不易保存、不易选择

电视媒介与广播媒介同属大众电子传播媒介，都采用电波作为信息符号的载体，因此，两者的信息传播都具有传播速度快、传播范围广的优点。同时，因为广播和电视都是线性传播的媒介，故广播电视媒介传播的信息转瞬即逝，有保存性差、持续性差、选择性差等缺点。

报纸、刊物等印刷媒介传播的信息以“白纸黑字”的形式固定下来，可以长期保存。与报纸、刊物相比，电视媒介传播的信息生命周期短、保存难度大；而且电视媒介按既定的编排速度、顺序、时间播放节目信息，既不能让观众反复观看，也不一定能让观众按自己的收视习惯选择到喜爱的节目，更没有提供足够的时间让观众细细判断、分析与理解信息。

五、信息传播是双向的、互动的

近年来，由于网络技术的进步与发展，整个社会的传播环境产生了诸多变化。依托网络技术与环境发展起来的微博、微信、QQ 等社交新媒介的迅速发展与普及，使社会公众对于信息的接收方式和传播媒介的选择以及对于媒介传播的信息的信任度发生了诸多改变。

为了在激烈的媒介竞争中赢得更大的发展空间，为了应对迅速崛起的新媒介对传统媒介带来的巨大冲击，争取更大的受众市场，保持传统媒介的主流地位，近年来，电视媒介业不断主动地创新求变、争取进步。电视媒介工作者积极改变传播观念，主动去除电视媒介与观众或潜在观众之间的距离感，放下“我播什么你看什么”的架子，争取主动走近观众，让信息传播更贴切地反映现实生活；同时，在传播技术上不断吸纳新技术，逐渐实施全媒体战略转型。不少电视媒体引入已被广大公众普遍应用的社交媒介平台，将其作为电视媒介传播的手段或传播沟通的平台，积极吸引公众参与大众媒介传播，吸引公众与节目制作者互动或直接参与到节目内

容的制作中等。于是，在新闻评论类节目里，观众也可以通过微博平台、QQ 平台、热线电话成为信息的提供者或新闻事件的评论者，媒介“受众”已变身为媒介“传播者”之一。在许多电视综艺节目里，现场观众的各种表现成了节目的内容甚至节目的看点；现场内外的观众运用投票的方式，通过社交媒介平台的帮助，改变电视节目的内容和结果。将电视节目的信息传播方向变成双向的甚至是多向的。此外，多样化的渠道也便于受众马上对电视媒介播出的节目信息提出反馈意见，使观众与电视媒介实现了即时化互动。

六、信息传播注重服务性

随着我国改革开放政策的深入发展，我国社会经济全面快速增长，社会公众整体生活水平提高，电视普及率也快速提高。另外，随着我国现代化科技的发展，电视传播网已经形成，电视传播的信息覆盖面极广。

电视媒介的传播覆盖面广、公众接触率高，从而注重服务性的发展。电视媒介信息传播的服务性，一方面体现在电视节目本身就为观众提供各种信息和服务；另一方面体现在电视媒介传播人本化的理念使电视媒介要不断根据社会现实发展产生的新的信息需求，根据受众信息接收的新口味、新追求等，不断研发新的节目类型、新的节目表现形式与手段，或者开辟新的专业频道等。近年来，电视婚恋节目、电视职场选秀节目的出现，以及这类节目中的《非诚勿扰》（江苏卫视）、《非你莫属》（天津卫视）开播后收视异常红火的现象，折射出来的是社会公众对信息需求类型的变化。由于现代人生活节奏加快，工作与生活压力加大，社会大龄青年人数增多，婚恋问题成了他们与家人朋友操心的问题，这就是滋生电视婚恋节目高收视的土壤。而随着用工制度的改革，“铁饭碗”被打破，越来越多的社会公众需要凭自己的本领寻找工作岗位，但是就业形势越来越不容乐观的现实，使广大观众关心自己、子女或朋友如何在职场招聘中竞争成功，脱颖而出。类似《非你莫属》的节目既能让场外观众学习应聘技巧，规避应聘误区，也使得他们可能因参与节目得到嘉宾赏识而获得就业机会。此两类节目都因为能提供符合受众需求的服务信息而大受欢迎。而湖南卫视的《超级女声》、《快乐男声》、《快乐大本营》，浙江卫视的《中国好声音》的收视奇迹，一方面说明了现代人在工作和学习之余也很懂得娱乐身心，娱乐信息市场需求并不小；另一方面也说明了有才艺者希望通过大众媒介平台表现自己的才艺，争取公众认同。

本章思考练习题：

1. 结合广播媒介的传播特点，思考其在自然灾难与公共地域突发事件的紧急救援中可以起到怎样的作用，怎样把突发性公共危机的危害降至最低。

2. 如何正确认识广播媒介信息接收的伴随性？思考如何利用广播媒介的伴随性为自己的生活和学习助力或增添乐趣。

3. 面对新媒介层出不穷的现实，思考广播媒介应如何提高对年轻人群的吸引力。

4. 小组讨论：以本地电视台某个民生新闻栏目整一期的新闻节目为对象，分析说明电视传播的视听符号的几种关系在该期电视新闻节目中是怎样体现的。观察该期新闻节目中的新闻画面是否存在“声画两张皮”的现象，若有，就把它们挑出来，并思考：该处应拍摄什么内容的画面图像才能使其与新闻报道词相一致？

5. 电视图像有五大局限性，如何相应地提高电视新闻文字语言的表现力？

6. 在当今媒介融合发展的大趋势下，电视媒介在发挥自身传播特性的同时，应如何主动融合新媒介技术？

7. 作为传统大众媒介的广播电视应如何提高自身的内容生产水平？思考广播电视的内容生产在哪些方面有待完善。

8. 结合你对广播电视节目的体验与认识，也结合你对现实中新媒体应用的了解，谈谈怎样才能提高广播电视的传播竞争力。

9. 为什么在电视新闻生产中，声音与画面的关系的处理不适宜采用“声画分立”形态？而在其他电视节目如电视剧、综艺节目、戏曲节目等节目里，“声画分立”为何被允许存在？

第三章　广播电视文案写作的要求

第一节　广播电视文案写作的总要求

一、重视贯彻喉舌意识

广播媒介、电视媒介都是传统大众媒介，是我国的主流传播媒介。“我们国家的报纸、广播、电视、通讯社，是党、政府、人民的喉舌。”① 我党对新闻事业的领导，“其核心是要求新闻事业和新闻工作必须坚持党性原则”②。“新闻事业通过贯彻为人民服务、为社会主义服务的方针，在党、政府与人民群众之间发挥着桥梁和纽带作用。”③ 因此，作为主流传播媒介工作者的广播电视新闻工作者必须在日常的信息传播工作中增强与贯彻“喉舌”意识。“喉舌”的性质，从根本上讲是与法治社会的基本要求相一致的。

作为我国的主流媒介与主要的舆论宣传阵地，广播电视媒介在日常的新闻信息传播工作中，既要及时将党和政府的各项政策路线方针迅速、广泛地传达到群众中，指导与促成人们将其变成实际行动，又要广泛反映人民群众的意见、意志与愿望，及时传播国内外各种重大信息，满足人们获知与了解信息的自由和权利。广播媒介和电视媒介的事业性质、广播电视媒介所担负的职责与广播电视媒介信息传播的主要内容，都决定了广播电视写作的政治性、政策性很强，决定了广播电视写作必须符合党的方针政策、符合人民群众的根本利益需求。因而，广播电视媒介的管理者、把关者和写作者在日常工作与生活中，都应当自觉加强学习党和政府的方针政策，关心时事政治，了解社会形势与认清大局等；只有这样，才能在媒介日常的信息传播工作中，贯彻“在政治上同党中央保持一致”，做好宣传党的政策路线与反映人民的愿望和心声的传播工作，真正发挥“喉舌”的作用和功能，成为党和人民群众

---

① 黄瑚主编：《新闻法规与职业道德教程》，复旦大学出版社2010年版，第9页。
② 黄瑚主编：《新闻法规与职业道德教程》，复旦大学出版社2010年版，第9页。
③ 黄瑚主编：《新闻法规与职业道德教程》，复旦大学出版社2010年版，第9页。

联系的桥梁。

即使是综艺类广播电视节目也应该传播优秀的文化理念和优雅的艺术表演，不应为追求表面的收听率、收视率以及媒体小集体的利益和广告收入等而一味降格，以求迎合低级、猎奇、娱乐至死的媚俗文化。即使是生活资讯类的广播电视节目，也应该宣传积极、健康、阳光的生活观念和生活方式，给受众传递正能量的节目资讯。

二、以视听语言交织的场性思维写作

写作是一种复杂而精微的脑力劳动。写作既要依照一定的程序，又要运用正确的思维方法，这样才能完成发掘选题、选择材料、设计结构框架、表达具体内容等工作，写出满意的文章。广播电视写作承袭了传统写作的基本规律和基本过程，但广播电视写作的出发点与服务对象决定了广播电视写作须兼顾广播电视的媒介属性、传播特点和规律等，并形成自己独特的写作特点与规律。其中，一个很重要的不同点是广播电视写作具有独特的写作思维媒介与方式。

传统写作的思维媒介是文字符号。传统写作的构思过程以文字符号为介质，辅之以各种心理活动；即使调动联想、想象和记忆对获得的感性语言文字材料作思考、选择、改变与制造，最后也以文字符号来作综合表述。

在广播媒介写作的构思过程中，写作者除了要运用文字符号来思考外，还要着重考虑声音符号在广播文稿中发挥的丰富多样的作用。电视媒介写作在思维过程中借助的介质更是多样化：既有图像画面符号（包括不能流动的图片、图表等），也有声音符号（除有声语言外，还包括音乐、音响等），还有文字符号。电视媒介写作甚至偶尔还要考虑色彩符号、构图因素等对电视作品的影响。

广播媒介写作的思维介质主要是文字符号与声音符号，故广播媒介的写作思维相对没有那么复杂，其总体的写作思维如下：首先，树立为“听”而写的思想；其次，注意不同声音符号的互补与协调（如有声语言符号与音响符号的互补与协调，有声叙述语言与有声人物语言的互补与协调）；最后，恰当把握好声音信息冗余度，剔除不带信息量的无效的声音信息，运用必要和有效的声音信息——或交代背景，或解释听众理解新闻所需的材料，或适当重复播报重要的信息点。

由于电视媒介的表现元素和传播符号多元化，所以电视写作的思维比较复杂，呈现出三维的立体感。在电视节目中，无论是媒介表现元素还是传播符号都不能也不会以单独完整的形式存在。在电视写作思维中不仅有单一的画面（空间）语言，还存在流动的画面（时间）语言；不仅有画面语言，还有声音语言。因此，电视语言思维系统是多种视听语言交织作用的三维立体的系统，是一种场性思维。每一种表现元素或传播符号发挥什么作用、什么时候起作用，要受作品内容主题制约、受编导创作个性风格的制约，更要受媒介表现元素与传播符号自身表现力的制约。电视媒介写作就是“以捕捉和营造观念形象（即意象）为特征的形象思维和把描述转化为以具象为特征的技术思维相结合的思维活动”①。从电视节目制作的实践看，电视写作思维一般分为三个层次：感性形象思维层次、理性思维层次和灵感思维层次。

第一层次是感性形象思维层次。电视媒介反映与传播的是现实生活的信息，而现实生活是丰富多彩的、鲜活具体的、形象可感的，电视媒介传播对象的这些表象特点也必然反映到电视媒介传播内容中来。事实上，电视媒介的各类节目内容就是对鲜活具体的现实生活表象（即感性形象材料）进行的记录和反映。在这一层次中，电视节目制作者根据在以往大量的实践活动基础上建立起来的经验思维进行各种采访，收集摄录现实信息，并以此为指导制作一般性的节目。节目内容一般在“是什么”、“发生了什么”的层面，而不是深入探究“为什么”。各种资讯报道类节目都属于这种思维层次的作品，它能满足受众想要了解现实生活最新变化的信息需求。另外，带有一定艺术成分的电视节目往往需要形象思维的介入；带有纪实因素的纪录片往往也需要感性认识的介入。

第二层次是理性思维层次。电视节目种类很多，既有新闻报道类节目，也有新闻评论类节目；既有资讯类节目，也有综艺类节目、社教类节目等。有的节目及时客观地报道生活变化；有的节目对社会现实进行评论分析，发表见解，引导舆论；还有的节目对人们关注的生活现象加以综合提炼，通过艺术加工，为观众演绎感人的故事，阐述生活哲理。显然，有的节目内容需要电视制作者运用理性思维才能完成。理性思维层次包括抽象思维层次和意象思维层次。抽象思维主要表现为两种能力：一种是“选材”能力，即善于挑选生活中有价值的题材；一种是提炼、组合的能力，即从众多采访素材中提炼有价值的事例材料加以分解、组合，结合事物规律与科学道理作分析评论，表达一定倾向的舆论观点。在新闻评论类节目、深度报道类节目及电视纪录片创作里，抽象思维起着重要作用。“意象”是对同一类事物一般特性的理性反映，具有典型性、普遍性和概括性。意象思维是根据在感性形象思维层次采集到的现实生活表象展开联想、想象，并对其进行典型化处理的思维过程。电视制作者运用意象思维，可以将生活中发生在不同人物身上、发生在不同地区的事情，经过艺术构思处理，糅合成发生在一个（或几个）人物身上、发生在一个特定时空里的故事，创作出源于生活又高于生活的作品，或创作出体现一定主题和认

① 姚治兰：《电视写作教程》，中国传媒大学出版社2005年版，第3页。

识目的的屏幕形象；还可以将互不关联的画面通过蒙太奇手法剪接交融在一起，产生传递一定含义的效果。“意象思维，就像文学创作中的‘意’，‘意犹帅也。无帅之兵，谓之乌合’。有‘意’，则一花一世界、一草一乾坤；无‘意’，则只能是镜头的简单堆砌。这就有些像厨师做汤。高明的厨师，可以把一锅冷水变为一锅美味；而平庸的厨师，则只能把一锅冷水变为一锅开水。”① 意象思维被广泛地应用于电视文艺片、电视剧剧本创作里，在某些电视广告及某些电视纪录片（如模拟演绎法拍摄的纪录片）创作中也会有所运用。

第三层次，灵感思维层次。灵感思维是指潜意识在酝酿成熟时突然与显意识产生沟通的一种人们没有意识到的加工信息的思维活动。灵感思维的获得具有偶然性，是一种可遇而不可求的思维境界。电视制作者在进行电视写作或节目创作时，有时会陷入一种冥思苦想却偏偏不得的状态，如经过若干时日都想不出用什么恰当的词句来写出最贴切的解说词，或者搜肠刮肚也想不到最精练、最恰切的标题等，而在此时若放下一切去散散步，在仰望星空之时，其脑际会跳出用“双子星”来形容对科研事业作出重大贡献的双胞胎科学家等绝妙想法。解说词作者冥思苦想的状态其实是一直酝酿着的潜意识，当这种潜意识与天空中繁星闪烁的景色在放松散步的时空中得以互相沟通，提醒了创作者民间一直流传着人间的精英乃是天上的星宿下凡的传说时，灵感就迸发出来了。

灵感思维在电视写作、电视节目创作中是一种客观存在，也是电视制作者渴望拥有的一种最奇特、最优异的思维境界。灵感思维层次虽然有偶然性和突发性的特点，但任何偶然的事物现象背后都蕴藏着必然。灵感思维也是可以培养的，它有赖于写作者平时注重对现实生活的观察思考，注重对生活现象、生活经验的梳理与积累，注重对百科知识的学习与归类，注重对写作能力、联想能力、想象能力的锻炼与训练等。

三、建立多维度的表现结构

由于广播电视媒介与纸质媒介在传播媒介物、传播方式、传播渠道及传播特性上有诸多差异，广播电视媒介写作在写作的内容样式、写作的视角、写作的结构、写作的语言要求等方面，也与传统的纯文字语言写作有诸多差别。

（一）为“听”而写，处理好“说”与“听”的关系

承载信息、承载思想与承载情感的声音是广播媒介传播的对象，也是广播媒介

① 宋家玲、张宗伟：《电视片写作》，中国广播电视出版社2003年版，第27页。

传播的媒介物。广播的“播”与“说”是为了服务于听众的“听”的，故广播写作最基本的规律是为“听”而写。

电视媒介传播的内容既通过画面传递，也通过声音传递。电视媒介传播最大的特点是声画一体，同时诉诸受众的视觉与听觉，所以服务于各类电视节目的电视媒介写作的最大特点同样是声画一体。电视媒介写作在服务于观众、为观众的“看”而写的同时，也要为观众伴随“看”而产生的“听”而写。

声音的传播转瞬即逝。声音传播在一般情况下（一般不会事先录音和重复播放）不能像文字传播那样可以让读者反复阅读，再三回味。这是声音语言的传播弱点。也就是说，广播媒介写作与电视媒介写作都必须增强适听性，处理好“听”与“说”的关系。

关于写作，叶圣陶先生曾说：“不论什么稿子，一定要通得过两道关：一道关是说，一道关是听。”若要增强语言文字的适听性，就要从两方面入手：一是让撰写的文字可以供播音员、主持人“说”起来“上口”；二是让撰写的文字使听众或观众“听”起来“入耳”。

要让“说”的主体说得朗朗上口，要让“听”的主体听得声声入耳，可以从四个方面入手：

1．语言口语化

一般而言，口语化的语言是最适合人们听觉习惯的语言。广播媒介写作与电视媒介写作既然都有为“听”而写的要求，那么就应让写作内容具有适听性。因此，选择口语化的语言进行写作是最合适的。

所谓口语，是与书面语言相对而言的，口语化并不等于不加选择地使用日常口语，而是使用经过加工的口头语。

使用口语化的语言须注意以下几点：一是口语化的语言也要讲究语言是否适合其使用的语境，即是否适合在节目中使用的场合；二是口语化的语言也要讲究分寸，不能因为要口语化而变成耍贫嘴，也不能因为要口语化而变成盲目的或脱离节目主题的侃大山；三是口语化的语言在增加形象性的同时，也要追求朴实自然的风格，切勿为增加形象性而堆砌华丽辞藻，卖弄文字，让受众听着费解。

其实，很一般的口语，也能营造出动人的场景、产生感动人心的力量。例如，中央电视台纪录片频道播出的纪录片《到中国去》记录了 20 世纪初一群外国年轻人的故事。他们本是来中国探险、旅游的年轻人，因缘际会之下在近代中国政坛立足，参与、见证了复杂的政治外交事件，他们为中国发展付出的努力、作出的牺牲不容忽视，而这一切源于他们对中国一如既往的爱。莫理循是英国《泰晤士报》驻京记者，以下是纪录片《到中国去》系列之《莫理循》（上）片段：

画面	解说词
一只手拿着钢笔，在另一只手掌上敲 莫理循（扮演者）在使馆走廊来回走动 …… 时钟的“滴答”声 风吹动着用钢笔压着的信纸 莫理循（扮演者）在屋里不断来回走动，或与同伴商量 莫理循（扮演者）拿起桌上的笔记本 被翻开的笔记本，夹在笔记本中间的，是一片风干的红枫叶 一只手拿着那片红枫叶在翻动	身为记者的莫理循对此非常关注，但又一筹莫展。因为他被困在英国使馆里，没法实地采访 …… 天阴沉而令人焦躁，莫理循认为他原本应该拿起笔来参与战斗，让全世界的人通过他的报道来了解真相，他甚至有可能通过自己的文字来改变这种混乱的局面。他对于自己的能力毫不怀疑，因为他是引领世界舆论导向的《泰晤士报》的记者。而且自从六年前与这个古老的国家结下了不解之缘后，他就受到命运的眷顾

普通的话语平白而简洁，不但交代了作为记者的莫理循对新闻事实的关注与对报道工作的热情，也透露了莫理循与中国的情缘很深，为他日后的表现作了铺垫。

2. 语言生活化

广播电视媒介都是服务于普罗大众的大众传媒，传播为最广大的人群所接受、所理解的内容是其追求的目标。广播电视媒介写作的语言要让受众容易听、愿意听，首先要让普通人都能听懂，避免使用深奥难懂的、生僻的或过于理论化的词汇和字眼。广播电视媒介写作的语言要尽可能地生活化，要贴近生活。所谓生活化，就是在群众能够方便地理解与接受的范围内，尽可能地接近生活。使用生活化的语言不等于油嘴滑舌。广播电视媒介写作中若使用内容俗气的、比喻不合适的、令人不愉快或容易产生误会的语言，以及为吸引公众眼球而运用极具刺激性的语言，都只会影响或直接降低节目的格调和品位。有时候，用生活化的语言不容易表达深刻的思想、复杂的事物或重要的问题，这就需要写作者在实践中借鉴优秀的广播电视作品，学习其在语言驾驭方面的突出表现，有意识地加强有针对性的锻炼。

电视专访《交通民警的自述》中就有这样一个语言平实的片段：

画面	解说词
交通民警的岗楼，大街中心的岗台，民警正在紧张工作着，大小汽车有秩序地通过	可站了两年，敢情不是那么回事儿。在这儿，夏天是熥包子，咱是有温度没风度；冬天，透心儿凉的小风跟小刀似的连刺带刮，咱是有风度没温度

3．语言少而精

在实践中，广播电视节目的资源是宝贵而有限的，时长是有限制的，节目编排也是相对固定的，这些因素决定了广播电视媒介的写作文稿具有限时性特点。而且，由于电视媒介参与传播的符号具有多样性，同一节目内容的传播中有多种传播符号共同参与发挥作用，故电视媒介写作的文稿须与其他传播符号的表意相互配合，这样一来，电视文稿就具有了非独立性。广播电视媒介写作的限时性与非独立性，决定了广播电视媒介写作采用的语言宜少而精，要用尽可能精练而明晰的文字传递尽可能丰富的内容。中国的语言文字资源丰富，不乏凝练而准确的词汇，这些词汇在语言运用上能产生“一字千金”的效果。例如，在电视系列片《让历史告诉未来》中，对于鸦片战争发生的背景，有一段话写得非常精练概括：

画面	解说词
大片的罂粟花	罂粟，两年生草木，结果实，果中乳汁经人工提炼成鸦片。谁能想到，一种自然植物日后会被用来打倒一个民族

广播电视媒介写作语言的少而精，是为了给受众在接收信息时留下必要的思考理解的时间和空间。因为电视媒介声画合一，往往是画面与解说有机结合、优势互补地进行传播，解说词太长、太满会打破其与画面的互补平衡，甚至对观众的收看形成干扰。

4．选好叙述的视角

画面表象具有双重性：既直观形象，令观众开阔眼界与扩展思维，又在一定程度上限制了观众的想象和联想。解说的文字随画面播出，不但解释、说明、补充画面，而且可以挖掘画面难以拍出的思想深度和广度。电视媒介写作文字一旦与画面结合，其作用是非常灵活与巨大的。

所谓视角，是指创作者观察和反映社会生活的角度，更具体地说就是作者从什么立场出发、基于什么层面观察、往哪个方向思考、选取哪个点切入去报道、反映或评论分析社会生活。对于同一个事实或同一类题材，节目制作者的叙述视角不同，往往会给受众呈现出事物的不同侧面与形态，引发受众不同的联想与想象。选择最佳视角，可以引导受众更好地观察社会生活，往更合理和理性的方向展开想象与联想，发挥解说声音和特定字幕的解释、评论、分析或说明的作用。

电视写作中常见的视角有以下三种：全向视角、单向视角、多向视角。

（1）全向视角。

叙述者站在旁观者的立场，以客观表现为立足点，采用第三人称视角来叙述，依照事物的本来面貌进行客观再现，力图把社会生活最客观、最真实地反映出来。这种视角既不受创作者主观感受、生理和心理状态的影响，也不受时间地点等客观因素的限制，便于表现矛盾复杂的事物和更丰富的生活内容，具有较强的客观真实性、表现内容的全面性和表现手法的自由性。但全向视角不能直接表现创作者独特的主观感受，叙述内容总体上欠缺亲切感与接近感。

（2）单向视角。

叙述者站在事实参与者的立场，以主观表现为立足点，采用第一人称视角来叙述，从创作者的主观视角（或节目中人物的眼睛）看待世界，往往展现的是创作者（或节目中的人物）亲眼所见、亲耳所闻、亲身经历的人和事，对生活的观察与表现带有较强的主观意识，常直接抒发感情。它采取自述体的风格或主观式的叙述，具有鲜明的主体性和主观性，优点是给观众真实、亲切、可信度高的感觉，容易引起观众的共鸣，引导观众想象与联想的方向与内容。但单向视角的缺点是个体活动范围局限较大，只能表现其经历的人和事；而且单向视角对人和事的反映只停留在其外在状态，对于事物的内在联系、人物的深层次精神与心理活动都无法直接表现。

（3）多向视角。

叙述者站在创作者与节目中诸多人物的不同立场上，以主观与客观交叉表现为立足点，采用第三人称与第一人称视角交替的叙述方式，侧重表现比较复杂的人和事。虽然多向视角中叙述者的立场不同，每人都从自己的角度去观察、思考与判断同一事物，但都是为了共同阐明同一事物对象的本质特征，以求全方位地反映复杂的社会生活。多向视角的优点是便于表现复杂的事物对象，能对同一复杂事物进行不同侧面、不同层次的剖析，共同构筑起对复杂事物对象的较完整、较全面的认识。以报道与评析复杂的社会焦点和热点问题、关注与引导观众认识复杂的社会现象为定位的电视深度报道类节目比较适合使用多向视角叙述。

（二）为“看”而写，处理好声画关系

电视可以“看”，而且受众在“看”电视的同时还能“听”。能给受众提供视觉与听觉的综合享受是电视媒介独有的优势。这也决定了电视媒介写作不仅要为“看”而写，同时也要关照与画面结合的“听”的元素。所以，处理好电视传播中声音与画面的关系、寻求最佳的组合效果，是电视写作追求的目标。

声音与画面，在电视作品中一般有三种组合形式：声画合一、声画对位、声画对立（后两者即“声画分立”）。这些组合形式的具体解释，详见第二章第三节的第三部分，这里不再重复。

如何才能处理好声画关系？从电视媒介日常运用的手法看，主要有以下几个重点：

1. 要遵循视觉习惯

一般情况下，人眼看东西都会依循一定的习惯顺序，如习惯从上到下、从左到右地看。当然，过去出版的书籍是纵向排版的，那时人们看书会习惯从右排看到左排。现代几乎所有书籍都是横向排版的，于是人们形成从上排看到下排、从一排的左端看到右端的习惯。电视画面在组接时也应该遵循同一场景的镜头相对集中的原则，这样才能创造与人们实际生活中的真实情景相一致的画面。

在传统写作中，转换时间、地点可以采用多种方式，或作跳跃式处理，穿越不同的时空；或以回忆手段，把叙述的内容拉回到从前等。然而，在电视节目中通常不能随意地转换时间顺序与空间顺序，以免观众产生误会或理解不了，即使非要变换时空顺序，也要有充分的说明与铺垫。在电视写作中，一般主要按时间顺序来安排叙述，通常是将不同时间、地点发生的事情进行分割，先叙述早发生的事，后叙述晚发生的事；先叙述看得见的具体事物，后讲述看不见的道理。同时须写作必要的解说词、相关字幕等，将其与具体的画面相扣，使声画相互密切配合，相辅相成。

2. 画面与声音不要竞争

画面与声音这两者是相互配合、相互补充的关系，而不是相互拆台、相互竞争的关系。无论是哪一类的电视节目或是电视剧，当画面已经清楚表明内容时，解说等写作内容就不要喧宾夺主，而应“少说”或“不说”，即使“说”也要画龙点睛、点到即止。而对于图像画面难以表达或不擅长表现的内容，解说词等写作内容就要发挥其所长，充当起信息传递与内容表达的主角，与画面进行优势互补。画面与声音哪方主导，哪方辅助，要根据不同的节目内容或节目内容发展的不同需要随时进行调整。

3. 解说不要重复画面

对于“声画合一”这种声画关系，不能将其理解为画面出现什么，解说词就说

明什么。画面擅长表现事物外在的、表面的形态与活动，画面信息具有直观、形象、一目了然的特点。例如，画面中有两个小孩在嬉戏，一头牛在吃草，则无须再去解说“两个小孩在嬉戏，一头牛在吃草”，否则就是重复的、无意义的。解说词应对画面不能表达、无力表现的内容进行补充，对没能拍到画面但要传递的信息进行弥补、完善，与画面共同完成对节目完整意义的表达，共同实现效果的提升。

要注意的是：解说写作不能重复画面，也不能完全脱离画面内容、顾左右而言他，形成“声画两张皮”的现象，更不能不分主次，在旁枝末节延伸开去，造成观众注意力分散而忽略画面提供的信息，影响观众对节目主要信息或主题的判断，影响收看效果。

解说写作不仅不能重复画面，还应直白明确、通俗易懂。画面的播出是流动的，若解说的表意太深奥、太晦涩难懂，或绕着圈子说话，让观众在观看节目时要颇费心神地去琢磨解说的含义，就会致使观众注意力分散，对收看的画面乃至节目的整体内容印象减弱。解说写作要为画面内容服务，为节目整体内容与整体表达效果服务，无须太追求文采、卖弄文笔。

4. 要注重传播效果

电视是大众媒介，电视媒体须注重受众的反馈与评价，注重与受众的沟通和互动，吸取受众的意见以改善节目的不足，不断提高节目的质量。电视节目中声画关系处理的好坏，直接关系到节目的收视效果和受众的评价。因此，在电视写作中，须从受众的收视感受、收视习惯等角度来考虑和处理声画之间的关系，注重提高传播效果。

具体而言，声画关系的处理，主要应抓好两个方面。其一，应尽可能做到不需要观众去“猜画面”。这就要求解说在画面内容显示不够明确清楚时有必要给出具体提示或明确说明。当观众难以判断画面内容时，即使画面展现的是具体的人（除非这个人是广为人知的名人）或事，解说也必须介绍清楚这个特定的人是谁，事情是怎样的一回事。不能在人物还未出现时，就已介绍完毕，也不要在另一个人出现时介绍前一个人，即需要切实的声画同步。如果不按以上所说的方式处理，观众在收看节目时就只能“猜画面”，甚至可能完全误会画面的信息，影响实际的收视效果。其二，应尽可能做到让观众“进入画面”。画面传播优势是电视媒介独有的，它能给观众如临其境的收视享受，但让观众如临其境的前提是画面传播的内容能让观众产生逼真感。这种逼真感是由多种电视语言因素共同构筑的，不是依靠单一的画面图像语言能完成的。一方面，画面要具体、形象、真实；另一方面，声音指向的对象、表达的内容、出现的长度要格外恰当，不要分散和打断观众的注意力，也不要干扰观众收看节目。如果加上运用得恰当、准确的音乐和音响的渲染与衬托，就更容易引导观众自然地进入画面。

四、增强受众意识，提高节目内容建设质量

从媒介竞争格局来看，互联网技术与数字技术一日千里的发展态势把传统大众媒介推向了严峻的境地。技术的发展使新媒介不断涌现：从商业门户网站、BBS，到社交网站、微博、微信、智能手机客户端等，方便快捷的新媒介成为颇得广大公众喜爱、使用人数越来越多的信息工具、交流工具。传播技术的发展带来的巨大变化改变了整个媒介生态格局，残酷的媒介竞争使传统大众媒介原有的受众市场萎缩了，广播电视媒介原来的部分受众（尤其是年轻受众）成为各种新媒介的追捧者，他们从各种新媒介那里或得到了个性化的信息服务，或更便捷地实现与满足了潜在的信息需求、表达欲望。但是，无论是传统大众媒介还是各种新媒介，其实从本质而言都不过是受众认识世界、了解世界的信息工具。传统大众媒介目前也许在传播技术的应用上和在信息传播个性、便捷性、互动性方面还不那么完美，但作为传播工具，其效用的决定性因素不全是技术应用本身，而应是其传播的信息内容。不可否认，网络等新媒介为网民提供了个性化信息服务的平台，但各种商业性机构雇佣的所谓“网络水军”的存在、网络的匿名传播特性、网络监管措施不完善与网络治理法规条例相对滞后等因素，使网络上传播的信息鱼龙混杂、真假难辨，甚至不乏谣言。对于目前在各种新媒介平台上所能获得的信息内容，公众是不满意的。

广播电视媒介是面向大众、服务大众的，受众是广播电视媒介信息传播的起点，也是广播电视媒介信息传播的终点。广播电视媒体必须承担起内容供给的职责，通过媒介传播的各类节目内容获得受众的认可，令受众喜听爱看并从中受益。广播电视媒介传播工作要剔除以往的“我播你听”、“我播你看”的传播观念，改变以往居高临下的传播姿势。尤其在面对网络时代新媒介的冲击时，广播电视媒介更应清醒地、理性地增强受众意识。

广播电视媒介要提高竞争力，把受众市场因新媒介冲击而失去的份额重新夺回来，除了要增强受众意识、懂得尊重受众、提高服务受众的意识外，最核心的行动是要努力提高节目内容建设质量。同样作为信息传播工具，广播电视等传统媒介在与网络等新媒介的竞争中，最终被受众认同的是质量优良可靠的内容。也就是说，内容的质量才是决定媒介竞争成败的关键。

广播电视节目内容建设难度很大，它是一项触及意识形态甚至敏感领域的工作，要受到技术、资金和舆论等各种因素的制约。广播电视媒体的内容建设要取得突破，

既要改变旧的传播观念和传播姿势，改变传统的思维模式和新闻理念，也要加快广播电视媒体实施全媒体战略的步伐，加大引入新媒介、新传播技术的力度，真正让受众获得更多知情权和表达权；不仅如此，还要提高媒体从业者的职业道德、专业技能、知识素养和使用新技术的能力等。

第二节　广播电视文案写作者的基本素养

一、熟悉广播电视的传播特性

广播电视媒介的传播活动有着各具特色的信息运动形式，由于两种媒介使用的媒介物质、传播渠道、传播基础、传播符号等各有不同，故两种媒介的传播技术手段、传播习性和传播要求等相应也有所不同。这就要求广播电视写作者充分认识与熟悉广播媒介和电视媒介的传播特性（已在第二章第二节和第四节中作了阐述、介绍，这里不再重复），包括其共同点和不同点，以便能在写作中让广播媒介写作与电视媒介写作从内容到形式都更好地服务于广播电视节目，更符合广播电视媒介传播的特殊要求。

二、强化喉舌意识

一方面，由于广播电视媒介的信息传播工作具有传播速度快，覆盖范围广，受众群体更庞大、更广泛等特点，因而，在日常的新闻信息传播工作中，广播电视媒介的新闻传播对内容选择、内容制作与内容把关有更高、更严格的要求。另一方面，广播电视媒体作为党和人民的喉舌，在日常信息传播工作中必须坚持党性原则，这是党对新闻事业的领导的核心要求。

因而，广播电视写作者在日常工作中必须强化喉舌意识，自觉把“坚持正确的舆论导向和团结、稳定、鼓劲，以正面宣传为主的方针；公开声明自己站在党和人民的立场上说话；在政治上同党中央保持一致；坚持实事求是、说真话，不说假话；全心全意为人民服务，密切联系人民群众；服从党的领导，遵守宣传纪律”① 作为新闻传播工作的目标与指南。

三、加强学法、懂法、守法的意识

法律，是每个公民都必须遵守的言行底线。广播电视作为担负新闻信息传播工

① 黄瑚主编：《新闻法规与职业道德教程》，复旦大学出版社2010年版，第9页。

作的主流媒介，站在时代与社会生活的前沿，观察、记录与传递着社会生活的最新变化。广播电视媒体与媒体人都必须学法、懂法和守法，应该在社会公众面前、在社会各阶层中起到尊重法律、遵守法律、宣传与运用法律的表率作用，只有这样才能成为社会时代的守望者。法律意识是每一位广播电视新闻工作者必备的意识，也是每一位广播电视写作者必备的意识。

广播电视写作要依法行事，在法律允许的范围内进行。节目的写作内容要符合国家法律，不能违背法律法规的要求。广播电视写作不能宣传与党的路线方针政策相悖的内容或言论，不能宣传危害国家安全、颠覆国家制度与政权的内容或言论，不能写作与宣传扰乱社会秩序、煽动民族分裂、破坏民族团结的内容或言论。我国《广播电视管理条例》第三十一条规定“电台、电视台禁播内容有‘危害国家的统一、主权和领土完整的’、‘危害国家的安全、荣誉和利益的’、‘煽动民族分裂、破坏民族团结的’等项条款”①。无论在新闻信息传播还是新闻评论的舆论宣传工作中都应力争杜绝传播虚假新闻信息、造谣诽谤或煽动蛊惑公众的反常情绪，切忌鼓动公众采取不利于社会安定团结、损害国家社会利益或损害他人利益的行为。对于国家秘密事项，“新闻媒介和新闻工作者与全体公民一样，都要自觉遵守。由于新闻传播活动具有涉及范围广、传播速度快的特点，因此新闻泄密比起其他形式的泄密，影响更大，危害更严重，这使得新闻保密工作具有更加重要的意义”②。对此，我国《保密法》第二十条规定：“报刊、书籍、图文资料、声像制品的出版和发行以及广播节目、电视的制作和播放，应当遵守有关保密的规定，不得泄露国家机密。”③ 历年来，我国政府十分重视取缔淫秽、色情物品的立法执法工作。1999 年，广电总局在《电视剧审查暂行规定》中对于电视剧创作中有关删剪、修改的问题作出了相关规定。在广播电视写作中，要高度重视与切实做到不能写作与宣传违反国家法律规定的内容，如描述、渲染与鼓吹色情、淫秽或暴力的内容。

在新闻报道工作中，广播电视工作者应主动学习基本的法律理论，努力提高自身的法律素养，培养敏锐的法律意识，及时捕捉社会生活中涉及重要法律的新闻事件突出报道，借此加强对公众的法律教育。尤其是跑线的记者，更须加强对采访工作对应领域的部门日常应用的主要法律条文的学习，对线内工作范畴要有较为全面、准确的理解和认识。要了解和把握采访工作线内什么是违法的，什么是不违法的，法律界限在哪儿，懂得判断线内的人和事违不违法，以便在报道中普及相应的法律

---

① 黄瑚主编：《新闻法规与职业道德教程》，复旦大学出版社 2010 年版，第 148 页。
② 黄瑚主编：《新闻法规与职业道德教程》，复旦大学出版社 2010 年版，第 153 页。
③ 黄瑚主编：《新闻法规与职业道德教程》，复旦大学出版社 2010 年版，第 153 ~ 154 页。

知识，提高新闻报道的质量。在日常的广播电视写作中，广播电视工作者应做到心中有法，落笔无尘；要采取客观中立的报道态度，不滥用煽情式、武断式的词语，不采用偏激化、情绪化的词语。

广播电视媒体与媒体人都应该充分意识到：即使在舆论监督的层面上，广播电视媒体被公众视为“无冕之王”，但无论是大众媒体组织还是媒体成员都不能凌驾于法律之上或游离于法律之外，都必须遵纪守法，严格遵从法律规定行事做人。同时，媒体要努力履行好向社会公众宣传法律、普及法律的职责和义务。

理应知法、懂法、宣传法与积极维护法律权威的传统大众媒体工作者要积极依法维护媒体正常工作范围内的权利，如积极履行与维护媒体的合法采访权、新闻报道权、著作权等，勇于对违法者和社会不良现象进行曝光、揭露与批评，维护社会正义，坚守新闻职业道德，体现媒体的社会良知。同时，也应当善于运用法律武器去应对各类新闻官司，当然前提是广播电视媒体工作者在进行新闻报道工作或各类节目的制作工作时，必须遵纪守法，恪守新闻职业道德。

四、掌握较强的语言写作能力

文章写作是写作主体的主观对客观事物的反映，是一种“物—意—文”的转化过程。语言写作能力是胜任所有文章写作（包括广播电视写作）的前提条件。语言文字的写作水平，体现了媒体工作者的心力、智力、才力。

写作能力是一个人多种能力的综合表现，起主要作用的是思辨能力、结构能力和文字表达能力。思辨能力关注的是对生活的观察、体验，对事理的辨识、判断，对问题的思考、理解等，主要解决写作题材内容方面的问题。结构能力包括构思、布局、组织等方面的能力，写作者面对具体的观点、材料、人物和情节时，要把它们组织到恰当的结构体式中，执笔为文，使之有章法、有变化、有通畅的脉络、有清晰的层次，使之成为有机的整体，这是结构能力承担的任务。当然，广播电视写作要服从于广播电视节目主体的需要，故广播电视写作者要区分广播电视写作结构与普通文章写作结构的诸多不同点，掌握广播电视写作结构的特殊规律。文字表达能力，即驾驭文字的基本能力，包括对修辞手法、表达方式及表现技巧的运用能力等，主要解决写作的语言形式等问题。此外，广播电视写作者须自觉加强学习综合影视语言，对日常语言进行加工和升华，使广播电视语言既实用又能时时出彩，使书面的文字语言在转化为有声语言、与画面语言结合后更生动形象。

在写作实践中，无论哪方面的能力存在缺陷，都会使写作活动受到不同程度的影响。正如刘勰在《文心雕龙》中所说的：“文场笔苑，有术有门。”对于广播电视写作的方式、方法、门道与技巧等，须在具体写作实践中摸索，才能真正掌握与领悟。

具备一定水平的语言写作能力和影视语言运用能力，是对广播电视写作者的最基本要求。广播电视文案的写作，考验的是写作者对书面文字语言与影视语言综合运用的功力，容不得半点浮夸和虚假。

五、重视培养把握生活、感受生活的能力

新闻是对现实生活中富有新闻价值的事实信息的客观记录与迅速反映。丰富多样的现实社会生活与其变化发展为新闻媒体的信息传播工作和为广播电视媒体的不同节目提供了源源不断的事实素材，成为广播电视媒体工作者写作的资料来源。

但是，现实生活素材要成为广播电视节目的内容，并不是直录就行。即使是电视直播，也须经过媒体工作者的思考、努力、工作与控制。现实生活首先须反映在广播电视媒体工作者的头脑中，通过节目制作者的观察、体验、判断和理解，形成他们自己的思想和认识，才有可能成为节目的内容。然后，听众与观众才能透过节目内容认识、接受与感悟到节目的立意和思想观点。

根据加拿大著名传播学者麦克卢汉的媒介理论，媒介就是人的身体、精神的延伸。其意指是传播媒介影响人的感官中枢，进而影响整个心灵与社会。媒介改变了人的存在方式，重建了人的感觉方式和对待世界的态度。按照麦克卢汉的理解，正是来自世界各地的新闻文字和图片组成的普普通通的信息流重组了人们的精神生活和情感生活，无论人们是抱着抗争还是接受的态度。虽然麦克卢汉创造性地按“清晰度”把媒介分为冷媒介与热媒介，但由于受其所处时代条件的限制，他把电视划分为冷媒介。这是因为当时的时代是一个电视还不是十分普及、电视传播技术远不如现在先进、电视机质量也远不如现在的技术含量高的时代，此外，电脑与互联网在当时还没有出现。然而，麦克卢汉非常准确而伟大地预言了：电子媒介以接近实时的传播速度和强烈的现场感、目击感，把遥远的世界拉得很近，人与人之间的距离大大缩短，于是整个世界变成一个“地球村”，任何国家和社会都是村庄的一部分。时至今天，无论是广播电视媒介的信息传播水平与发展态势，还是个人电脑与互联网的普及应用，以及基于互联网的新媒体一日千里的发展，麦克卢汉的“地球村”理论都已得到充分印证。

当今时代的社会生活越来越丰富和复杂，生活节奏越来越快，社会公众对信息传播工作提出了更高、更多的要求。广播电视媒介作为普及程度高、传播特点突出、传播渠道与传播技术不断优化的大众电子媒介，不仅能在内容生产上满足社会公众

的要求，而且成为社会公众了解党和政府最新的方针路线政策的最权威传播平台，也是公众了解社会环境的最新变化、了解社会世态人心、认识与解读各种错综复杂的社会关系和社会现象的最有公信力的传播平台。因此，广播电视媒介仍然在大众传播领域占有主导地位。社会生活是广播电视媒介记录与反映的对象，社会生活也是广播电视写作的源泉。如果脱离了生活，没有对生活事实材料的广泛而迅速的采集和了解，不具备或不重视学习与社会生活相关的各方面知识，缺乏对诸如社会政治、历史、文化、法律、思想、军事、外交、民族乃至社会风俗人情等的认识储备，即使广播电视媒介工作者的文字水平或思想水平再高，也写不出或制作不出好的广播电视文案或作品。

要写好直接为广播电视节目服务的文案，从写作者的角度而言，除了要有相当高的政治认识水平、有对社会生活各种知识的充分了解或认识储备、有新闻职业道德，还要有对社会生活及其最新变化的及时和充分的认识，以及对社会世态的新现象、新规律的主动与深切的感悟。否则，广播电视媒介与广播电视媒体工作者不可能真正成为党和人民的喉舌。

正如中央电视台著名栏目《东方时空·生活空间》前制片人陈虻所说：“别在生活里找你想要的，要去感受生活里发生的东西。”新闻人若不热爱、不贴近生活，不熟悉现实，不主动了解和接触层出不穷的新事物、新现象、新问题，怎能真切感知现实生活的丰富与复杂，怎能具体可感地反映普通人群的冷暖苦乐？广播电视写作者若与社会生活脱节或与现实生活有隔阂，就无法及时、全面、准确地领悟党和政府的路线方针政策的核心内容，也就不可能积极有效地做好政策的宣传推广工作，不可能为广大公众正确解读、评析或引导他们认识现实生活中的错综复杂的人物和事件，也就无法为受众指出解决存在问题的正确思路与方法。

六、培养与锻炼捕捉细节的能力

广播电视新闻细节指的是在新闻报道中捕捉到的那些富含新闻价值、人物情感或有意义的、有特别象征性的，能够在传播过程中引起受众关注的语言符号与非语言符号。一则新闻对题材的报道与反映是多方位的。电视新闻细节具有多元化的性质，可以通过诸如画面语言、同期声、现场声、特定镜头、声画结合等方式来展现。2003 年中秋节，台湾诗人余光中回到阔别 70 年的故乡永春县，电视新闻片《乡愁诗人故乡行》报道了此事。现场记者在报道中抓取了两个很重要的细节：在余氏宗祠祭祖现场，余光中从供桌上拿起两颗青色芦柑表示要带回台湾，当记者问余光中为何要挑两颗青色的芦柑带回台湾时，他由衷地说：“这是家乡的泥土长出来的啊。”在他眼里，这两颗不能吃的青色芦柑就是家乡的缩影，看见它就犹如置身于家乡的山水间。记者通过人物抓取芦柑的动作与人物采访的同期声这两个细节，把新闻人物的“怀乡”之情真切而自然地展现给了观众。又如讲述残疾人郑志宝的电视新闻《用脚抒走人生》中，记者用了大量的特写镜头去反映他双脚灵巧如手的细节。在特写镜头下展现他完成穿针引线、修理电器、洗脸、刷牙、穿衣、打牌、开酒瓶等动作，这些动作在常人做来是平常的，但要失去手臂的残疾人来完成是常人无法想象的。记者还展示了他在特写镜头下走路时袖管空荡荡等影像，每一个特写镜头都显示出他生活的困难与人生的艰辛，但也蕴含着他非同寻常的坚强意志与对生活的热爱，特别能感动观众的心。

曾有人说：电视节目要借助细节的翅膀才能飞翔。好的广播节目与优秀的电视片往往是由一连串的精彩细节编织而成的。好的细节，胜过长篇的道理阐述；好的细节，能够无声无息地渗透到每位观众的心灵深处。细节的恰当应用有利于情节的发展、人物形象的塑造、主题思想的表达和作品艺术魅力的增强。在广播电视节目制作中，在表现内容或选择内容材料的时候，要侧重选择能展现或反映作品主题的细节。它不仅能传递信息，反映人物或事件的特性，引起受众共鸣，而且能揭示事物的本质，深化节目的主题。北京大学教授徐泓在《不要因为走得太远而忘记为什么出发——陈虻，我们听你讲》一书中，为人们讲述了中央电视台著名栏目《东方时空·生活空间》前制片人陈虻讲课的例子：

(法国纪录片《球迷》) 拍摄了三组法国球迷。第一组人物特别热爱他们所支持的球队。其中有一个人把结婚的日子都选在了这个球队决赛的那一天。后来他的球队真的获得了冠军，他的婚礼也变得异常值得纪念。第二组人物中给人印象最深的是一个60多岁的老人，背景音乐是手风琴伴奏，老人在湖面上划着船，他说，当那个任意球划出一道弧线来的时候，那种美啊，真是艺术。第三组人物中有一个90岁老人，看上去都已经走不动了，坐在火车上。他接受采访，跟记者说，我一直踢边锋，在那个位置上，如何跑动、传球、分球……

这位导演不厌其烦地去采访各种球迷，他不是想告诉我们法国球迷的分类，这是A类，这是B类，那叫啥拿纪录片大奖的片子，那就是数数呗。纪录片不是拼体力，是拼智力的，不是说谁拍的人数多谁就获冠军，片子里面一定是有他智力的思考。而这种思考，我觉得就是通过细节的细节来表达的。陈虻说：球迷已经是细节了，但是通过对这个细节不断地放大，你最后看到的不是球迷，你豁然开朗，一下子看到了法兰西这个民族，他们对艺术、对生命、对生活的那种态度。这就是“细节的细节就不再是细节本身”。①

本章思考练习题：

1. 对照广播电视媒体人的基本素养，谈谈你对现实中某些地方广播电台非新闻类节目主持人存在的如下问题的看法：在主持节目时或信口开河，或没有主题、没有中心地“随意聊”，或有意无意地坚持所谓“重口味”路线，在其主持语言中夹杂格调低下、趣味粗俗的内容。

2. 谈谈你对在广播电视写作中必须把贯彻喉舌意识放在首位的理解。

3. 在社会民主进程不断深入、公众维权意识与能力不断加强的今天，广播电视媒体工作者加强学法、懂法、守法有何现实意义？谈谈你对所观察到的新闻侵权现象或你所知道的新闻敲诈事件的认识。

① 徐泓编著：《不要因为走得太远而忘记为什么出发——陈虻，我们听你讲》，中国人民大学出版社2013年版，第129～130页。

广播篇

第四章　广播新闻类文体写作

在过去的十几年里，广播电视媒介发生了巨大的变化，技术在进步、内容在更新、设备在升级，但新闻、电视剧、纪录片及其他类型的节目文稿的写作，并没有发生根本性的转变，依然保持并遵循着基本的写作形式和技巧。

当编辑和记者写作广播稿件时，脑子里要设想一个真实的听众，一对一地和这个听众“说话”。广播稿件写作是为听众而写的，因为节目时间有限制，所以内容要简洁精练、流畅自然，避免长篇大论。广播的语言应该是清晰而明确的，要避免模糊的、概括性的语言，它是介于书面语和口语之间的一种高级的口语。它比书面语通俗易懂，比日常生活语言准确、规范和简洁。

广播稿件的内容可以是重要的、复杂的，但必须用一种听众容易理解的方式写作。广播语言的表达要注意两点：一是口语化、通俗化；二是注意声调、节奏，强调形象性和生动性。

广播新闻报道是广播媒介的新闻实践活动。多年来，中外广播人从中探索和创造了多种广播新闻特有的报道形态和样式。本章重点探讨广播新闻类体裁中的广播消息、录音报道和现场报道、广播新闻专稿、广播新闻评论等类型。

第一节　广播消息的特点和分类

广播消息是指在广播新闻节目中播出的消息类体裁。广播消息的文本写作体现着新闻写作的基本要求——用事实说话，以篇幅短小、快速及时著称。与其他媒介中的消息体裁相比，广播消息更加强调及时、精练、生动、通俗。

一、广播消息的特点

和其他媒介的消息体裁相比，广播消息既体现消息的共性特点，又强调广播媒介的个性特点。

具体来说，广播消息的特点包括以下几个方面：

（一）通俗易懂

广播消息是为听而写的，要求“说得顺口、听得入耳”。一方面，只有通俗化的、口语化的内容才能让听众听得明白、听得进去；另一方面，广播听众教育程度不同，文化水平参差不齐，只有写得通俗才能照顾到那些接受水平较低的听众，如一些老年人、家庭妇女和刚上学不久的儿童。

比如中央人民广播电台消息《多地“婴儿安全岛”不堪重负无以为继　或关闭或停建》，里面提到“2013 年 7 月，民政部开展了‘婴儿安全岛’的全国试点。到如今，一年半的时间过去了，各地都陷入‘无以为继’的境地”，那么对“婴儿安全岛”这个不常见的新专业名词就要作一下解释，说明它是什么机构，是干什么用的，为什么说它不堪重负，这跟哪些社会现象有直接或间接的关系。这样听众听完也就恍然大悟了。

（二）短小精练

篇幅短小、主体突出是消息的共同特点，但在广播消息上表现得更加明显。一般来说，广播消息只有几十字、上百字，上千字的消息很少。所谓“短消息”，就是主题集中、主体突出、时空跨度不大、选材典型、口语通俗的消息，一稿一事最为适宜，其一般具有篇幅短小、简洁明快的特点。

比如《新闻和报纸摘要》中的一则简讯：“中央纪委监察部网站客户端昨天上线试运行，将成为发布党风廉政建设和反腐败新闻的第一渠道。”通篇连标点才 43 个字，简练到位，一气呵成。日前，中国广播电视新闻奖对消息的划分标准是 1 分 30 秒以内的为短消息，1 分 30 秒到 4 分钟的为长消息。

（三）生动形象

与一般新闻相比，广播消息更加生动形象。在撰写广播稿件时，要用具体的细节材料来反映新闻主题，从而准确体现新闻个性，抓住新闻事件的特点。尽量减少使用抽象、笼统、概括性的文字，多采用具体形象的事实。

比如广播消息《全国各地群众以各种形式喜迎新年》里写道：“在张家口大境门，北京申办冬奥的宣传片吸引游人驻足观看。在距离 2015 年元旦还有 60 秒的时候，上千名张家口市民通过卫星连线，和北京鸟巢、延庆两地群众一起倒数，共同迎接 2015 年新年的到来。……在欢快的音乐声中，坐落在赣江畔，瑰玮绝特的江南三大名楼之一的滕王阁多彩绚烂，与跃动两岸、美轮美奂的 LED 灯幕交相辉映。在这里，历史厚重的印记与现代律动的脉搏，共同演绎了一组 16 分钟的赣江两岸灯光秀。一朵朵烟花如繁星、如红梅、如牡丹、如雪菊，红的、白的、蓝的、绿的争奇斗艳，把马祖澳的夜空装扮得流光溢彩。这次两岸共放焰火是马祖澳两岸居民第五次携手以燃放焰火的形式共同迎接新年，共分‘共迎新年、祈福两岸、共创未来’三个篇章。此起彼伏的烟火，传递着欢乐的节日气氛和浓浓的血脉深情。”文中通过具体生动的事实和细节，表现了全国各地群众喜迎新年的喜庆气氛。

二、广播消息的分类

从广播消息的特点来看，广播消息通常可以参照一般报纸消息的分类标准来划分。按照消息内容来划分，可以分为事件性消息和非事件性消息两大类。按照写作特点来分，可分为动态消息、综合消息、人物消息、会议消息、特写性消息等。基于广播媒介自身的特点，稿件主要是播给人听的，而不是给人看的。为了“扬独家之优势”，应该提倡广播记者采制有音响的广播消息，包括录音新闻、录音特写、口头报道等比较常见的形式，这样容易得到听众的认可和欢迎。

录音新闻能用现场音响和人物讲话代替记者的文字叙述，有强烈的现场感，适宜报道一些重大事件、重要活动。录音特写可以选取事件中的某一片段、某一侧面或某一人物进行精确报道，但其中的人物形象、特写镜头、细节描写都应该选用现场典型音响来表现。口头报道则是记者在新闻现场直接用口头语言进行即兴报道，把所见所闻通过电话等技术手段向听众加以报道，时效性、现场感都很强。

第二节　广播消息的结构和语言

一、广播消息的结构

广播消息的结构有多种分类方式，比较常见的是“倒金字塔结构”和“非倒金字塔结构”两大类。

（一）倒金字塔结构

倒金字塔结构是最传统、最常见的新闻写作结构样式，特点是：整篇报道按照材料的重要程度排序，最重要的先讲，在篇幅、时间有限的情况下，删去报道的最后部分不会影响重要内容的传播。其段落短小，各段相对独立，段落间不需要过渡和转折，便于稿件的编辑修改和删减。很多广播动态消息采用这一形式。

比如下面这一条消息：

中国之声《新闻和报纸摘要》报道，经过15天跋涉，来自丹江口水库的水昨天正式流入北京和天津。至此，耗时10多年建设的南水北调中线一期工程全线运行。

王安顺：我荣幸宣布南水北调中线一期工程北京市通水成功！

上午 10 点多，在北京西北四环的团城湖明渠广场，北京市长王安顺宣布工程通水成功，闸门开启，跋涉 1 400 多公里而来的长江水流入团城湖调节池，调节池将把水输送到各自来水水厂，按江水与本地水源 1 比 4 的配水比例向北京中心城区、丰台、海淀及通州、大兴、门头沟、亦庄等新城的城市生活供水。北京市南水北调办相关负责人告诉记者，距离调节池近的水厂用一天时间就可以把水送入对应区域的市民家中，这两天大部分市民就可以喝上长江水；而丰台、大兴的 277 个小区已经通过两周前启动的试供水喝上了长江水。一位来自北京南城的市民在通水仪式上说了自己的看法。

北京市民：作为一名普通的南城百姓，南水北调的水终于要进北京了，我和家人、朋友都感叹，终于喝上好水了。感谢那些默默付出的南水北调工程建设者们，感谢数十万搬离故土的移民们。

在天津，经过十几天的奔流，长江水抵达天津的曹庄泵站，这里是南水北调中线工程天津干线的终点；天津水务局防汛抗旱管理处水调科科长刘战友作了介绍。

刘战友：第一部分先供的是滨海新区的津滨水厂，津滨水厂能供到本月底或 1 月初，从 1 月初呢咱南水北调的水进入中心城区芥园、凌庄子、新开河水厂，到 1 月底 2 月初，基本上中心城区的老百姓全部能喝上长江水。

中线工程源头丹江口库区的水质目前为二类水标准。但是，江水千里北调，路途遥远，调水过程中如何保证水质稳定备受关注，国务院南水北调办环境保护司副司长范治晖向记者介绍，全程对水质的检测至关重要。

范治晖：调水运行机构在总干渠设置了 30 个水质监测点，正式通水以后采取逐月检测的方式；另外，设置了 9 个自动监测站，24 小时不间断监测，可以第一时间发现水质发生的变化。

除此之外，国务院南水北调办、环保部、水利部、国土资源部会同相关省市在输水干渠两侧设置保护区，任何可能造成污染的生产项目、工厂都不能进入；另外在干渠沿线两侧，经过的农村地区要设置 20 米到 60 米宽的绿化带，经过的城市地区要设置 50 米到 200 米宽的景观廊道和公园绿地。范治晖告诉记者，管理部门还对地下水的情况进行了排查，防止地下水污染干渠。

范治晖：个别地下水可能会进入总干渠。我们进行了调查，调查结果表明，现在干渠两侧地下水绝大部分都是三类标准，符合国家对工程设计规范的要求。专家建议加强监测，我们的监测措施已经上去了。

消息开头介绍南水北调中线一期工程全线运行，来自丹江口水库的水流入北京、天津，接下来介绍设备十几天来的运行情况以及市民和相关机构负责人对工程的看法和分析。若有需要可以将后面的内容作有选择的删节处理，并不影响整篇报道的重点内容。

（二）非倒金字塔结构

非倒金字塔结构也叫时间顺序结构，这种结构是先播广播消息的导语，而主体部分按照事件发生、发展的先后顺序安排层次、组织材料。这种结构一般用于报道线索单一、内容复杂的事件消息。按照时间顺序进行写作，比较符合听众的接受习惯。但是，需要注意的是，要尽量采取顺叙方式，避免倒叙、插叙方式的使用，以免使处于伴随式收听状态的听众听不明白，影响播出效果。

以广播消息《中国吉隆—尼泊尔热索瓦双边性口岸正式扩大开放》为例：

中国之声《新闻和报纸摘要》报道，西藏第二大陆路贸易大通道——中国吉隆—尼泊尔热索瓦双边性口岸昨天正式扩大开放，将成为樟木口岸的有效补充。

昨日，中尼口岸新落成的热索瓦大桥上挤满了等待通关的两国货车。这里位于日喀则市吉隆县南部93公里处，曾是西藏历史上对尼泊尔最大的陆路通商口岸之一。1978年吉隆口岸被国家确定为一类陆路通商口岸，但由于口岸基础设施薄弱，80年代口岸功能基本停止。目前，吉隆口岸出口以服装鞋帽等传统商品为主，进口面粉、生活用品和铜制工艺品等。随着贸易往来不断发展，今年1月至10月，吉隆口岸边民互市贸易总额已达2 893万元，同比增长6.6倍。日喀则海关副关长普布顿珠介绍说，吉隆口岸的扩大开放将在此基础上进一步加强边境小额贸易、边民互市、旅客互通。

普布顿珠：这个口岸区域优势比较强，从这个通道下去是尼泊尔的一些发达的地区，印度的口岸比较近，那么有些货就直接到印度去了。道路通道好，从日喀则到这边全线柏油马路扩通了，利用这个口子通往南亚的东西会越来越多的，这个口岸会起到一个举足轻重的作用。

日喀则地区副专员姚常雨介绍，中央南亚陆路贸易大通道建设框架的确立以及改善口岸设施条件力度的加大，使吉隆口岸有望重现昔日繁荣。

姚常雨：吉隆口岸开通以后，对全国也好，对西藏也好，这里都是走向南亚的一个便捷的通道。原来是在樟木有一个通道，但是由于制约因素的影响，发展遇到很大的制约，两个口岸是相互补充的。我想吉隆口岸的发展前途某种程度上来讲比樟木口岸还好。

这篇消息的主体是按照时间顺序撰写的，抛开一切琐碎的材料，集中突出几段典型采访，牢牢抓住听众的注意力，没有流水账或平铺直叙的感觉，充分体现了“用事实说话”、“让当事人说话”的独特魅力。

（三）逻辑顺序结构

逻辑顺序结构是按逻辑顺序组织材料，即根据事物之间的内在联系组织材料。这种结构条理清晰、层次鲜明，是非事件性消息常用的材料组织方式。常见的逻辑关系包括因果关系、并列关系、递进关系、转折关系、点面关系等。广播消息运用这种结构方式时，要注意逻辑关系不能过于复杂，以免听众难以理解，不能快速把握重点内容。

以广播消息《行政权力进清单，清单之外无权力》为例：

中国之声《新闻和报纸摘要》报道，从群众办事跑断腿到便民服务零距离，内蒙古包头市精简下放八成以上的行政审批事项，每个项目的审批流程大大缩短，实现了“行政权力进清单，清单之外无权力”。

记者在包头市政务服务大厅遇到了前来领取证照的浙江省万郡房地产公司包头项目部经理王逸群。王逸群告诉记者，一期办证的时候，从土地到施工一般做下来得半年；现在是一次性报件，一次性递交，几个件同时办理，这样快得多。

为解决群众反映的办事难、程序繁杂的问题，今年起，包头市对市本级269项行政审批事项进行全面清理，取消101项，下放68项，暂缓执行17项，每个项目的审批流程时限由改革前的16天压缩到4天。

包头市政务服务中心主任雷殿军：这次改革，八成以上的审批事项精简下放，统一进驻政务大厅，统一集中办理。改革之前，包头行政事业性收费是85项，现在仅保留40项行政事业性收费，市本级给企业和老百姓减负一年达2 600万元，旗县区一年减少近3 000万元。

在精简和规范市本级行政审批事项的基础上，包头市对旗县区行政审批事项和便民服务事项作了进一步的精简和规范，只保留行政审批事项23项，精简率超过70%。包头市还对各部门行政权力进行了全面梳理，目前，市级55个单位和旗县区各部门行政权力全部梳理完毕，全部工作力争在明年5月份完成。

包头市法制办主任于宝生：流程、条件、时限和责任都要搞清楚，要对行政权力进行规范。

这篇消息是典型的点面结构中包含着递进、并列、转折等逻辑关系。开头以审批难的话题入手，引出报道主题；主体部分列举了群众办事中减负和加速办理的实例，由简单的办证难到行政审批项目的规范精简，指出这是行政权力的全面梳理，目的就是减负放权，方便群众。整篇报道层次清楚，便于听众理解和接受。

二、广播消息的语言

广播稿件是为耳朵写作的，而不是为眼睛。因此，广播消息的语言，应是经过加工提炼的口语，使人听得清、记得住、说起来顺口、听起来顺耳。具体要求包括：

（一）多用发音响亮的字眼，多用双音节词，多用口语词汇

要做到发音响亮，应多用含开口音的词，说话时嘴巴得张开，如韵母以“ɑ”、“o”、“e”为主要发音部分的词，如“天”、“宏”、“登”；尽量少用韵母以“i”、“u”、“ü”为主要发音部分的词，如“日”、“如”、“与”等。重要内容选用发音响亮的字，便于听众收听。

双音节词有两个音节，存在时间长，比单音节词给人留下的印象更深。所以，应尽量用双音节词替换掉对应的单音节词，比如把“曾”改为“曾经”，“应”改为“应该”，“较”改为“比较”，“望”改为“希望”、“盼望”、“期望”等。

口语是相对于书面语而言的，有些书面语跟口语相差不大，广播里可以照常使用；有些书面语与日常口语差别较大，写广播稿时就要作相应修改，比如把“途经”改为“路过”，“询问”改为“打听”，“闻讯”改为“听说”，“睡眠”改为“睡觉”等。

（二）少用或不用方言土语、不通行的简称以及专业术语

我国幅员辽阔，各地都有各地的方言，有些地方电台还专门开辟了方言节目或全部使用方言的广播频道，如广东地方台普遍使用粤语进行广播，在潮汕地区、客家地区除了普通话节目，还有专门的潮汕话、客家话节目。方言在本地人的日常沟通里比较方便、亲切，但广播要照顾到听众的差别，使用方言土语容易使听众听不懂，影响播出效果。比如北京话里的“颠儿”，是走了的意思，其他地区的人就不一定懂；再比如粤语里的“老窦”，是“爸爸”的意思，外地人听到恐怕就不知所云了。

简称可以简化稿件字数，若其含义确定又被普遍使用，那用在广播稿件里没什么问题，比如“两会”、“三个代表”、“四风”之类。然而，有些简称只在特定的场合或部门使用，一般人听起来就很费解，最好不用或对其加以解释。比如“马基考试”中的“马基”是“马克思主义基本原理”的简称；“职改办”是“职称评定和改革办公室”的简称。

专业术语与简称的情况类似，一般用于专业部门或领域，通行的范围比较窄，文化程度不高的人更不易听懂。在广播写作中，应尽量少用或不用专业术语。实在要用的话，也要进行必要的解释说明，比如毒奶粉事件中的“三聚氰胺”、医患矛盾报道中的“八毛门”、科技报道中的“转基因”等。

（三）注意同音不同义的字，避免空话、废话、套话

遇到音同义不同的字，要更换其他说法，避免产生误听误解的情况。比如“全部合格”与“全不合格”同音，可以改为“全都合格”；再比如“期中考试”和“期终考试”同音，可以改为“期末考试”；还有“切记”与“切忌”、“走进”与“走近”、“上吊”与“上调”等。

在广播稿件中，经常能听到“明显效果”、“受到好评”、“引起反响”之类空洞的词语，显得套话、废话连篇，程式化严重，缺少创新与突破。“在……下”、“经过……”、“……进行”这类表达也频频出现，显得报道空洞无物、呆板僵化，要注意避免。

（四）多使用短句，少用或不用长句、倒装句，可以适当运用重复句

广播稿件句式结构灵活、简单明快，带有日常谈话的风格。写作时应多用简单句，少用复合句；多用短句，少用长句；减少英文句式的影响，去掉那些不必要的、冗长的修饰成分。

口语的结构顺序，一般是主语在前，谓语在后；动词在前，宾语在后；状语在前，谓语在后，一般不用谓语提前或宾语提前的句式。像粤语里的“我走先”，在普通话稿件里就要避免出现。在广播稿件里，人物语言或引语一般都要放在主语（说话人）的后面，不能放在主语前面，也不要放在中间。

为弥补广播语言稍纵即逝的缺点，广播语言可以进行必要的重复，以帮助听众扫除收听中的语言障碍，加深对重要内容的理解和记忆。适当的重复，也有利于提醒中途收听的听众或半收听状态的听众，避免误解，加深印象。

第三节　广播消息的写作

广播消息一般篇幅短小，写作时要把握重大主题，以小见大；选材精确，优化信息细节；用事实说话，塑造生动鲜明的声音形象。

一、广播消息的导语

广播消息的导语，就是开头的第一句话或第一段话，是广播消息的重要组成部

分。导语的好坏，直接关系到听众对广播消息的第一印象。

广播消息导语写作的基本要求有：突出最重要、最新鲜、听众最关心的新闻要素；概括整篇消息最主要的内容，要点集中；使用生动、具体的语言和材料；导语与消息主体要呼应，要有滚动更新意识。

广播消息的导语写作有多种方法，概括起来有直接式和延缓式两大类。

以下是几种常见的广播消息导语类型：

（一）阐述式导语

阐述式导语又叫概括性导语或提要式导语，是对新闻事件的主要内容和完整过程进行概括阐述的形式。大多数广播消息采用阐述式导语，它是普遍采用的导语形式。例如，广播消息《我国巨灾保险试点在宁波破冰》的导语："记者刘发丁、曹美丽报道，我国巨灾保险试点在宁波破冰，市民因自然灾害致人身伤害和财产损失可获赔偿。"记者在使用阐述式导语时，准确判断和提炼了本条新闻的价值，概括具体典型的事实，正确地把握了这条新闻事实所具有的意义。

（二）描述式导语

描述式导语也叫见闻式导语，通常写的是记者的见闻，通过渲染气氛引起听众兴趣，再揭示新闻事实。这种导语形式活泼，便于调动听众的视觉想象。如广播消息《长三角，你还是我的梦里水乡吗?》的导语："记者张国亮、陈俊报道，长三角，自古就有'江南水乡'、'人间天堂'的美誉。如果说京津冀的发展之痛在于'霾'，那么长三角的繁荣之苦就在于'水'。请听《解密长三角》第四篇：《长三角，你还是我的梦里水乡吗?》。"

（三）提问式导语

顾名思义，提问式导语就是先提出问题，利用问题唤起听众注意，然后再引出下文。这种导语便于使听众掌握要点，引起听众的思考和关注。比如广播消息《大学生军训服装浪费惊人　应加强综合利用》的导语："大学生军训服装浪费惊人，每年全国有数百万套被丢弃，当今厉行勤俭节约渐成社会风气，大学生军训服装应如何综合利用，以免成为'一次性用品'?"该报道一开篇就提出了大学生军训服装浪费的问题，以引起听众的思考和关注，接下去再剖析原因，提出解决问题的具体措施。

（四）评论式导语

评论式导语也称结论式导语，是对报道的事实进行简单评价的导语形式。比如广播消息《湖南万亩湿地被出租养蟹种藕　谁之过》的导语："记者吴喆华、姜文婧报道，采桑湖，位于东洞庭湖国家级自然保护区内，这里曾经碧波万顷，被称为

‘候鸟天堂’，如今却以每年370万元的价格被出租，成为种藕、养蟹的‘池塘’，候鸟的栖息地遭到破坏。”

与阐述式导语不同，尽管评论式导语也是先报道事实结果，再进行阐述，但它更侧重新闻事实的性质和意义，通常叙述和议论紧密结合。

二、广播消息的主体

主体是广播消息最重要、最基本的部分，是导语内容的扩展和完善，一般位于导语之后，呈现新闻的主要事实，是广播消息的主干。

广播消息主体写作的基本要求包括：用事实说话，先声夺人；合理搭配材料；灵活交代新闻背景；创新报道样式，增强可听性。

广播消息常见的主体所起作用有：

（一）详细阐述导语中的具体事实

以广播消息《卖不掉的月饼怎么办》为例，该消息先在导语中强调了“What”要素—— 发生什么事，然后在主体部分详细阐述事件的具体情况。

随着中秋假期的结束，中国之声特别策划的《月小饼的中秋日记》今天进入了尾声。那么经历了商场暗访、养老院送温暖以后，月小饼最后一天的假期里又发生了什么事儿呢？

时间过得真快，转眼，中秋假期就结束了。本以为过了节，大家买月饼的热乎劲儿也就过了。谁曾想，我们月饼的行情不跌反涨。“打折出售”成为各地月饼市场促销的撒手锏。“现在这个月饼可便宜了，我去超市也挑着买几块。我是这么想的，虽然说节过了吧，但这个东西保质期也挺长的，放在家里，有时候饿了吃两口也行。”中秋节一过，很多人都问我未来有啥打算。“这个月饼都去哪儿了？是不是厂家放到明年再拿出来做了再卖？我们担心这个事。”“就怕他们二次加工，万一吃到的（话），对身体也不太好！”作为一个有责任心、敢于担当的月饼，为了找到答案，我一路拜访了几个厂家。“有一个渠道呢就是跟员工一起分享，还有一个就是送到其他地方当作福利。因为它这个有九十天的保质期，食品厂做月饼以后，到了期限，或者直接冷冻保存，或者在做其他糕点时，作为馅料、调味品，直接放在新的那些产品里就卖出去了。如果实在没卖完的话，有时候也会把这个月饼放到冰箱里，把它冻起来，然后等到过年的时候、元宵节的时候，把这个月饼馅做成元宵馅，要不损失太大了。”

这么一圈儿问下来，对于月饼的最终归宿，我也有点迷糊。下架后的月饼流向又该由谁监管呢？我拨通了相关部门的热线电话。“关于月饼下架后去哪里了，我们工商部门是无权受理的，我们也不知道它的去向啊。我们工商部门不好鉴定。过了保质期之后，他是销毁或者怎么样，这个质监局也问不到。现在没有管，现在职能还没有交接给我们。”经过一番咨询，月小饼发现目前对下架的月饼还没有有效的监管。对于家庭而言，剩下的月饼是很多家庭“甜蜜的负担”。月小饼在此温馨提醒，虽然我们月饼好吃又管饱，但月饼吃多了不利于身体健康。此外，如果月饼保质期过了，在扔进垃圾桶之前，您还可以考虑将我们发酵制成养花、种菜的肥料。以上就是月小饼 2014 年的中秋日记。三天逛下来，我发现，中秋节最大的意义其实就是一家人平平安安地在一起，不用美酒佳肴，也不用买啥贵重的礼物。陪伴，就是您给您最亲爱的家人最好的中秋礼物。

（二）补充说明导语中交代的事实

以广播消息《“猎狐 2014”行动成果显著　多名嫌疑人被捕回国》为例，其导语说明了嫌疑人回国的事实，主体部分详细介绍了劝诫、抓捕嫌疑人的过程以及相关领导对事件的分析总结。

记者汤一亮报道，潜逃境外十年的重大经济犯罪案件主要犯罪嫌疑人朱某、孔某，日前从柬埔寨被劝返回国。

据介绍，2002 年 1 月至 2004 年 7 月，朱某、孔某等 30 多名犯罪嫌疑人高息诱使 35 家单位将资金存入指定银行，然后与银行负责人相互勾结将存款转移到自己控制的公司账户。仅 2003 年 7 月，朱某、孔某等人就勾结某商业银行太原万柏林支行工作人员，诈骗客户存款 1.5 亿元。案发后，朱某、孔某等 9 名主要犯罪嫌疑人潜逃境外。十年来，公安机关从未放弃对他们的缉捕，先后抓获 6 名逃犯。今年 7 月 22 日，“猎狐 2014”缉捕在逃境外经济犯罪嫌疑人专项行动开展后，迫于公安机关的强大压力，已持有外国护照的朱某、孔某在专案组人员的劝说下回国。公安部经侦局副局长刘冬介绍，“猎狐 2014”专项行动开展仅三周，就已将多名重大经济犯罪嫌疑人缉捕回国。

刘冬：到目前为止，一共缉捕归案 18 名境外犯罪嫌疑人，其中的 8 人是我们通过与相关国家的执法机构合作，采用侦查措施缉捕归案的；有 10 人是经过公安机关和相关人员的耐心劝导，回国投案自首的。另外，有 30 多名在逃境外的犯罪嫌疑人都表达了想回国投案自首的愿望，公安机关正在加紧开展工作。

公安部副部长刘金国：一些外逃嫌疑人还牵涉腐败犯罪，能否到案直接关系着反腐败斗争能否深入开展。即使犯罪分子逃到天涯海角，我们也要将其缉捕归案、绳之以法。

三、广播消息的结尾

一则好的广播消息，不仅要有好的开头，还应该有好的结尾，首尾呼应，相得益彰。好的结尾不仅使得广播消息更加完整，还能进一步揭示和深化消息主题。

广播消息结尾的基本要求是：以事实结尾，不空发议论；紧扣主题，首尾呼应；结尾风格要与整体相一致。

广播消息的结尾形式有总结式、引语式、背景式、进行式、评论式、启发式和自然式几种。

第四节　录音报道和现场报道

音响报道是一种具有现场采录音响和人物讲话录音的广播新闻体裁，过去我国广播界习惯上称其为“录音报道”，再从中细分出“现场报道”。近年来随着现场报道的增多，录音报道领域不断拓宽，越来越讲究采制技巧。本节主要以最常见的现场报道为例，介绍其制作要求和方法。

现场报道是广播记者或编辑在新闻现场一边观察、一边采访、一边解说、一边录音的报道形式，现场感和真实感较强，时效性也较高。

一、现场报道的特点

以这则广播现场报道为例，可总结出现场报道的几个特点。

南京青奥会赛程过半　赛事组织服务受到各界盛赞

中央台记者姚东明、南京台记者屠强华报道。比赛精彩、组织有序、服务周到……南京青奥会赛程过半，受到各界盛赞。国际奥委会荣誉主席罗格盛赞南京的青奥会组织工作可以拿“金牌”。

罗格：我很满意。很感谢南京人民、中国人民。你们组织了一届非常好的青奥会，运动员很开心。青奥村则是个艺术的杰作，有美丽的场馆、很好的组织、很好的服务，所以我很高兴。

记者：如果给南京打个分数呢？

罗格：我想说是金牌。

国际奥委会主席巴赫也说，选择南京举办青奥会是一个非常正确的选择。

巴赫：青奥会一定会给这座城市留下丰厚的遗产。而且通过青奥会，南京的环境也有了很好的改善，比如长江两岸景色很优美，人们可以随时来走一走，可以使用沿岸的体育设施健身运动。

对于许多年轻运动员来说，本次青奥会是他们第一次来南京。短短几天时间里，南京给他们留下了很好的印象。美国17岁选手萨布丽娜·马西亚拉斯是本届青奥会女子花剑个人冠军。这位女剑客能说一口流利的汉语。

萨布丽娜·马西亚拉斯：南京是个很漂亮、很好的地方。我很喜欢小笼包、红烧牛肉面。

（1）直观性。记者用直白的语言介绍现场的情况，叙述准确生动。

（2）现场感。记者作为目击者，通过观察采访，将信息直接传递给听众。

（3）可信度。记者在现场，作为目击者或当事人，无论是直接口述，还是对现场新闻当事人进行采访，获取的都是来自权威消息源的事实，听众会觉得真实可信。

（4）亲切感和交流感。记者在现场直接面对听众，直接交流，没有障碍感，缩短了与听众之间的距离，减少了中间环节。

二、现场报道的采制要求

（1）提前做好采制准备。现场报道听起来好像是记者的即兴报道，实际上需要记者做好大量采制准备工作，比如了解新闻事件的背景资料、制订报道计划、设计采访提纲、检查录音设备等。

（2）及时采录典型音响。影响现场报道的两个因素是音响和解说。因此，要注意采录那些典型的、听众感兴趣的现场音响，比如火灾现场的爆裂声、喷水声，体育场上的呐喊声、欢呼声……这些典型的音响不仅可以交代事件进程，还可以描绘场景环境，通过现场气氛打动听众。

（3）现场解说生动准确。现场报道的成败，还取决于记者在现场的解说是否到位。要生动准确地交代新闻事件的时间地点、来龙去脉、背景缘由，新闻人物之间的关系，各种感官收集到的信息等。

三、现场报道对记者的要求

（1）现场报道对记者的综合能力有要求。现场报道要求记者要有良好的现场反应能力和即兴表达能力、熟练的音响采录能力以及细致入微的观察能力。

（2）现场报道对记者的口头表达能力有要求。我们以现场报道《今年第十号强台风“麦德姆”今天登陆内地》为例：

记者满朝旭、郭森报道。国家防汛抗旱总指挥部昨天启动防汛防台风三级应急响应，以应对今年第十号强台风“麦德姆”。“麦德姆”昨天以强台风级别登陆我国台湾省，今天将二次登陆福建沿海地区并将北上影响8个省市。目前，“两马”、“泉金”航线已先后停航。

中央气象台昨天（22日）10点发布台风橙色预警，预计“麦德姆”今天下午到晚上在福建晋江到福鼎一带沿海再次登陆，登陆时强度为强热带风暴或台风级别。对于“麦德姆”带来的影响，中央气象台相关工作人员作了相关介绍。

工作人员：23日到26日，福建中北部、浙江南部和西部、江西东北部、安徽南部、山东半岛本地累积的雨量大概有100毫米以上，其中福建北部沿海和浙江南部以及山东半岛东部局地的累积雨量可能有250毫米到350毫米。

“麦德姆”登陆以后将继续北上影响福建、广东、江西、江苏、上海、安徽、浙江、山东8个省市，涉及太湖、珠江、长江和淮河四大流域，防汛形势严峻。国家防汛抗旱总指挥部已派出8个工作组赴地方协助当地防御台风。国家防总副总指挥、水利部部长陈雷特别提醒，刚刚经历“威马逊”的南方地区要及时做好防灾准备。

陈雷：超强台风“威马逊”刚刚影响过的一些地区，前期拦洪运用的水库水位，还没能下降到汛线水位以下，防灾、减灾能力有所下降。当前我国已经进入“七下八上”的防汛关键时期，沿海地区进入台风登陆影响高发期，防汛、防台风工作到了最为关键的阶段。

从上面的报道可以看出，现场报道对记者口头表达能力的要求有以下几个方面：①现场解说口语化；②现场描述准确形象；③及时穿插背景材料。

第五节　广播新闻专稿

在新闻报道类体裁中，除了消息之外，其他体裁都可列入新闻专稿范畴，包括通讯、特写、专访等新闻体裁或报道样式。广播新闻专稿的特点是从生动、丰富、深刻的层次展现新闻事件或新闻人物。

一、广播新闻专稿概述

广播新闻专稿在广播界一直受到重视，从过去的口播专稿到后来的录音专稿、从主题到形式呈现出鲜明的时代烙印。广播新闻专稿的发展过程，是体裁适应传播媒介、适应听知规律的过程。如今，广播新闻专稿走上了个性化发展的演进历程。

二、广播新闻专稿的写作要求

（1）从时代高度把握主题。主题是记者对事实的价值判断，是新闻专稿的灵魂。当今中国进入了价值多元化时期，人们的生活方式、价值观念、道德修养有了相当大的变化，这给新闻专稿的主题提炼带来了新的挑战。如何理性地把握新闻价值，以正确的舆论引导听众，成为记者一个长期的、艰巨的任务。

（2）听觉逻辑情节化。广播新闻专稿内容多，听众经常处于伴随性收听状态，即边做其他事边听广播。要把听众的注意力从伴随性收听状态引至专注性收听状态，广播新闻专稿就必须注意故事化、情节化，以典型的录音材料打动听众。

（3）听觉手段多样化。广播新闻专稿的语言叙述可以更加个性化，语气、语调可以更加灵活；要强化白描的作用，用精练的笔法再现场景特征；同时，可以有节制地抒情和议论。在音响使用上，可以适当使用一些烘托性、说明性音响。在叙事上，除了按时间顺序和用第三人称视角叙事，还可以尝试采用其他叙事顺序和手法，如倒叙、插叙及第一人称视角。

广播新闻专稿《主播不在家：中国之声主持人职业换岗体验实录》就突破了一般人物报道的视角，通过对主持人职业换岗体验进行实录，讲述他们的内心感受。这一报道视角真实自然，更满足了听众近距离感受主持人心理的需求，拉近了主持人与听众之间的距离。

“五一”小长假，中国之声推出劳动节特别策划——主持人职业换岗体验实录《主播不在家》。首批 6 名 80 后年轻主播走出直播间，融入社会基层，用他们真实的体验，感受劳动者平凡又艰辛的岗位。

——我是《新闻纵横》主播刘蕾。

——我是《全球华语广播网》主播鹤佳。

——我们是《新闻晚高峰》主播，我是昀瑾，我是姚轶滨。

——我是《此时此刻》主播杨扬。

——我是《央广夜新闻》主播尹麒。

参加《主播不在家》第一季节目的主持人，来自中国之声早、午、晚、夜各档栏目，平均年龄不到30岁。他们大都是播音或新闻专业科班出身，声音被许多听众所熟悉，而这次换岗体验的职业角色则多数来自基层一线。

杨扬：来，大家一块儿说啊，淘气的小猫。

鹤佳：乘客您好，下一站是六里桥北，请您准备从前后门下车。

尹麒：一个司机师傅车厢的水全漏了，我们去看一看什么情况。

从快递员、售票员、交警，到幼教、服装批发摊主、米粉店伙计，每位主播都在专业师傅的指导下，体验了至少一个完整的工作日。体重不到90斤的女主播刘蕾，挑战的是快递工作。

刘蕾：我看他站站、蹲蹲，没有一点儿问题，但是我后来蹲的时间长了再站起来确实是会头晕、脚会疼。有些件儿还是挺沉的。

快递员师傅：我感觉你们就是过来体验一下，看看我怎么干的，感受一下。但我没想到你们真的投入到了这个工作当中去，这是让我感到非常意外的，确实挺投入的。

亲身参与最基层的劳动，全心投入最朴素的交流，主播们在新角色的扮演中感悟良多。

昀瑾：这次体验过后，我最大的感受就是一切都不容易，我们需要换位思考。

姚轶滨：实实在在还是最重要的，过了十五年、二十年我还是要实实在在地去跟大家说话。

做有温度的新闻、做接地气的主播，中国传媒大学副教授宋晓阳说，这才是中国广播新生代努力的方向。

宋晓阳：我想一个新闻主播如果不能在新闻一线去沾一沾新闻现场的土，可能回到直播间里播报的新闻都显得没有味道。

中央台播音指导、资深播音员于芳：我非常支持年轻人走到基层去，走到现在在基层工作的各行各业劳动者身边去，提高我们的播音创作水平。

（4）精心锤炼语言。广播新闻专稿的语言既要遵循一般语言的规律，又要兼顾广播语言的特点。要准确、生动、通俗、口语化，达到形象化的要求，强调人物语言个性化，讲究音调、节奏和谐，讲究语言的分寸感、立体感、动态感。

（5）恰当处理音响与解说之间的关系。音响并不是广播新闻专稿不可缺少的构成要素，是否运用音响取决于专稿的内容和主题的需要，取决于题材本身是否需要伴随音响，以及取决于音响的清晰度、表现力如何。音响和解说要相互配合、相互补充，恰当处理解说与音响之间的关系，事实才会表述得清楚完整。

第六节　广播新闻评论

新闻评论是新闻媒体就当前具有普遍意义的新闻事件、社会现象和公众普遍关心的社会问题发表言论和观点的体裁。新闻评论在舆论引导、舆论监督和构建社会舆论平台方面发挥着重要的作用。广播新闻评论是广播媒介的旗帜和宣言。

一、广播新闻评论的特点

（1）简短。广播传播的特点要求广播新闻评论做到篇幅短小，用短短几句话将观点阐述清楚。

（2）精练。广播新闻评论的语言力求生动洗练、深入浅出、有力度、有深度。

（3）通俗。广播新闻评论的形式灵活多样，文字通俗易懂，内容由表及里，令新闻内容明白如话。

二、广播新闻评论的要素

广播新闻评论是新闻评论和广播的结合体，同时具有新闻评论的特征和广播媒介的特点。无论是本台评论、评论员文章、短评、编后话，还是口播评论、音响评论，都要经过选题和立论两个基本环节。选题就是选择评论的对象和论述范围，决定要评什么；立论就是确定评论的中心和基调，要正确、新颖、集中。

广播新闻评论的要素和其他评论一样，包括论点、论据和论证。论点是新闻评论的看法、观点、见解、主张的高度概括和提炼，要求正确、鲜明、独到。论据是用来说明或证明论点的材料和依据，可以分为理论论据和事实论据两大类。在选择和使用论据时，要注意论据一定要真实可靠、准确无误。运用理论论据时要注意不能单纯引用名人名言，要将其与论点、事件相结合，不能以引代论。论证的主要任务和中心环节是用论据证明论点或印证论点。主要的论证方法有演绎法和归纳法、直接论证和间接论证、比较论证、例证、喻证、引证。

例如，《老虎苍蝇一起打　反腐败深得党心民心》就是一篇非常典型的口播新闻评论：

“中国人民政治协商会议第十二届全国委员会副主席、中共中央统战部部长令计划涉嫌严重违纪，目前正接受组织调查。”新闻一经公布，网上叫好声一片。随着反腐败斗争的深入，“老虎苍蝇一起打”深得党心民心。反腐败，已经发挥了强大的政治凝聚作用，体现了执政党与全国人民坚决反腐败的决心与信心，表现出中国共产党刮骨疗毒、廉洁执政、清明治国的鲜明政治态度。

在反腐败的复杂形势甫一呈现的时候，习近平总书记就明确指出，对腐败分子，必须采取“老虎苍蝇一起打”的办法，才能收到反腐败的预期效果。只有对腐败分子坚持一个也不放过，保持“零容忍”态度，人民群众才会和我们党坚定地站在一起，坚定地跟党一起走；全党也才会更紧密团结、更信心百倍地展开实干。因为在全党和全国人民心里，一个敢于拿一切腐败分子开刀的政党、一个敢于剜除自己肌体上的脓疮的政党，是能够压倒一切困难而不被一切困难压倒的政党，更是最有希望、最有前途、最能够给国家和人民带来希望、带来梦想、带来幸福的政党。清除腐败，是人民的福音。

以习近平为总书记的党中央断然采取了“老虎苍蝇一起打”的反腐战略，既是站在重整全党执政理念的高度作出的重大决定，又是凸显“权为民所赋”的权力来源的政治自觉，也是站在国家长期、协调和可持续发展的高度采取的有效政策，体现了聚集党心、凝聚民心的政治远见；更是站在国家发展转型升级、推进国家治理体系与治理能力现代化的高度，将中国的发展提升到依法治国状态的重大举措。清除腐败，是国家的福音。

坚持从严治党，坚持依规管党治党，敢于剜除腐肉烂疮，彰显的是一个走向现代化的大党永葆肌体健康的信心和勇气，彰显的是我们党自我净化、自我完善、自我革新、自我提高的能力与境界。中国共产党将更有活力、更有战斗力，能够更好地带领13亿人民实现中华民族伟大复兴的“中国梦”。清除腐败，也是我们党的福音。

三、广播新闻评论的写作要求

广播新闻评论论述的过程，就是作者摆事实、讲道理的过程，这个过程需要考虑并适应听众的听说习惯、理解能力和实际需要，具体要注意以下几点：

（1）注重选题的针对性和理论价值。广播新闻评论要能够回答一个时期、一个领域中带有倾向性的问题，对社会热点和焦点进行有针对性的权威舆论引导。

（2）发挥音响的作用，增强评论的可听性。真实、权威的音响的使用，可以帮助作者共同完成论证的目的。

（3）评述由表及里，层层递进。

以广播新闻评论《再看“请环卫工人吃饭”》为例：

进入冬季，请环卫工人吃饭的新闻传遍了大江南北。它之所以可以成为新闻，是因为环卫工人不容易，社会应给予他们更多理解和关爱。这都无可厚非，无论出发点是什么，作出了这样的举动也是能被肯定的。

但笔者觉得，吃饭是个小事，吃完之后，是否还应该“想”点什么？笔者百度之后点开了一张照片。一个台阶上有6位环卫工人正在吃盒饭。据笔者目测，这6位环卫工人的年龄都在60岁以上，还有一位老大爷戴着老花镜。看过照片之后，令人感到一种莫名的“凄凉”。

他们本应该安享晚年，为什么又走到了大街上做起了环卫工人？他们的子女是否尽到了赡养义务？环卫部门招收环卫工人是否具有一个科学的标准？我们不得而知，但是环顾四周，大街上“超龄”的环卫工人可真不少。

各地随着经济水平的提高，在环保投入上，尤其是在机械化、智能化的环保工具上投入很大。但是，在现实操作层面上，我们没有看到一个秩序井然、行动有力的环保流程；而相反，看到的是处处需要得到社会“怜惜”的场景。这又是为什么？

社会爱心人士没有必要大规模地用请吃饭的方式来表达爱心。如果真有爱心，可以在这样一个群体里找到确实有经济困难的家庭进行精准帮扶，这样岂不更有意义？

不要再请环卫工人吃饭了，给真正需要帮助的环卫工人家庭一个“更大”的帮助，不要搞“平均主义”，不要注重新闻里的轰动效应了。相关环保部门要让环卫工人有尊严，不要在办公室怠工。

本章思考练习题：

1. 广播消息的特点和分类是什么？
2. 广播消息的结构样式有哪些？
3. 广播消息的语言有哪些特点？
4. 广播消息的写作要求有哪些？
5. 简述现场报道的特点和写作要求。
6. 简述广播新闻专稿的特点和写作要求。
7. 简述广播新闻评论的特点和写作要求。
8. 广播新闻评论的要素有哪些？

第五章　广播非新闻类文体写作

广播非新闻类节目，包括除了新闻节目之外的其他所有广播节目，如教育节目、服务节目、文艺节目等。本章主要探讨文艺类节目的文稿写作。

广播文艺节目自身的优势明显。广播依赖声音来促使人们的头脑产生形象、激起想象，从而传达信息。广播能够充分利用语言与受众进行交流，并在广播节目主持人与听众之间建立起交往关系，增强节目与所播报内容的可信度与趣味感。

许多事例说明，广播文艺节目是亿万听众娱乐的重要来源。媒体工作者把听觉艺术、语言艺术、综合艺术作品编辑制作成广播文艺节目，并把它传送到广大城乡，满足广大群众的文化娱乐要求。因此，全国历次广播工作会议都把广播文艺节目摆在整个广播宣传中的重要地位。

第一节　广播文艺节目概述

广播文艺节目是电台播送的文艺类项目，是文艺类表演项目的总称。广播文艺节目集艺术性、娱乐性、参与性为一体，具有愉悦心神、陶冶情操的娱乐功能，深受观众的欢迎和喜爱。

广播文艺节目的分类有多种标准。相对而言，按照节目来源和节目加工程度（或视艺术创作的程度）来分类比较容易把握。总体上可以分为两大类：一是直播节目，包括录音的节目；一是加工节目，即以声音手段对录音进行重新创作或作不同程度的加工、制作而成的节目。在加工节目中，还有专门的节目类型样式。

一、直播节目类型

直播节目是将取自其他文艺形式的作品只作简单的编排组合，或者不作剪辑而直接播出的节目。这里的“直播”不一定强调现场直播、实况转播，也可以用录音直播的方式。

（一）音乐节目

音乐是听觉艺术形式，十分符合广播的特征。音乐节目在广播文艺节目中占有极重要的地位。音乐适合传情而不适宜状物。调频立体声节目的出现，为音乐广播赢得了更多的听众。

（二）戏曲节目

这是中国特有的广播文艺节目样式。京剧、评剧、豫剧、越剧、汉剧、黄梅剧、粤剧……大量的传统剧目和现代剧目，为广播文艺节目提供了丰富的节目资源，也是文艺节目形成民族风格和地方特色的决定性条件之一。广播戏曲节目常常采用播放戏曲演出实况和戏曲选场或选段，讲述戏曲故事，介绍戏曲知识，评介戏曲演员，播放戏曲唱腔联唱等形式。

（三）曲艺节目

曲艺或称“说唱艺术”，主要有相声、快板、数来宝、大鼓、弹词、琴书、道情、牌子曲……曲艺实际上是一种民间艺术，为中国百姓所喜闻乐见。它形式简便，易于传播，所以常为广播采用。

（四）文学节目

这是将古今中外的文学作品作广播化处理的节目形态。各地电台都办有“长篇小说连播”或“评书连播”节目，极受欢迎。

（五）文艺专栏

这是采集多种多样的文艺节目，按照一定的主题构思编辑而成的一种栏目化的节目。它可以是音乐、曲艺、戏曲、杂技等单一文艺类型的汇集，也可以是多种文艺类型的编排，更可以办成传播文艺知识的栏目。

二、加工节目类型

加工节目，也叫作“二度创作”节目，即对其他样式的文艺节目作一定的加工、修改、完善，使之成为具有广播特点、适合广播电台播出的文艺节目，这实际上创造了一些新的文艺样式。

（一）电影录音剪辑

在广播文艺节目中，往往采用录音剪辑的方式来处理电影这类视听综合的艺术作品，这是中国广播工作者的创造，其他国家一般不会采用这一样式。

1950 年 3 月 8 日，中央人民广播电台播出陈开制作的电影录音《白衣战士》，这是中国广播电台播出的第一部电影录音作品。1955 年 11 月，中央人民广播电台出版的《广播节目报》在登载节目单时，正式采用了“电影录音剪辑”这一名称。

收听电影录音剪辑类似于“听电影”，其乐趣和奥秘往往就在于把视听形象转化为单一的听觉形象。匠心独运的旁白解说，恰到好处的串联过渡，提供了又一次的艺术创造机会；同时，它在播出的时间上也取得了较大的自由，媒体工作者可以根据播出时间的要求，对电影原作进行适当的压缩精简。后来，它又派生出话剧录音剪辑、歌剧录音剪辑、戏曲录音剪辑等样式。

（二）综合性文艺节目

顾名思义，这是把各种文艺形式综合起来的节目。它可以采取专题栏目化节目样式，也可以采取独立的节目样式。综合性文艺节目具有兼容性、多样性、综合性等特点，可以在较短时间内满足不同听众的兴趣和需求，在一定程度上做到雅俗共赏、老少咸宜。

第二节 广播综合性文艺节目文本写作

广播文艺节目在推动有中国特色的文化建设、促进广播事业繁荣方面起到了重要的作用。长期以来，广播文艺节目以正确的舆论导向和严格的质量标准，推动了广播节目的不断创新和发展。

广播文艺节目有综合性和专题性节目之分，广播综合性文艺节目具有显著的广泛性和综合性，因此内容的选择和编排强调多元化，强调融多种文艺形式于一体。广播专题性文艺节目则更注重内容的专业性和听众的针对性，即针对特定听众进行节目设计，对节目内容进行深度挖掘。

一、广播综合性文艺节目的特点

（1）滚动式。广播综合性文艺节目的播出多采取滚动式，以整点或半点为起点，穿插新闻报道、天气预报、交通信息等内容。

（2）多样化。广播综合性文艺节目涵盖各类文艺形式，以音乐作为节目的主干，结合相声、小品、戏曲、网络段子、文学作品等内容，如中央人民广播电台的《今晚八点半》。

（3）大板块。现在的广播综合性文艺节目，多采用大板块的样式，设立小的板块或单元并将其组合成一个完整的节目。

（4）主持人。广播综合性文艺节目目前多设立一到两位主持人，有时会邀请嘉宾到直播间参与播出，并通过热线电话与听众进行交流。

（5）直播型。直播是目前广播节目的通用播出形式，绝大多数广播综合性文艺节目是直播的。当然，节目组事先要准备相应的音乐、戏曲、曲艺等作品。

二、广播综合性文艺节目的写作

广播综合性文艺节目（以下简称“广播综艺性节目”）主要通过播放歌曲、戏剧、影视剧、广播剧、小品、相声、晚会等内容，满足听众的需求。文艺节目在整个广播业中占的比重是很大的，文艺频道、音乐频道主要就是用于播放大量的文艺节目，甚至连交通频道等其他频道，也把相当数量的文艺节目作为播出的主要内容。广播综艺性节目就是要根据大众的需求，为广大听众提供大量时尚、丰富多彩、优美动听的文艺节目，营造出轻松的氛围，为人们提供方便快捷的休闲娱乐服务。

广播综艺性节目的内容丰富、形态多样。就节目形态而言，它包括歌曲、戏剧、广播剧、影视剧录音剪辑、相声、小品、长篇小说连播等。广播综艺性节目具有一般性文艺节目的共性，也具有独特的个性。近年来，广播综艺性节目的现代、时尚、多元趋势增强，内容更加丰富，形式更加生动，充分体现着时代前进的脉动，集中反映着当代人的文艺审美、价值观念和欣赏情趣。

广播综艺性节目是编辑的艺术。从目前国内外的广播情况看，电台播放的广播综艺性节目，大多数不是自己原创的，而是串编的节目。广播媒体工作者通过精巧的编辑把各种文艺节目汇集、编排起来，重新组成一档综艺节目，或者串连成整个频道的节目，这是广播综艺性节目的一大特点。

广播综艺性节目的制作一般以编辑为主。各类艺术形式组合成“拼盘式”节目，既有主持人直播的“快餐”形式，也有编辑与主持人互相配合，经过精心设计、编排形成的“正餐”形式。每个节目大都经过媒体工作者的精心策划，他们认真选定一个主题，精心筛选一组节目，使整档节目听起来浑然一体、主题鲜明、优美动听。广播综艺性节目通过串编、精选人民群众耳熟能详的节目，引起人们的共鸣，从而使广播产生不可替代的感染力和吸引力。

广播综艺性节目的写作需要精通文艺节目的内行人士，要求写作者具备较好的文字功底和编辑技巧。说到底，广播综艺性节目的写作内容，主要就是主持人的串联词，要通过串联词将一个个现成的文艺节目组合起来，形成一个有机的整体。

主要的串联词形式有以下几种：

（1）报幕式串联词。这是像舞台文艺演出的报幕员、主持人一样，播报一下文艺节目的名称，然后开始播放节目内容。这是比较简单、老套的串联方法，显得比较僵化、呆板，现在已经较少使用，多被更新奇、更吸引人的串联方法所取代。

（2）组合式串联词。这是按照一定的标准把主题、时间、地域、风格相同或相近的节目搜集整理到一起，通过串联词进行编排介绍。比如谈到端午节，就把与端午有关的文艺节目组合在一起；谈到母亲节，就把赞扬、歌颂母亲的文艺节目编排到一起。同样，经典歌曲回顾就是把某一时期的流行音乐串编在一起，唤起人们的回忆。

（3）类别式串联词。就是把同一类别的文艺节目编排在一起，它们有相同的内容、不同的样式。比如可以选择相声技巧中的“说学逗唱”的其中一项，把以其为主要表现手段的节目归类在一起，像《论捧逗》、《批聊斋》、《说大话》、《打灯谜》等。

（4）嘉宾式串联词。使用这种串联词的场合往往并不需要有专门的文字脚本，只在节目播出前与嘉宾沟通交流，在节目播出时采用对谈的方式，将各个节目串联在一起，也可以称为“无脚本串联”。

（5）互动式串联词。就是主持人运用现在常见的手机短信和微博、微信留言，与听众进行互动交流，将一段段文艺作品串联起来，这也是一种比较通用的形式。主持人充分利用现代交际手段，调动广大听众的积极性、主动性。这与其说是主持人在串联节目，不如说是听众给主持人提供了内容各异、形式多样的串联词，二者共同完成了节目的编辑组合。

第三节　广播专题性文艺节目文本写作

广播专题性文艺节目（以下简称“广播文艺专题节目”）是中国广播史上的传统节日形态，是一种既有新闻特性，又有文艺广播特点的节目，它融新闻的纪实性与文艺节目的欣赏性于一体，以文艺为主体。这是广播文艺专题节目区别于其他广播文艺节目的显著特征。

自广播诞生以来，广播文艺节目就一直深受广大听众的喜爱。广播文艺节目的内容包括文学、音乐、戏曲和广播剧等，和广播新闻节目应该具有的导向性、时效性不同，欣赏性、娱乐性和趣味性是广播文艺节目的特性。

一般而言，广义的广播文艺专题节目应包括音乐专题、戏曲专题、曲艺专题、文学专题、综艺专题以及广播剧等。在中国广播的发展历程中，广播文艺专题节目一直是最为受众所喜爱的一种节目类型，发展演进迅速，影响广泛深远。

在当下快速运转的媒介消费环境下，人们更在乎广播的轻松伴随性，强调新闻纪实性的广播文艺专题节目面临严峻的考验。与当红的类型化音乐节目相比，它不够轻松、休闲；与幽默搞笑的娱乐节目相比，它缺少和听众的有效互动。在呈现方式上，广播文艺专题节目样式固定，与时代脱节，显得陈旧。要改变这一现状，就必须对它进行创新。

不可否认，现在各种新媒介正强势崛起，与广播争夺市场，但我们更要看到新媒介为广播业带来的深刻革命。广播电台必须紧紧抓住新媒介为广播文艺节目创新带来的新机遇。

一、广播文艺专题节目的写作

（一）把文艺节目当作新闻节目

广播文艺专题节目要给听众提供文艺欣赏，同时不能脱离新闻性，具有了新闻性的广播文艺专题节目才能贴近时代、贴近当下，给听众带去新鲜生动的感受。在2009年11月1日江苏电台播出的《朦胧诗潮三十年》这档节目中，主持人将目光对准了当代诗歌。当时，全国各地都在纪念朦胧诗诞生三十周年，其中，南京地区举办了诗人食指的诗歌朗诵会。写作者由此切入，使选题具有时效性。这档节目深入分析了三十年前朦胧诗受到欢迎的原因：朦胧诗有诗学审美上的隽永、讲究意象，更包含了诗人对社会、对苦难的深刻感悟。节目对此进行了深入挖掘，显示了写作者深厚的思辨力。

在广播文艺专题节目中，主题提炼得如何，是否坚持了主旋律、反映了时代精神和舆论导向，是判断一个节目水平高低的重要尺度。要将广播节目的新闻性和文艺性，也就是将广播的文艺元素和新闻元素有机地融合到一起，找准文艺节目的新闻“眼”。平时新闻节目中所说的新闻“眼”指的就是新闻节目的新闻点。

（二）把广播节目当作电视综艺节目

广播只有声音，没有文字和图像，听众收听时注意力极易分散，过耳不留。广播传播稍纵即逝，信息的储存性差，难以查询和记录，如果没有较强的吸引力，听众很难对节目印象深刻。而当下受众喜欢节奏多变、方式多样的节目，这也是电视综艺节目大行其道的原因之一。在广播中，运用多元化的方式进行节目处理，将会给听众带来耳目一新的体验。《朦胧诗潮三十年》对此作出了有益的尝试，这档节目在选题上体现了写作者作为媒体人的专业素养及敏锐的观察力；在制作上摒弃了传统广播的单一性，通过理性的思考、感性的描述，加上叙述、采访、录音回放等多元化的创作方式，最大化地调动了听众关注度；凸显作为主持人的“我”的个人化思考，使节目更加贴近现实，更容易被听众接受和认可。在《朦胧诗潮三十年》中，节目先后采访了舒婷、食指、唐晓渡、韩东、高晓松，采用了顾城在新西兰的朗诵录音和食指南京朗诵会的录音，音响丰富，具有说服力。节目中还播放了丁建华、姚锡娟、赵屹鸥和徐涛等人的诗歌演播，艺术感染力强。

（三）重视广播剧创作

广播剧在各广播电台频道的播出时间和播出内容中所占比重越来越大，越来越受到听众的喜爱。很多电台最火的节目不是新闻节目，不是交通路况报道，而是广播剧。广播剧因为符合伴随收听的广播特点，近年来在长三角和珠三角地区越来越受到听众的喜爱。

二、广播剧的写作

广播剧是适应广播的需要而产生的一种艺术形式。广播剧以人物对话和解说为基础，并充分运用音乐伴奏、音响效果来加强气氛。人物对话是推动剧情发展的主要手段。广播剧要求个性化、口语化，演员播演一定要吐字清楚、表达准确生动、感情充沛真挚，配乐应当富有特色、波澜起伏、动人心魄，音响效果必须逼真，解说词应当帮助听众了解剧中情景和人物的动作状态。

英国广播公司1924年播出的《危险》是世界上第一部由电台录制的广播剧。在中国，20世纪30年代，一批戏剧家为宣传“抗日”写过广播剧，这成为中国广播剧的先驱。1950年2月，中央人民广播电台录制并播放了中华人民共和国建立以后的第一部广播剧《一万块夹板》。之后，广播剧剧目日益丰富。进入20世纪80年代以后，据不完全统计，我国每年制作的广播剧总数约有500部。由于广播剧的欣赏方式极为方便，许多国家都曾录制、播放长篇广播连续剧，有的可连续播放几年，深受听众欢迎。

（一）广播剧的特点

广播剧以语言、音乐和音响为手段，缺乏视觉手段是广播剧的弱点。但是，只有听觉手段（语言、音乐和音响）可以充分调动听众的想象力，使之必须直接参加创造，从中获得特殊的艺术享受。由于缺乏视觉手段，广播剧在展开情节时获得更大的时空自由，幻想、梦境、回忆等成为广播剧理想的题材。由于广播剧只用听觉手段传播信息，因此不宜表现人物众多的场面和复杂而多线索的情节，要求线索单纯清晰，人物集中。

（二）广播剧剧本的写作要求

广播剧是广播文艺节目的龙头产品，是广播文艺节目大餐的一道主菜。如何精心烹调这道主菜，将其做成精品，不但关系到广播文艺节目的质量，还直接关系到广播剧的市场走向。

要想把一部广播剧做成精品，首先必须解决两个问题。一是搞清楚什么是精品，二是弄明白广播剧的特殊属性。什么是精品？精品，应该是深刻的思想性、精湛的艺术性和极强的可听性的完美统一。精品具有永恒的生命力，具有穿越时间和空间的吸引力，能够经得起历史的检验，是永远的艺术品，而不是匆匆而过只为应景的浅薄之作。

电视剧、舞台剧是给人看的，其特征是通过特定环境（真实的或艺术化的）、人物形态以及做、念、唱、打等表现手法，让受众直观地感觉到人物情感和矛盾冲突，是“立体的形象的艺术”。广播剧是给人听的，其特征是运用声音手段塑造人物、烘托环境、展现剧情，让受众在听觉与思想情感的转换中理解剧情，是“线性的想象的艺术”。从这个意义上讲，精品广播剧的生产从剧本创作到演播都必须较好地把握和运用广播剧的基本特征和艺术规律。

随着互联网及移动互联网的迅猛发展，提供有声书等服务的运营服务商雨后春笋般地出现了，它们通过网站及手机应用向用户提供有声内容，较著名的应用有“懒人听书”、“阅耳听书”等。这给广播剧带来了机遇和挑战。

广播剧剧本的写作格式与一般影视剧本的写作格式是一样的，它搞笑与否只与内容、题材等有关，与格式无关，无论是悲剧还是喜剧，其写作格式都是一样的。而广播剧与影视剧最大的一个不同点在于它没有动作和画面的提示，更多的是通过背景音乐来实现场景的转换，所以需要写作者在剧本中对主题音乐和背景音乐作出一定的提示。

写广播剧剧本时，最主要的是要注意以下几点：第一，广播剧无论是搞笑的、感人的，还是抒情的，一定要有好的主题，还要有感人的故事或者题材，二者不可或缺；第二，音乐很重要，因为有了音乐效果会更好，听众听着会更舒服；第三，在广播剧中，人物对话是推动剧情发展的主要手段，所以写好“对话”很重要，也就是要写好故事剧本；第四，话外解说也很重要，一定要条理清晰，让听众明确讲了什么内容；第五，可以添加大量的故事细节。

本章思考练习题：

1. 什么是广播文艺节目？
2. 什么是广播综合性文艺节目？
3. 简述广播综合性文艺节目的写作要求。
4. 什么是广播专题性文艺节目？
5. 简述广播专题性文艺节目的写作要求。
6. 什么是广播剧？
7. 简述广播剧写作的基本要求。
8. 请以校园生活为题，撰写一个广播剧剧本。

电 视 篇

第六章　电视消息类文体写作

第一节　电视新闻的基本形态及其要点

一、电视新闻的界定

定义是人们认识事物的第一步。

陆定一同志在 1943 年提出："新闻的定义，就是新近发生的事实的报道。"这个定义已成为我国新闻学术界的权威共识。

此定义与美国新闻学者约斯特所言"新闻是已经发生或正在发生的事实的报道"一样都强调事实是新闻的本源，新闻是对事实的报道，新闻传播的归属就是"受者晓其事"。另外，该定义突出了新闻"新"的特点，它是新近发生的事实的报道，而不是"旧闻"，也不是"历史"。最后，该定义申明新闻是报道，报道是一种文字加工，是对事实的再现，里面含有主观的成分，是有弹性的。

关于电视新闻的定义，从 20 世纪 80 年代我国电视新闻的快速发展时期到现在，学术界有不下 10 种提法。从总体上对国内现有的电视新闻定义作个分类的话，大致可以分为两类：一类是"电视报道说"，另一类则是"电视信息说"。

持"电视报道说"的主要有以下学者。任远在 1986 年提出：电视新闻是利用电视传播工具对新近发生或发现的事实所进行的报道。黄匡宇在 1990 年提出：电视新闻，是借助电视传播的视听符号，对变动的事实的及时报道。甘惜分 1993 年主持编写的《新闻学大辞典》是这样定义的：电视新闻是利用电视传播媒介对新近发生的事实所作的报道，是电视的各种新闻性内容和报道形式的总称，是一般电视台传播内容的骨干和主体，以声像并茂的独特优势迅速而生动地反映现实世界，富于现场感，最具感染力。1990 年 7 月，中国广播电视学会电视学研究委员会和中央电视台研究室牵头，组织电视新闻理论工作者和实践工作者，根据电视新闻的实践发展，举行了"电视新闻分类与界定研讨会"，对电视新闻进行了科学的分类与界定，并对电视新闻有关条目作了定义式的界说。在几年的时间内，他们经过多次认真修改、探讨，对电视新闻作了如下的定义规范：电视新闻是以现代电子技术为传播手段，以声音、画面为传播符号，对新近或正在发生、发现的事实的报道。赵玉明、王福顺1995年主编的《广播电视辞典》提出：以现代电子技术为传播手段，以图像、声音、文字为传播符号，对新近发生、发现或正在发生的事实的报道，是电视新闻类节目的总称，是电视节目的骨干和主体。显然，“电视报道说”对电视新闻的定义主要是基于陆定一对新闻的定义，强调对新近发生的事实的报道。

持“电视信息说”的学者则更侧重于电视新闻的信息属性和信息传递的特性。庞啸在1987年提出：电视新闻是电视台转播的新近或正在发生的事实的信息。方亢等人提出：电视新闻是通过电视技术传播的、多符号的新闻，或电视新闻是通过电视技术传播的、多符号的报道，是对正在变动和新近变动的事实的信息传播。他们认为，信息传播是电视新闻的属概念。复旦大学张德俊教授认为：广播电视新闻是通过电子技术公开传播的正在变动与新近变动的事实的信息。

以上两类电视新闻定义，不论是“电视报道说”，还是“电视信息说”，都涉及了电视新闻具备的新闻类节目的本质特征，也注意到了电视媒介赋予电视新闻的特点，但二者对电视新闻理解的侧重点不同。

根据以上各种对电视新闻的界定表述，本书对电视新闻的定义如下：电视新闻是利用电视媒介传播平台，采用最新研发的现代电子传播技术手段，以声音和画面为主要传播符号，对新近发生或正在发生、发现的事实的报道。该定义立足于采用最新研发的现代电子传播技术手段概括电视新闻的共性与个性的说法。“采用最新研发的现代电子传播技术手段，以声音和画面为主要传播符号”，是界定电视新闻与报纸新闻、广播新闻的个性区别的依据：“采用最新研发的现代电子传播技术手段”表明电视新闻与广播新闻一样，同属电子媒介新闻，与作为印刷媒介的报纸的新闻不同；“以声音和画面为主要传播符号”则强调在电子媒介中，电视新闻与广播新闻有所区别，广播新闻以声音为传播符号向听众传递信息，而电视新闻则是以“声音+画面”的视听双通道来传递信息，从而使电视新闻更独特、个性化更强，更具传播优势。

现代电子技术的迅速发展为电子媒体与电子媒体新闻业务的发展提供了坚实的物质基础，也使电视媒体对新闻的报道与传统纸质媒体对新闻的报道拉开了时效差距：电视新闻除了“新近”的内涵外，还具有“正在”和“发现”的本质属性。

（一）“正在”

电子摄录系统使记者可以在新闻事件现场随着事态发生、发展作同步现场报道。记者即使身在遥远的大洋彼岸的新闻现场，通过卫星传播也能做到现场直播，使观众看到的新闻与事态基本同步。电视新闻制作技术的发展、制作设备的更新进步，推动着电视新闻实践发展，使电视新闻时效性大大提高，实现了播报“正在”发生的新闻，新闻与事实事态同步播报。故定义电视新闻时，须强调“正在”的内涵。

（二）“发现”

新闻报道随着时代的进步而发展，报道层面在不断扩大，报道内容也在不断深化。今天的电视新闻不仅以形象可感和时效性取胜，同样也以思想深度赢得受众欢迎。大量的新闻题材，尤其是电视深度报道的题材都是对群众关心的社会问题、社会现象的多角度、多层次探讨与呈现，问题、现象本身不是刚刚出现的新鲜事物，但报道方向、报道层次、报道深度与报道产生的效果都是新的，新在“发现”，新在传播新的观点、思考与见解。电视深度报道的崛起，增加了新闻报道的深度与理性色彩。因此，今天的电视新闻内涵与外延已经拓展，由对纯客观事实的叙述扩展到对有新意的思想、观点的传播；由传播事件的简要信息扩展到详尽深入地为观众解读与事实信息相关的方方面面。因此，在给电视新闻下定义时，要强调“发现”的内涵。

二、电视新闻的基本形态

电视新闻根据采用标准的不同，有着不同要求或不同角度的分类。

（一）按体裁分类

根据报道新闻事件的方式、深度、侧重点的不同，可将电视新闻分为消息类新闻、专题类新闻、评论类新闻等。因此电视新闻节目也分为消息类新闻节目、专题类新闻节目、电视新闻评论。

1. 消息类新闻节目

消息类新闻节目是电视新闻中数量最多的节目形态。这类节目运用电视传播手段，简明扼要、迅速及时地对新近发生或正在发生的新闻事实进行报道，主要采用客观报道事实的形式，短小精悍、时效性强。如中央电视台的《新闻联播》、《新闻30分》、《朝闻天下》、《新闻直播间》、《晚间新闻》、《体育新闻》等播出的就是这类新闻。

2. 专题类新闻节目

专题类新闻节目是就某一新闻题材或新闻事件进行详细、深入、系统、全面和充分报道的节目，它要么对新闻事实作比较详细、系统的解释和分析，要么对新闻事件的发生和发展过程进行追踪报道。这类节目，我们一般称之为“深度报道”、“专题报道”或“新闻纪录片”。这类节目形式包括纪实性的、访谈性的、调查式的、谈话式的，一般存在于专题类或杂志类新闻栏目中，如《东方时空》、《焦点访谈》、《新闻调查》、《新闻 1+1》等。专题类新闻根据内容的走向不同、类别不同，以及报道方法的不同，也可分为专题新闻、专题报道、新闻调查报道、新闻性访谈节目等。

专题类新闻节目的选题，往往反映社会上人们密切关注的问题和现象，或是人们存在不同意见和认识、分析和看法不一的社会热点、焦点问题。这类节目要求记者在对客观事实进行深入调研的基础上，对事实与问题拥有较全面的了解和认识，能对事件现象作出深刻的剖析，在节目中亮出独特的见解和分析，引导观众进行更深层、更广泛的思考。

在信息传播中，专题类新闻节目也指为配合政府各级部门当前的重要工作任务，为配合新的政策法规宣传，为完成某个重要事件的报道任务，或为配合特别的纪念日活动而拍摄的新闻专题片。例如，为配合香港回归十周年庆祝活动，中央电视台《新闻调查》栏目组专门制作了专题节目《香港回归十年》，为观众回顾了香港在回归前的社会政治状况以及在回归后所经历的几个重要转折点：阻击亚洲金融风暴，抗击“非典”和禽流感，许多香港人因金融风暴引致楼市低迷成为负资产族，香港向大陆居民开放“自由行”等；还回顾了香港人从在回归前觉得自己是没有国家的人，急于移民海外，到“九七”回归后，因身为中国人而自豪并纷纷“回流”香港的心路历程；更展现了香港特区政府在中央的全力支持下，用智慧和勇气成功应对各种复杂问题和挑战，推动香港经济由低谷走向复兴的过程，这成为“港人治港”成功实践的有力证明。而所有香港人都是这段历程的见证者和亲历者——十年前在香港金融机构工作的王威；在金融风暴中成为负资产族，坚持不懈后再次翻身的摄影师苏大勇；“非典”期间坚持工作在第一线的医生陆志聪、朱颂明、赵莉莉；因香港经济转旺而生意不断好转的“华香”鸡店老板陈志强；对国家的认识发生重大转变的香港政府公务员……他们和香港的命运紧密联系在一起，共同面对、克服困难，生活蒸蒸日上。

此外，专题类新闻通常会对当天或近日发生的重大事件性新闻进行深入和持续报道，重视报道的时新性、紧迫性和时效性，如奥运会、世界杯、人代会、党代会举行期间的专题新闻特辑。又如根据中宣部提出的传统媒体工作者要开展深入实际生活的“走基层”活动的要求，中央电视台推出了以“最美中国人”、“中国好人”、“到群众中去”等为主题的不同“走基层”专题系列报道。

专题类新闻节目要对新闻事件及相关因素作详尽、深入的报道，其所报道的事件往往较为复杂，节目容量较大。在我国，专题类新闻节目成为承载深度报道的重要形式。在节目形态上，其采用演播室主持和现场采访相结合的结构方式，突出事实报道的重点，调查采访深入扎实，评论有充足的事实依据，叙述与评论相互支持、相得益彰。

对比消息类新闻节目，专题类新闻节目的特点是节目时间长、内容丰富深刻、信息量大。故这类节目时间短则约 5 分钟，长则可达约 50 分钟。

3. 电视新闻评论

电视新闻评论是电视台对重大的或有典型意义的新闻事件作出分析和评断，表明记者、编辑、新闻评论员或媒体的态度、立场、意见的一类新闻节目形式，具有鲜明的针对性、政策性和指导性。在形态上，电视新闻评论源于报刊文体，有相当一部分样式与报刊评论类似。同时，它在传播实践中也逐渐形成了诸多适应自己传播特点的节目形态和评论样式。

电视新闻评论具有较强的新闻性。它评论的对象都是近期发生的重大事件或媒体刊发的重要新闻事实，注重选择当前的社会热点、难点，具有较高的公众关注度，议题也有很强的时效性。它的评论对象往往是很具体、很有针对性的，往往通过近来较引人关注或有是非争议的新闻报道引出，或将某种新出现的社会思潮、社会现象作为讨论的议题，供节目邀请的评论员、嘉宾、主持人与现场观众展开热烈的评论与争辩。也就是说，制作电视新闻评论需要并且必须事先选择好适当的评论话题。

电视新闻评论具有较强的论辩性。它不同于完全用事实说话的消息类新闻节目和专题类新闻节目，需要不同身份的各类社会角色参与节目，公开表达不同立场、不同态度、不同视角的观点和主张，以此作为节目的主要支撑内容。与其他新闻节目不同，在电视新闻评论中，发表评论者都可以直接表明自己的主张，可以从正面、反面寻找例证支持自己的观点，这本身就具有明显的思辨性。如果电视新闻评论是由多人进行讨论，各方意见交锋，节目就具有很强的论辩性了。凤凰卫视的《时事辩论会》、《一虎一席谈》就属于这一类节目。

当前，电视新闻报道具有向深度报道方面发展的趋势。人们除了想知晓世界发生了什么重要事件，想了解周围环境有何改变外，也希望知道事实发生的原因、影响及发展趋势。这就需要媒体提供对现实社会、环境等有深刻分析和前瞻思考的电视节目。电视新闻评论紧密追踪报道国内外重大新闻事件，捕捉热点话题，梳理社会焦点、热点，深刻探讨其原因、背景、来龙去脉与相互联系等，提供各方丰富的观点、见解与专业分析等，切合了观众的上述需求。

电视新闻评论主要分为以下几种形式：评论员评论、电视述评、电视辩论等。

这类节目的例子有中央电视台的《新闻 1 + 1》、《央视财经评论》、《焦点访谈》、《环球视线》等，还有凤凰卫视的《时事开讲》、《时事亮亮点》、《时事辩论会》、《一虎一席谈》等。

（二）按题材内容分类

根据新闻报道内容及侧重点的不同，可以将电视新闻分为人物报道和事件报道。

1. 人物报道

这类新闻围绕人物展开报道，进而展现新闻人物的风采或形象特征。人物报道并不排斥新闻事件，只是所有新闻事件都应是围绕典型人物选取的。在对事件的报道中，通过表现典型人物，使报道言之有物增强新闻人物的感染力或真实感，对英雄模范人物或反面人物进行的报道就属于这种类型。例如，就中央电视台做过的新闻专题“我的父亲母亲”中，湖南台选送的《六旬村医　留守老人的心理医生》报道年过六十的乡村医生李晓正走村串户为农村留守老人送医送药，更送上关心呵护，他的耐心陪伴给予了老人温暖与慰藉，老人都把他当作精神依靠与心理良医。该则人物报道让观众看到了李医生的多个侧面：他对自己九十岁的母亲悉心照顾；他的儿子一家在外地打工生活，已进入老年的他得自己做本该由儿女做的事情；年事已高的他学习使用电脑处理工作问题，却缓慢而困难，显得力不从心。

2. 事件报道

事件报道指的是对新闻事件进行的报道。根据报道内容和所涉及的社会生活的方面不同，它可以分为时政新闻、社会新闻、经济新闻、文教新闻等。事件报道是目前最主要的新闻节目类型。

例如，在中央电视台《新闻联播》栏目 2013 年 11 月 6 日播出的新闻中，《龚全珍先进事迹报告会首场报告举行》、《北京将申办 2022 年冬奥会》、《中国代表首任教科文组织大会主席》、《全球网络空间合作会议举行》、《违法销售药品　强生在美被罚》等都属于事件报道。同日，中央电视台《国际时讯》栏目播出的《美国华盛顿大熊猫宝宝开始网络选名》、《朝否认军需设施发生火灾和爆炸事故》、《日企参与生产 F－35 战斗机引擎》、《荷兰：虚拟女童做诱饵　恋童癖者上钩易》、《日将再建 2 艘“宙斯盾”驱逐舰》等，也都属于事件报道。

（三）按传播形态分类

1. 口播新闻

口播新闻指新闻播音员出现于画面中，以字正腔圆的播音语言播报新闻文字稿的电视新闻报道方式。口播新闻是早期出现的电视新闻报道方式之一。从电视媒体开办新闻节目开始，口播新闻就出现了。中央电视台的口播新闻最早是以报道简明新闻为主，一般是集中播报成组的新闻；后来口播新闻不一定集中播报，改为用小板块灵活穿插于整个新闻节目的不同部分。

（1）口播新闻的适用情况。

口播新闻的内容大多是较重要的新闻和刚刚发生的新闻。在目前的电视新闻中，口播新闻大多在三种情况下使用：一是播报文件类新闻，如重要通知、重要公报、决议、命令等，这类新闻普遍缺乏形象素材，可视性差，不适宜出图像；二是播报突发性的重大新闻，对刚刚发生的、有重大新闻价值但尚未取得图像信息的急新闻，为增强时效性先用口播方式进行简要播报，等图像资料到了后再作详细播报；三是播报资讯类新闻，因条件限制无法拍摄到图像时，有时可以将信息写成文字稿，以口播方式满足观众的信息需求。

早期的电视口播新闻是广播新闻在电视屏幕上的简单移植，唯一区别是电视播音员不仅有声音，还有图像。为适应读图时代人们信息需求口味的变化，近年来口播新闻的报道形态有所创新，虽然仍然以有声语言为主要的传播手段，但很重视利用背景图像，电视化程度有了显著提高。例如，用抠像特技突出主播人的形象；在口播新闻的同时加入相关的地图、图表、实物、插图、漫画、字幕和活动的历史画面资料等元素，将背景画面配加在播音员的左侧或右侧，尽量填补现场图像的空白，增强可视性。这些元素的加入使口播新闻的播出形式更丰富，增强了口播新闻的动感，也使新闻重点更为突出，起到了点明、烘托主题与加深观众印象的作用。

（2）口播新闻的独特作用。

口播新闻播出灵活简便，其独特作用主要体现在以下两个方面：

①提高时效性。

和图像新闻相比，口播新闻省去了制作、混录等环节所需的时间，可以直接播出，快速提供最新新闻动态。例如，北京时间 2003 年 3 月 20 日上午 10 时 35 分，美军空袭巴格达，伊拉克战争爆发。中央电视台国际频道以与 CNN 等国际知名传播机构几乎同步的速度，在当日 10 时 41 分 40 秒将战争爆发的消息以主持人口播、切入 CNN 画面并作同声传译、飞字幕的形式在第一时间向全球播发，成为国内电视媒体中对此战事报道时效最快的频道。在随后的直播报道中，国际频道还大量使用了口播消息，稿件除来自新华社外，还来自路透社、法新社、美国有线新闻网、半岛电视台等机构，较多以“最新消息”、“本台最新消息”、“本台刚刚收到的消息”等形式出现。从 3 月 20 日到 25 日的 6 天内，《关注伊拉克战事特别报道》共播发口播新闻 219 条，其中，3 月 24 日一天就口播了 100 条，口播新闻总数占这一时期新闻总数的11.4%，充分满足了观众了解战争进展的急切需求。

口播新闻制作简单、快捷，故有着极强的时效性和灵活性，在电视新闻报道中占有一席之地。据统计，中央电视台每年播发的消息类新闻中，口播新闻就占了总数的40%左右。

②扩大报道面。

对于事件发生过程极短而无法拍摄的新闻、没有画面素材的新闻，或记者没有拍到画面但获得了文字素材的新闻等，都可以通过口播新闻的形式进行传播。新闻素材来源范围扩大了，报道涵盖面也能随之扩大。

（3）口播新闻的写作。

口播新闻没有新闻现场的影像画面，以口播语言作为传达信息的主要手段。因此，口播新闻的文字稿写作有别于影像新闻的解说词写作。它与广播新闻类似，可以按照广播新闻稿的要求来撰写其文字稿，要求简要叙说清楚新闻五要素，谋篇布局结构严谨、层次分明，新闻事实完整，语言表达口语化。此外，必须做到简明扼要、灵活、迅速、及时。

口播新闻的文字稿主要有以下三种形式：

①一句话新闻型。

如2006年9月10日中央电视台《新闻联播》中口头播出的一条消息《人民日报评论员文章：西藏的明天更美好》："本台消息，明天的《人民日报》将发表评论员文章，题目是'西藏的明天更美好'。"

②简讯型。

以2014年2月19日中央电视台《新闻联播》播出的国内联播快讯中的一则报道《中石化销售引入社会和民营资本》为例。为了配合口播，该报道没有加入画面，只显示了与口播内容一致的字幕（见图6－1）：

中石化今天发布公告，在对油品销售业务板块现有资产、负债进行审计、评估的基础上进行重组，同时引入社会和民营资本参股，实现混合所有制经营，社会和民营资本持股比例将根据市场情况厘定。

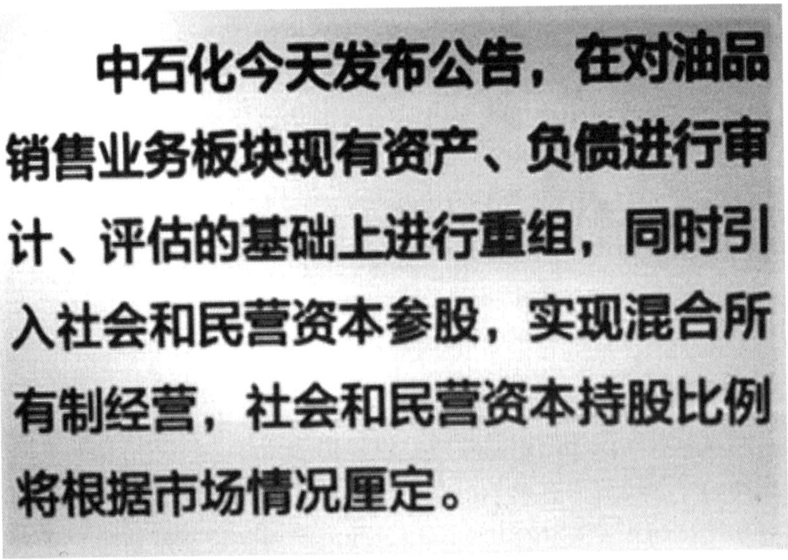

图6－1　《中石化销售引入社会和民营资本》字幕

③消息型。

如2014年2月19日中央电视台《新闻联播》中口播的一则消息《人民日报评论员文章：深刻理解全面深化改革总目标》：

本台消息：今天出版的《人民日报》发表评论员文章《深刻理解全面深化改革总目标——一论学习贯彻习近平在省部级专题研讨班重要讲话》。

文章说，制度与治理，是决定一个国家性质和竞争力的根本问题。“完善和发展中国特色社会主义制度、推进国家治理体系和治理能力现代化”，是全面深化改革的总目标。习近平总书记的重要讲话，从世界历史和近代以来我国社会变革过程两个维度，深入阐明了这一目标的理论基础和科学内涵。

文章强调，怎样治理社会主义社会这一全新社会，是一项前无古人的事业。这项工程极为宏大，零敲碎打调整不行，碎片化修补也不行；必须是全面的、系统的改革和改进，是各领域改革和改进的联动和集成。把握总目标，我们就一定能在国家治理现代化上形成总体效应、取得总体效果，沿着中国特色社会主义康庄大道阔步前进。

2. 影像新闻

影像新闻也叫“图像新闻”，早期还被称为“电视新闻片”。影像新闻是电视新闻早期的报道方式之一。1948 年 2 月 15 日，美国全国广播公司制作第一个电视新闻节目《骆驼新闻片影院》（后改为《骆驼新闻大篷车》）时，影像新闻就开始模仿新闻电影纪录片的形式来进行新闻报道。

好的影像新闻是画面、解说、同期声有机结合的统一体。它通常以形象的画面为主要表现手段。新闻解说词重在解说画面，不能只顾追求文字本身的完整或文采，必须侧重与画面的对应和配合。解说词切忌重复画面，因为画面本身会“说话”；解说词也不能作无意义的看图说话，或只作空洞的概念式解释。

写作者在进行电视新闻解说词写作时，首先，必须充分熟悉、了解已拍画面素材信息，并综合考虑现场采访了解的各种事实信息乃至事后搜集的相关信息等；其次，在对事件有了全面认识与理解后，整合、梳理各种素材资料，同时构思写作解说文字，搜集来自不同采访渠道的信息，对画面素材予以补充、扩大、延伸，把概括、提炼的采访信息写入新闻解说词文稿；最后，安排好解说词文字与相关画面的对应与连接，剪辑落实有效的画面。

影像新闻与其他形式的消息类新闻一样，注重用事实本身说话。因此，在写作解说词时要注意遵循人的视觉习惯，先叙述早发生的事，后叙述晚发生的事。无论是剪辑画面，还是写作解说文字，交代新闻事实发生的时间、地点时一般都要按事物发展变化的逻辑顺序，不能像报纸新闻、广播新闻那样灵活更换时间、地点，不能对不同时间、地点发生的事情进行随意穿插或跳跃式安排，以免观众产生误会或理解不了。解说词内容须与画面信息一一相扣，声画相互密切配合，相辅相成。即使变换时空顺序，也要以解说词或辅助字幕作充分说明与铺垫。

影像新闻的特点是简短、迅速、形象、客观、讲求时效。每条短新闻的长度长则一分钟，短则几十秒，只能对新闻事实作简要介绍。即使是长消息，一般也就三分钟左右，只能精简浓缩地对事实作思辨性的报道。从报道内容与点评分析等方面看，它都及不上深度报道类新闻。因此，记者在新闻采拍中及在后期制作中，要尽可能采用最有吸引力的、最富有信息量的画面，以最简洁、最适合、最匹配画面的文字来表达报道内容。

影像新闻注重影像画面信息的传播。若因客观条件限制，拍不到画面或画面资料有部分缺失，应采用其他方式，如绘制漫画、用电脑特技制作模拟画面或事后拍摄模拟画面来弥补缺憾。例如，中央电视台新闻《美国短跑女飞人琼斯承认服用兴奋剂》中，因为琼斯案属于不公开审理案件，所以媒体记者无法进入法庭内拍摄琼斯接受审讯的画面，解说相应内容时，屏幕上出现的是事前准备好的填补画面缺失的漫画（见图 6 – 2）。

图6－2　描摹琼斯法庭受审场面的漫画

又如中央电视台在直播报道“神舟九号”载人飞船成功发射并完成与“天宫一号”太空对接任务的新闻事件时，就在直播报道中使用了事前制作的电脑三维效果图（见图6－3、图6－4）。这些逼真的效果图弥补了直播报道画面相对单一或画面缺失的不足，因为直播报道只能拍到地面指挥部紧张运作的画面或宇航员在狭小的太空舱内操作的画面，无法拍到飞船外面的太空的情况；而使用事前制作的逼真三维效果图，能让观众直观地、快速地看到飞船在太空中飞行的情形，以及两个航天器对接的情景和状态。中央电视台还把它用在该直播的预告片头、宣传片花中，收到了很好的形象宣传效果。在此类受条件限制无法拍摄画面的情况中，只能采用三维动画模拟事物发展的过程和结果，或模拟过去发生的事情来代替缺失的画面。

图6－3　模拟三维效果图

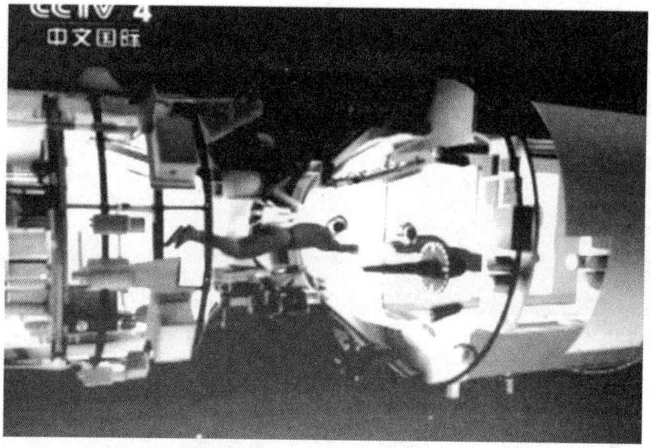

图6－4 模拟“神舟九号”与“天宫一号”对接的三维效果图

因为影像新闻能够较充分地发挥电视传播的种种优势，所以它不但是早期出现的电视新闻报道形式之一，而且直到现在仍然是电视新闻传播形态中数量最多、占比例最大、最为受众普遍接受、最重要的报道方式。

3. 图片新闻

图片新闻是在借鉴报纸、杂志的“专题照片”、“专题摄影”的基础上发展起来的。图片可以加深视觉印象，却不能产生运动图像带给人的那种生动、逼真及犹如置身其中的感受。然而，媒体工作者通过组合多幅图片，可以从多个方面、多个角度提供基本的事实信息。

如图6－5所示，这组照片从不同角度展现了海豚和海狮作为美国海军的“特种兵”，从早上刷牙，到白天参加巡逻与训练、和士兵玩乐嬉闹，再到披着晚霞归队的生活。

若新闻事件发生的时间较早，事件发生时又没有留下活动图像资料，而只留下了照片，在此种状况下，也多采用图片新闻的报道方式。但是，必须注意报道要有新闻由头，否则就没有新闻价值。

在图片新闻中，采用的图片通常都要经过选择。每幅图片各自有相对独立的内容，往往说明事物的一个侧面，或阐述某种思想，或展示某种特征；整组图片之间又有相互呼应关系，共同阐释某一主题。新闻制作者通过对它们进行合乎逻辑的组合，挖掘与展示图片之间的相互联系，将其组合成一条完整的新闻。

图 6－5－1

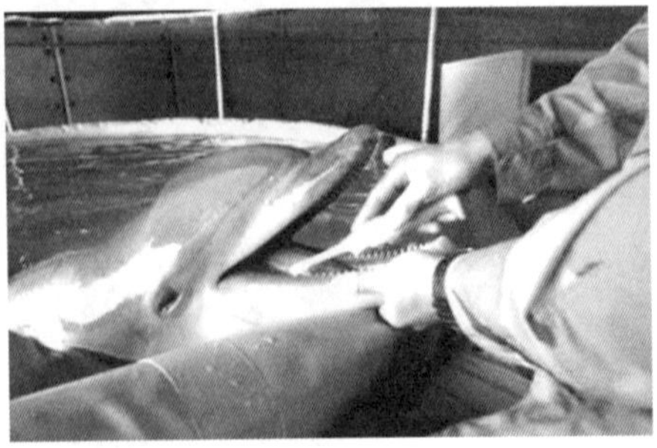

图 6－5－2

图 6－5－3

图 6－5－4

图 6－5－5

图 6－5－6

图 6－5　海豚和海狮的“特种兵”生活

图片新闻没有同期声、没有活动的画面、没有采访片段等，要达到报道效果，与图片相应的说明文字稿至关重要。图片新闻的相关文字稿不但要解释、说明、补充图片内容，而且要讲述新闻内容的转折点、过渡处，提供新闻的背景资料，交代主要的新闻事实或阐述主要观点，使所有图片有机联系，形成整体。事实上，配图文字稿发挥着引导观众确切了解新闻事实的主导作用。

例如，配合图 6－6 这组图片的文字说明是：“2014 年 2 月 11 日报道，墨西哥女人岛，34 岁的海洋生物学家 Simon Pierce 和他的伙伴们在潜水时，遇到一头巨型鲸鲨张开‘血盆大口’的惊险一幕。这头 25 吨重的野兽正在吸食水中的微生物，它张开的嘴巴就像是宇宙中的黑洞，差点将潜水者们都吸了进去，来自新西兰的潜水家 Simon 拿出相机，并记录下这惊险的一幕。”

图 6－6－1

图 6－6－2

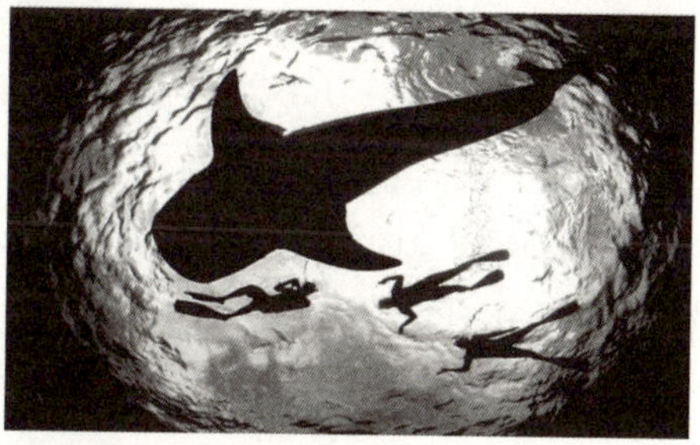

图 6－6－3

图 6－6－4

图 6－6－5

图 6－6　巨型鲸鲨张开“血盆大口”

为满足读图时代的人们追求视觉效果的需求，在播放图片新闻时，可以将图片利用电子特技手段进行处理，如放大、翻页、转动、滑动、飞入、化出、叠化、拉近、推远等，增加图片的动感和逼真感。

随着互联网的迅猛发展与智能手机视频应用的日益普及，更多的“公民记者”加入传播者队伍中。这在客观上拓宽了电视影像新闻的材料来源，因此图片新闻的使用有所减少。图片新闻有时也与口播新闻结合使用。

4. 字幕新闻

报道新闻事件时须交代新闻事实的背景、发展由来与过程，而有的新闻事件在发生时并没有留下与事件相关的任何影像资料或图片资料，事过境迁，媒体工作者只能用文字与播音语言为观众还原、呈现新闻事实由发生、发展到最后得出结果的信息。例如，中央电视台的字幕新闻《三鹿奶粉事件》中，从交代新闻由头，即整个事件的最新调查结果开始，再回顾说明此事件发展的各个不同阶段的表现，最后叙述国务院对没有及时化解公共卫生安全危机的石家庄市相关领导人作出的处分意见及对三鹿集团公司主要负责人的定性意见等信息。这则新闻要回顾发生于几年前的事件及交代其发展的过程，还要说明事件如今的处理结果与影响等，比较适合采用整屏字幕（见图6－7）加同步口播文字稿的方式加以报道。

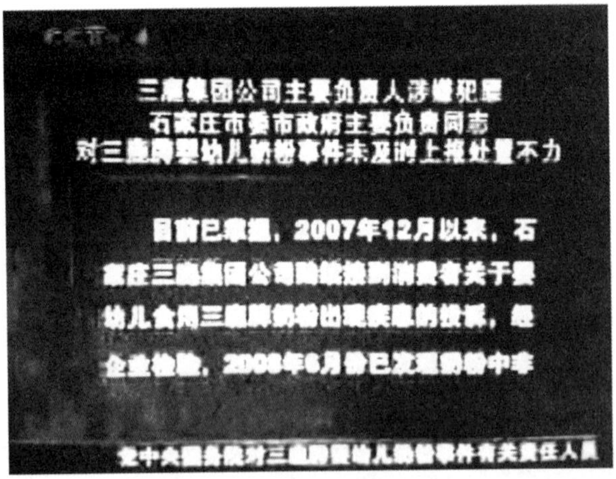

图6－7　《三鹿奶粉事件》

又如中央电视台报道的另一则新闻《监察部：通报10起破坏环境典型案例》（见图6－8），其中同样是用文字逐一叙述早已发生、成为反面典型被点名批评的事件。

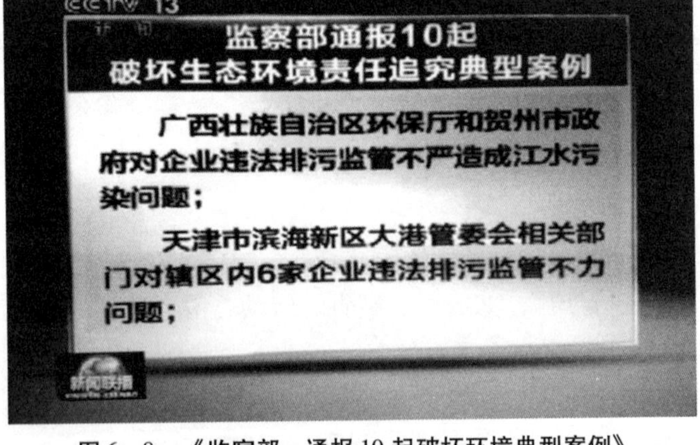

图6－8　《监察部：通报10起破坏环境典型案例》

一般而言，使用整屏字幕的新闻报道方式比较适合报道发生在过去、当时没有留下任何活动的影像资料或图片资料，同时事件发生的原因背景错综复杂，事件牵涉面广人多的事件。

在写作这类新闻信息的文字稿（即字幕内容）时，写作者首先要突出过往的事实信息的重点内容，剔除非主干的信息；其次要对相关事件进行清晰的梳理，须对关键性事实、关联性原因给予客观如实的交代说明。

还有一种特殊的字幕新闻，叫“滚动字幕新闻”。本书已在第二章第三节的第一部分中对其作了具体说明，这里不再重复。

5. 综合新闻

综合新闻将具有同类性质却各有特点的事实综合起来，从不同侧面、不同角度说明一个主题。这类新闻在内容上多是对一段时期内带有全局性的动向、情况、成就、经验或问题的概括性报道。

处理这类事实信息时，首先要理清叙述思路；其次要突出事实主线，对事实分层次叙述；最后要以高度简洁概括的语言，在有限的播出时间内，表述丰富的信息量和多层次的事实。

在写作此类新闻时，只能摘取某一方面的重要部分加以概括表述，避免面面俱到、主次不分。它要求写作者具有较强的分析事实、解剖事实的能力，以及较高的筛选、截取重要事实的能力。

此外，作为动态性新闻，综合新闻也要讲究新闻由头，讲求报道时机。

例如，中央电视台 2014 年 2 月 14 日报道①：

中国警方去年抓获 150 余名外逃经济犯罪嫌疑人

2013 年，全国公安机关紧紧围绕服务经济社会发展和“平安中国”、“法治中国”的建设大局，坚持民意主导警务，严厉打击各类严重危害国家经济安全和人民群众切身利益的经济犯罪活动，共破获各类经济犯罪案件 14.98 万起，挽回经济损失 492.6 亿元，切实净化了市场经济环境，维护了社会和谐稳定。

工作中，全国公安机关把“老百姓最痛恨什么犯罪就严厉打击什么犯罪、老百姓反映什么问题突出就集中整治什么问题”作为依法履职的基本要求和底线原则，针对高发的制假售假、传销、发票犯罪组织的犯罪活动开展专项打击整治行动。

---

① 资料来源：央视网。

“打假行动”共破案5.5万余起；“打传销行动”破案3 400余起，捣毁窝点8 000余个，追缴涉案资产5亿余元；“打击整治发票犯罪专项行动”破案1万余起，协助税务机关查补入库税款49.28亿元。

为提升整体打击效能，公安部指挥全国公安机关以严重危害国计民生的严重经济犯罪为重点，深度应用信息化建设成果，针对行业性、地域性突出的经济犯罪，在全面查清犯罪网络、准确锁定犯罪嫌疑人的基础上，以信息化手段实施扁平化指挥，开展精确打击，成功破获葛兰素史克中国公司涉嫌严重经济犯罪案、“7·18”特大骗税案、广西涉台传销案、“8·03”伪造货币胶片版源案，以及涉网假药犯罪和债券领域系列案件等一批大要案件。

对假币、银行卡、合同诈骗等常见多发性经济犯罪，全国公安机关始终保持严打高压态势，2013年共破案收缴假人民币4.15亿元，同比上升26%。同时，公安机关以防逃、控逃为抓手，不断加大境外缉捕工作力度，并相继开展马来西亚、印度尼西亚集中追逃行动，全年共抓获外逃经济犯罪嫌疑人150余名。

公安部有关负责人表示，当前经济犯罪活动总体仍活跃多发，经济犯罪形势严峻复杂，公安机关将不断提升专业打击和合成作战能力，对经济犯罪展开全领域、全覆盖、全链条打击，全面挤压犯罪活动空间，不断提高公安机关服务经济社会发展、服务人民群众的能力和水平。公安机关也欢迎广大群众积极举报经济犯罪线索，对举报属实的，将及时给予奖励。

2013年十大经济犯罪案件：

1. 公安部组织侦办葛兰素史克涉嫌经济犯罪案件

2013年，公安部根据工作发现的线索，组织侦办葛兰素史克（中国）投资有限公司涉嫌经济犯罪案件。目前，案件正在进一步侦办中。

2. 公安部组织重拳打击债券领域经济犯罪

2013年，公安部在工作中发现，部分商业银行或非银行金融机构（债券市场甲类户或乙类户）债券交易部门负责人或交易员，利用审批、交易债券的职务便利，将利益输送到丙类户公司后，再通过转账、提现等方式在各利益主体之间分配，最终造成相关商业银行或非金融机构的收益损失，严重危害资本市场运营秩序，损害广大投资者利益，公安部遂组织开展专案侦查工作。经缜密侦查，公安机关相继抓获中信证券股份有限公司固定收益部总经理杨某、辽宁农村信用联合社资金运营中心总经理李某某和副总经理曲某某、中银国际证券有限公司定期收益部原交易员沈某某、齐鲁银行金融市场部副总经理徐某某、万家基金管理有限公司固定收益部总经理助理邹某等多名犯罪嫌疑人，查明其非法获利1亿余元的犯罪事实。目前，人民银行、财政部、证监会、银监会相继出台一系列措施，堵塞管理漏洞、强化监督措施。

……

很显然，这条新闻以我国政府在2013年展开的重拳打击经济犯罪活动为新闻由头，并以此为报道契机，及时反映2014年头两个月公安部门乘胜追击、继续打击经济领域犯罪活动的“战果”。

6. 简明新闻（又称简讯、快讯）

简明新闻一般只告诉观众发生了什么事，不作具体介绍、说明，仅是简单地报道事实。

这类新闻的题材通常有三类。第一类是前一天发生的较重大的新闻，它的发生时间在晚间新闻报道后，在次日的其他新闻节目中，如在“早间新闻”或“午间新闻”中再播报时，这类新闻往往被处理为简明新闻播报。第二类是不太重要的信息。第三类是本身比较简单的事实信息。

这类新闻的长度一般只有15秒，文字稿只有几十字。它的制作要求包括：一是要用最简洁的语言将新闻事件概括性地加以表述；二是结构要紧凑，画面选择要有代表性，只对主要几个镜头加以编辑处理；三是常要以把一组简明新闻编排在一起的播报方式进行报道，以扩大节目的信息容量与提升影响力。

在写法上，其标题采取电视新闻的单标题形式，主体部分的写法，则类似于动态消息的导语的写法，一般要提炼其新闻要素。

例如，中央电视台在2014年2月14日《新闻联播》中播出的一组国内联播快讯如下：

下面来看一组联播快讯。

我国1月份CPI同比上涨2.5%

国家统计局今天公布2014年1月份CPI。数据显示，1月份全国居民消费价格总水平同比上涨2.5%，涨幅与2013年12月份持平。

齐齐哈尔：200亿打造绿色有机食品示范区

黑龙江省齐齐哈尔市政府与国奥集团投资人民币约200亿元，将在扎龙建立一个占地约800平方公里的有机绿色农业项目示范基地。齐齐哈尔市是全国重要的商品粮和畜牧业基地，近年来积极扶持绿色有机食品产业发展，已成为全国重要的绿色食品供应基地。

首个城市生态用地保护红线划定方案出台

天津市人大今天审议通过了《天津市生态用地保护红线划定方案》，第一次以法律文件的形式明确规定了红线区内除已审定的规划建设用地外，不得新增建设用地。今年我国将完成全国范围内的生态保护红线划定工作，重要的生态功能区、敏感区都将被列入“红线”范围。

福建：“东亚文化之都 · 2014 泉州活动年”开幕

“东亚文化之都 · 2014 泉州活动年”近日在泉州开幕，中日韩三国艺术家为观众表演了提线木偶、高甲戏、象帽舞等精彩节目。活动将持续到今年 10 月份，期间将举办百场大型文化活动。

浙江：老礼堂屋顶坍塌　致 10 人死亡

13 号傍晚，浙江金华雅庄村一位村民在村内老礼堂举办婚庆仪式时，屋顶突然坍塌。目前已造成 10 人死亡，88 人在院救治。发生坍塌的礼堂建于 20 世纪 70 年代，坍塌的原因为连日降大雪屋顶积雪过厚。

广东中山举行慈善万人行

广东中山今天举行慈善万人行巡游活动，近 2 万人参加，活动通过义捐、义卖、义演、义诊等方式共募集 8 800 多万元善款。中山慈善万人行每年元宵节举行，已经连续举办 26 年，旨在帮扶困难群众。

7. 现场口头报道

现场口头报道是记者在新闻事件现场手持话筒，将新闻事件的发生、发展向观众作口头叙述，同时通过现场拍摄画面展现现场动态和环境的报道方式。

这类报道方式的特点有：一是报道必须在现场口头完成，开场白介绍、中间采访、结尾处理都由记者出声，不用配音解说；二是现场感与可信度高，例子可见 CNN 对海湾战争、中央电视台对美伊战争、凤凰卫视对别斯兰事件的现场报道，还有诸多内地电视媒体的突发事件记者现场出镜报道等；三是广泛运用现场同期声，报道尽量做到与事件发展同步化；四是能让观众充分感受事件现场的气氛，对报道产生信任感与参与感。

这类报道方式表面上对新闻稿写作没有要求，却对现场记者提出了别的更高的要求：①现场记者必须在报道前构思好开场导语内容，对新闻事实有基本的了解与思考，快速组织好对新闻事实的概述，力争在摄像机开机前打好报道内容腹稿，对可预知的新闻，记者应事先搜集好相关资料，拟好采访提纲或报道文稿，对突发性事件则须凭借过往的报道经验，争取在现场有出色的即兴发挥，这要求记者平时要注意思考和总结实践，虚心向同行学习好的经验；②记者口头表达的准确性至关重要，现场口头报道内容不应过于简单、肤浅，好的现场口头报道有赖于记者细致的现场观察力与现场快速判断力，以及即席发挥的口语表现力；③要注意安排好报道的顺序结构，现场口头报道多是进行式的，一般不能倒叙。

（四）按发生地域分类

按照新闻事件发生的地域，新闻可以分为国际新闻和国内新闻。同样，国际新闻也可细分为亚洲新闻、欧美新闻等；国内新闻也可细分为本地新闻、外地新闻。这样的划分可以使新闻节目的内容更突出体现媒体的编排思想——节目内容播出序列是依据一定目的或诉求来安排的。

例如，同样是“快讯”，中央电视台在 2014 年 2 月 14 日的《新闻联播》中，在所有国内新闻播报完毕后，再安排播出一条国际新闻《俄罗斯和埃及将加强军事合作》，最后才播出一辑国际联播快讯：

接下来请看一组国际快讯。

朝韩商定如期举行离散家属团聚活动

朝韩两国今天在板门店韩方一侧的“和平之家”举行第二轮高层会谈，双方在会谈结束后宣布，将在本月 20 号到 25 号如期举行离散家属团聚活动。此外，双方还决定停止相互中伤行为，积极改善南北关系，并将在合适的时间举行高层会谈。

朝韩双方 12 号在板门店举行了 2007 年以来的首次高层会谈，最终没有达成协议。

比利时通过法案　允许儿童“安乐死”

比利时众议院 13 号通过法案，允许重症患儿享有“安乐死”权利。这一法案并没有设定特定的年龄，只是表示“有辨别能力”的重症患儿享受“安乐死”的权利。此前，参议院已经通过了这一法案，在法案提交国王签署后，比利时将成为全球首个对“安乐死”合法年龄不设限的国家。

意大利总理莱塔宣布辞职

意大利政府总理莱塔 13 号宣布辞职。

当天，莱塔所属民主党的领导人伦齐在本党大会上提出更换政府、迅速实施改革措施的要求。在随后举行的投票中，伦齐的提议获得多数通过，这意味着莱塔已经失去了自身所属执政党的支持。

莱塔政府自去年 4 月开始执政，力图重振意大利经济，但成效并不显著。

现年 39 岁的伦齐被视为政坛新星，如果没有特殊情况，伦齐将取代莱塔出任下届政府总理。

（五）按报道领域分类

（1）时政新闻：这类新闻是对政治、外交、军事领域的重大事件、动向的报道。

（2）经济新闻：这类新闻主要报道经济生产、流通领域、经济运行中的重要事件，以及经济政策动向等信息。

（3）文教新闻：文教新闻是一个较大的分类，对科学技术、文化、艺术、体育和教育领域等的动态事实的报道，都统称为文教新闻。

（4）社会新闻：社会新闻指反映日常社会生活、社会事件、社会问题或某些自然现象的报道，具有新奇性、趣味性、刺激性。

第二节　电视新闻消息的写作

电视新闻消息一般由标题、导语、主体、结尾几部分构成。

一、电视新闻消息标题的写作

标题在电视新闻中的作用与在报纸新闻中不同。报纸新闻的标题从内容上看当然有概括新闻事实的功效，但是，读者看报通常会循着“标题—导语—主体”的顺序依次阅读。人们通常说，报纸新闻的标题犹如新闻的眼睛，越能抓取读者眼球的标题越能体现它的价值。所以，引人注目是报纸新闻标题的主要功能。而电视新闻的画面语言与文字语言往往是同时展现的，观众往往首先被画面吸引，然后用耳朵接听解说，最后才会用目光寻找文字来补充信息。

电视新闻消息标题往往和新闻主体的背景混合在一起，标题在电视新闻消息中发挥的是一种辅助信息理解的功能。

（一）电视新闻消息标题的作用

1．概括新闻的主要内容

电视屏幕大小有限，囿于屏幕大小的限制，电视新闻消息的标题为单标题。电视新闻消息标题经过高度概括，往往用一句话概括表达新闻的主要事实，提炼事实本质，常起到让观众迅速而明确地知晓新闻的主要内容，加深观众对新闻事实的印象且使其容易记住内容的作用。例如，中央电视台《新闻联播》节目在不同时间播出了以下几则新闻标题：

《H7N9 病毒暂时不会人传人》（2014 年 1 月 24 日）

《铁路客流超一亿　春运返程现高峰》(2014 年 2 月 3 日)

《大熊猫宝宝拜年啦》(2014 年 2 月 4 日)(见图 6－9)

《节俭过年　花灯庙会更接地气》(2014 年 2 月 11 日)

上述新闻消息标题都有用语简短易懂、事实概括准确的特点。观众收看新闻时，只看标题就能大略知道新闻的主要事实。

图 6－9　《大熊猫宝宝拜年啦》

2. 引人入画

好的电视新闻消息标题，不仅能概括新闻主要事实，而且能起到吸引或激发观众接收新闻信息的兴趣、欲望的作用，把观众自然引入对新闻内容的观看。例如，《新闻联播》里曾播出下列新闻：

《香格里拉大火　古城 240 多栋房屋被毁》(2014 年 1 月 11 日)

《走基层·蹲点日记　折返保洁员：1 分半转完上百个座椅》(2014 年 1 月 18 日)

《立春“破五”巧相逢　特色民俗迎新春》(2014 年 2 月 4 日)

《风吹雪围困千人　军民全力营救》(2014 年 2 月 8 日)

上述新闻消息标题不仅能概括新闻的主要内容，而且采用的语言形象直观，具有较强的画面感，有利于调动观众的收看兴趣。

3. 衔接与区分内容

电视新闻消息标题既可以在一档新闻节目的各条新闻之间起衔接作用，也可以起到区分不同新闻的作用。有时候，一些电视新闻的新闻事实虽然完全不同，但表现事实的画面却可能是相似的。若它们刚好被编排在一起连续播出，相似的画面就可能造成观众理解上的困难与混乱。例如，《青年人出现追求生活用品高档化的倾向》和《年终将至　各地频现突击花钱的现象》两条新闻都有人群在商场购物的画面，而国内商场布局与人们购物的情景表现等又大多是相似的，如果这两条新闻恰好被安排在一起前后播出，观众仅看两条新闻的画面，将难以区分这是两条事实内容截然不同的新闻。

4. 美化屏幕

与电视新闻内容和谐一致的标题，不仅能加深人们对新闻的印象及对其内容的理解，还具有美化屏幕的作用。

电视新闻消息标题停留于屏幕的时间只有10秒左右，这10秒一般被播音员用来播报新闻导语。标题在停留于屏幕的短暂时间内可以丰富画面元素，打破只有播音员出镜的画面的单一视觉，给人以美感，可谓一举两得。

（二）电视新闻消息标题的写作要求

1. 对新闻事实概括准确到位，避免文不对题

准确表义是语言运用的首要要求，以真实为生命的新闻，其语言运用更要准确，应尽量避免歧义的产生。一个好的新闻标题常常会为一则新闻报道增辉添色，起到画龙点睛的作用。例如，中央电视台新闻频道《朝闻天下》栏目2014年3月1日播出了《走基层：一对双胞胎　两个武状元》，这则“走基层”新闻讲述了南京军区某团一对名为祖国强、祖国昌的双胞胎兄弟同时入伍，同时立功，同时当上班长并带出响当当的“尖刀班”，在连队体能技能训练与比赛中屡拔头筹。战友称其当兵是“武状元”，当班长是“武教头”。这则新闻的标题对事实内容的概括显然是准确到位的。

有的写作者在撰写新闻消息标题时，通常会出现事实概括不到位或概括不全面、主宾指代不明晰、感情色彩和褒贬立场不恰当、句子成分缺失等毛病，这些都有可能导致观众理解新闻事实时出现障碍和困难。例如，相比起2014年3月2日中央电视台《新闻30分》播出的《被动防御不长久　主动创新才可靠》，天津卫视《晨津播报》栏目关于同一事实的报道标题《微软XP退幕　安全谁接盘：被动防御不长久 主动创新才可靠》就概括得更到位、更具体些了。因为前者类似于新闻评论标题，只表明立场观点，让人搞不清事实主体；后者则简明概括地指出“微软XP”使用者们即将面临失去微软公司技术支持的事实。又如《天桥造价600万元　建成不到一年被拆?》（广东电视台公共频道《DV现场》2014年2月18日报道）这则

新闻报道，位于广州神州路与科学大道交界的一座耗资600万元建造、使用时间才一年的天桥已经被拆除，现场只留下天桥拆除后剩下的碎石块、桥墩被挖后的深坑以及路边竖立的指引路人过天桥的指示牌。报道深入挖掘其背景资料，挖到了天桥的建造招标书显示其造价的确是600万元的“料”，显然新闻所指的事实是明确而清晰的。然而，新闻标题却使用了“?”，对于天桥已被拆的事实就概括得不准确了，让观众误以为天桥未拆但将要被拆。

2. 画龙点睛，传递重要而关键的新闻信息

新闻消息标题的拟写应紧扣新闻事件的实际，把新闻事实中最重要、最有价值的部分加以浓缩提炼，不能脱离新闻事实，不能为了所谓“吸睛”、“亮眼”、争夺收视率而人为拔高或偏离新闻事实本身，例如：

例1　《大风沙尘袭西北　一夜回到“冻人”时》

例2　《各国美食齐亮相　食品展上打擂台》

例1是2014年4月25日中央电视台《新闻联播》里一条新闻的标题。2014年的4月20日已是“谷雨”，俗语云“清明断雪，谷雨断霜”，作为春季的最后一个节气，“谷雨”的到来意味着寒潮天气基本结束且气温回升加快。上述新闻标题，确实做到了画龙点睛地传递这则新闻的关键信息：西北地区受6年来最强寒潮和严重沙尘影响，打破了“谷雨”节气后的常态；大风、沙尘、降水、降温、降雪、霜冻等轮番出现，西北地区一夜回到“冻人”时。

例2是中央电视台新闻频道《午夜新闻》2014年5月16日播出的一条新闻标题。标题内容已向观众传递了报道对象的主要信息——正在上海举办的国际美食展览会上，各国美食齐亮相，参展商们争相打擂，吊足了中国消费者的胃口。

3. 表达简洁、明晰、准确，切忌表意含糊、拖沓冗长

清晰准确是任何新闻写作都必须遵循的准则，电视新闻消息尤其是短消息的写作更强调简明扼要。一则新闻传递给受众的不仅是事实本身的信息，还有事实发生的背景、现场气氛、当事人在事发时的言行对话与表情动作等。一则完整的新闻报道传递给受众的其实是一个立体、多面、多层的信息场。

报纸新闻的信息场主要由文字构成，以叙述事实为主，辅之以适当的描写或精要的评论；或者以图片和图表加上文字说明的方式，增加事实表达的形象感。而电视新闻的信息场是由多种元素构成的。观众同时接受由有声语言、活动画面、文字字幕、音响和音乐共同构筑的电视新闻信息。

对于观众而言，电视新闻信息场对信息的传递有一种叠加的效果。电视新闻制作者应根据不同类别的信息内容，有侧重地选择不同的传播元素传递给观众。如画面比较擅长传递外在的、形象的、可感性的信息，适宜直接反映新闻现场环境或呈现事物的外在形态、人物的表情神态等；音响、音乐擅长渲染精神气氛、调动观众的感受与情绪等；而画内画外的有声播音语言、采访同期声等，则擅长表现理性的、思辨的思想观点，概括事物内在的规律，说明事物的相关知识，挖掘、归纳事发原因，表现抽象的原理公式、数字或揭示人物的内心世界等。

也就是说，相对于报纸新闻语言，电视新闻语言要求更单纯、更简洁明确，只要把新闻的六要素、主要事实等概括清楚即可，因为电视的其他传播元素各负其责，各自传播其擅长的信息内容，无须电视新闻语言重复表现。

4. 巧妙借用，避免单调呆板

新闻标题，被人们形容为“新闻的眼睛”。新闻标题若生动形象，则如美目顾盼、醒目传神。在新闻标题的撰写中，可以巧妙借用诗词歌曲的名句，或广为流传的谚语和成语，甚至是网络热词等，来增加新闻标题语言的生动性和趣味性，避免单调呆板。

例如，《别了，彭定康》这则新闻特写的标题，让人想起毛泽东同志那篇著名的文章《别了，司徒雷登》。两个新闻事件虽然发生在不同的时间、地点，但两件事的性质、意义却非常相似：前者是送走英国驻香港的总督，后者是送走美国的大使。作者对待这两个事件所涉及的人和事的态度、立场乃至心情都是相同的。

又如，《半个月亮爬上来》借用了一句人们耳熟能详的歌词作标题，形象而巧妙地概括了新闻事实的内容——一次月偏食的情况。

二、电视新闻消息导语的写作

关于导语的定义，中外新闻教科书有不同的阐述。其一般指新闻消息的开头段落，比较常见的是消息的第一自然段或第二自然段，也有个别消息开头两段都是导语。在西方新闻消息中，还有极个别采用多段导语。

无论是平面媒介呈现的新闻消息导语，还是电视媒介播出的新闻消息导语，都是新闻事实的核心和精髓，都是新闻事实的高度概括和集中体现。

（一）电视新闻消息导语的功能

导语又称“撮要”，是消息这一新闻文体区别于其他文体的重要特征。电视新闻导语出现于电视新闻的开头，一般阐明最新鲜、最主要的事实，是一则消息的有机组成部分。电视新闻导语可以配合新闻播音员在演播室里播报的画面同步播出，也可以由出镜记者在新闻现场对着镜头口播。

总的来说，电视新闻导语往往发挥着如下功能：

（1）以最简要的手法勾勒出新闻事实的要点和精华，提示新闻要点或披露新闻的实质内容，使观众通过导语就可以对整个新闻事实有大致的了解。

（2）唤起观众的注意，激发观众收看新闻具体内容的兴趣。导语若制作得出彩而生动，能更好地提高收视，吸引观众继续追看新闻、了解新闻主体部分的信息内容。

（3）为整条新闻定下报道基调。导语写作犹如统帅，导语中作者对新闻事实的性质判断与叙述基调，决定着整条新闻的报道基调。导语制作水平将直接影响到整条新闻的风格和发展。

（二）电视新闻消息导语的写作要求

1. 选材精粹，突出最重要的新闻要素

电视新闻消息的导语，一般采用不完全要素法写作。该写法是在新闻六要素中选取最应突出强调的、最为观众关心的几个新闻要素放在导语中。一般而言，事件新闻较为突出何时、何事及何地的要素；人物新闻较为突出何人、何事、何时的要素；经验性消息更注重交代经验形成的原因与结果。其余的新闻要素，则可以放到新闻主体部分再作介绍。

2. 高度浓缩，避免和主体重复

观众收看电视新闻时，注意力集中的时间是有限的。而且，观众接收电视新闻信息是一种自由自在的、没有约束的行为。因此，新闻消息的导语，要高度浓缩、精准概括与提炼新闻报道中最有传播价值的信息点，尽量避免与新闻主体部分内容重复，避免观众接收信息时产生注意力疲劳。

3. 具体形象，要有吸引力

电视新闻消息导语要担负起吸引观众关注新闻内容、调动观众接收新闻信息的兴趣的任务，故在电视新闻消息导语写作中，应尽量避免语言的生硬和形式的僵化刻板。为此，可以选择把新闻事实中形象的情节或生动的细节写入导语中。

例如，广西卫视2013年2月11日播出新闻《美食七味闹新春：新年美味“鲜”开你的舌尖》，导语中写道：“鲜是只有我们中国人才懂的并孜孜以求的味觉体验，全世界也只有中文才能阐释‘鲜味’的全部含义，所以鲜味被人们称为味道中最玄妙的一种境界。”导语透过对“鲜味”活灵活现的描绘和介绍，使观众对新闻报道的内容产生无限的向往。

4. 照应主体，避免脱节

导语是新闻的开头段落，是一则新闻消息的有机组成部分。不管导语以什么样的形式出现，在内容与语言风格上，都要与新闻主体协调一致、相互呼应，避免与新闻主体产生脱节与矛盾。例如，《我国将出台网络安全审查制度》是中央电视台《新闻联播》2014 年 5 月 22 日播出的新闻消息。这则新闻主体部分的报道词是：

国家互联网信息办公室发言人姜军指出，网络和信息技术产品是否安全、是否可控，事关国家安全，事关中国经济社会健康发展，事关广大人民群众合法权益不受侵犯。近年来，我国政府部门、机构、企业、大学及电信主干网络遭受大规模的侵入、监听，深受其害。特别是去年 6 月初发生的“斯诺登事件”，为世界各国敲响了警钟，充分印证了“没有网络安全就没有国家安全”这一深刻的道理。目前，我国网民数量跃居世界第一，已成为网络大国，加强法律制度建设势在必行。网络安全审查制度的出台，将成为维护国家网络安全最有效的法理依据，对于网络强国建设具有重大推动作用。

据专家介绍，基于维护自身安全和社会稳定，针对信息技术产品及其供应商开展不同形式的网络安全审查，我国并非第一家，在美国早有先例。

据了解，我国即将推出的网络安全审查制度，规定对进入我国市场的重要信息技术产品及其提供者进行网络安全审查，审查的重点在于该产品的安全性和可控性，旨在防止产品提供者利用提供产品的方便，非法控制、干扰、中断用户系统，非法收集、存储、处理和利用用户有关信息，对不符合安全要求的产品和服务，将不得在中国境内使用。

这则新闻消息的导语是：

记者今天从国家互联网信息办公室获悉，为维护国家网络安全、保障中国用户合法利益，我国即将推出网络安全审查制度。该项制度规定，关系国家安全和公共利益的系统使用的重要信息技术产品和服务，应通过网络安全审查。

从内容上看，导语完全担负起了概括新闻内容和揭示其核心信息的作用，与主体部分是互相照应的。

（三）电视新闻消息导语的常见分类及写法

1．叙述式导语

叙述式导语是最常见的类型。它的写法是直接概述新闻事实，开门见山地把新闻中最突出、最有新闻价值、观众最想知道的事实，用尽可能简练平实的语言写在导语中。这种导语既有利于吸引观众的注意力，也方便观众把握信息的重点内容。

例如，中央电视台2014年5月18日新闻《一架搭载多名官员的老挝飞机坠毁》的导语是：

老挝国家电视台报道称，一架搭载包括老挝国防部长等多名政府官员的空军飞机17日早上在老挝东北部川圹省坠毁，目前已造成至少5人死亡，另有3人生还。

这则导语概括而清晰地交代了各个新闻要素：时间——5月17日；地点——老挝东北部川圹省；人物——包括老挝国防部长等多名政府官员；事件——飞机坠毁；结果——至少5人死亡，3人生还。

叙述式导语是目前广播新闻、电视新闻中运用得最普遍的导语。它的特点是简洁、清晰、直接、易懂。

叙述式导语写作需要注意的是，不要把叙述式导语写成呆板不变的模式或写成生硬、干涩的段落。叙述中的用词遣句、叙述手法既要规范、简练，也要注意吸纳生活实践中不断出现的鲜活元素，以求更“接地气”。

2．描写式导语

描写式导语，一般包含对与新闻内容相关事物的具体描写，或从现场情景、氛围写起，或用典型情节及细节做引子，或从自然风光、景物或人物现场表现等入手，再用新闻事实点出主题思想。

例如，中央电视台《新闻联播》2014年1月30日即除夕晚上播出新闻消息《欢乐辞旧岁　“马上”迎新年》，在这则新闻消息的导语里，简练而传神地描写了祖国各地到处洋溢着浓浓的喜庆气氛：

今天是农历蛇年的大年三十，但人们仿佛已经听到了催春的马蹄声。在这个辞旧迎新的日子里，各地张灯结彩，在欢乐祥和中迎接春天的到来。

3．评论式导语

评论式导语，通常把媒体或新闻报道者对新闻事实的态度、立场与评价，或阐述、揭示新闻事实本质与深层意义的观点、评论等，放进电视新闻开头的导语里。

例如，中央电视台《新闻联播》2014年5月1日播出的新闻《奖章里的故事：精湛的技艺　永远的追求》的导语是：

劳动创造美好生活，劳动者塑造时代风貌。无论社会如何发展，岁月如何变迁，劳动创造始终是社会进步的动力。在“五一”国际劳动节到来之际，新闻联播从今天开始推出特别报道《奖章里的故事》。让我们走近那些获得奖章的劳动者，重温他们带有时代特色的故事，体味不同年代劳动者的人生追求和价值取向。

这个导语既鲜明直接地揭示了新闻的主题，又以评论的方式颂扬了劳动的创造意义与巨大作用，高度赞扬了劳动者的崇高地位与奉献价值。无疑，这样的评论式导语也成了“五一”国际劳动节当天媒体献给劳动者的节日礼物。

4．设问式导语

这种导语的写法是：先根据新闻消息中最特别、最有价值或最应观众思考关注的“点”提出问题，或根据近期社会公众最为关心、争议最多的问题现象设立问题，然后再以事实概括加以回答，而问题的答案往往也是新闻消息的重点部分。例如，中央电视台《新闻联播》2014 年 1 月 31 日播出的新闻《新春走基层：家风是什么》的导语是：

您知道您家的家风是什么吗？您家的家风是写出来挂在了墙上，是在父亲母亲的话语里，还是打小儿就藏在了您心里？在这马年春节到来之际，我们央视记者到祖国各地、大江南北，甚至走到了海外华人的面前，问问您家的家风是什么，听听您家的家规有哪些。一个词，一句话，一个家里的故事，一段家庭的记忆，都是家风的载体。从今天开始，我们把这些来自中国老百姓的家风叙述讲给您听。咱们一起过年说家风，从中品味咱们中国的文化，中国人的价值观，中国人的精气神。

因为当天是马年的年初二，这则新闻又属于“新春走基层”专题里的报道，所以中央电视台特地做了这个特别的街头采访。虽然导语里只提到了“一个词，一句话，一个家里的故事，一段家庭的记忆，都是家风的载体”，而没有具体给出“家风”的定义，但导语明确指出了“家风”涵盖的范畴，形象生动地给观众指出了思考方向。在这则新闻消息里，每个受访者都给出了他们心目中对“家风”的理解，而在他们传递的家风里确实体现了“中国的文化，中国人的价值观，中国人的精气神”。另外，这段导语通过提问导引出新闻主体，有效地达到了吸引观众观看新闻内容的目的。

运用设问式导语要注意以下几点：一是提问要恰当，提问不恰当容易导致观众产生逆反心理，让人产生故弄玄虚的感觉；二是提问要抓住观众关注度较高、与社会公众日常生活密切相关的问题；三是要抓住受众应知、欲知而未知的问题来提问。

5. 对比式导语

这种导语运用对比、衬托的方法，把作者要说的事实与观点鲜明地表达出来。例如，中央电视台《新闻联播》2014年5月18日播出的《轮椅上的院士金展鹏》的导语是：

16年前，中南大学的一位教授，因为疾病，脖子以下高位截瘫，所有人都以为他的事业就此到了尽头。然而，16年里，他在轮椅上完成了多个国家科研项目，被评选为中国科学院院士，更培养了近30名博士、硕士，他就是被称为“中国霍金”的金展鹏。

这段导语把院士金展鹏16年前的病痛遭遇与他在16年里创造的骄人成绩进行了对比，点出了金展鹏之所以被称为“中国霍金”的新闻主题。

对比、衬托都是常用的能让新闻主题更加鲜明突出的方法。对比方法运用的范围很广，可以是今昔对比、是非对比、美丑对比、冷暖对比、轻重对比等。应当注意的是，运用对比、衬托手法须对新闻的具体事实了解清楚后恰当地运用，力图通过对比和衬托，更有效地为体现新闻的主题服务。

6. 引用式导语

引用式导语，就是在新闻消息导语中引用名人名言、名篇名句、公众的共同评价或新闻中主要人物的话等。这种导语写法有两种作用，或使事实焦点突出，或使新闻主题鲜明。

例如，中央电视台《焦点访谈》2014年3月15日的报道《客机失联　蓄意而为》的导语如下：

对于马航客机失联的原因和它的去向，一直有各种各样的说法。今天，马方正式确认了这架客机被人为关闭了联络系统并改变了航向。在今天下午2点20分的新闻发布会上，马来西亚总理纳吉布向媒体证实，失联飞机与地面联系的信号是被人为关掉的：“我们有很大的把握确信，雷达系统是被人关掉了，与空管的应答也被关掉了。”

2014年3月8日，马来西亚航空公司MH370客机在飞行一个多小时后与地面失去联系。这个导语抓住了马来西亚总理在马来西亚举行的最高级别新闻发布会上对事件中飞机失联后发生了什么的最新、最关键的解释，透过引用新闻中主要人物的原话，让公众知道马来西亚政府承认了客机失联是人为造成的，而这与此前马来西亚政府的否认态度是截然不同的，从而更突出了报道的主题。

引用式导语在写作中须注意：一是要交代清楚所引用的原话是谁说的，交代清楚说话者的身份、职务等，才能充分显示引语的分量和价值；二是引语不宜太长，精选最能表达新闻主要事实或最能揭示新闻本质特征和深层意义的一两句话即可。

需要注意的是，导语在新闻中的作用十分重要，但并不是所有新闻都一定要有导语。正如报纸、广播新闻中的简讯没有导语一样，电视新闻中的简讯、滚动字幕新闻等，都只有一两句话，同样也没有必要写导语。正因如此，不能只凭有没有导语来辨别是不是一条新闻。

三、电视新闻消息新闻背景的写作

新闻背景通常对新闻主体事实进行解释介绍，或说明新闻主体事实产生的历史条件和环境条件等附属性材料。它能对新闻事实主体起到说明、补充、衬托的作用，又被称为“新闻背后的新闻”。任何事物都有一个发展的过程，但新闻报道不可能完整地反映这一发展的全过程，只是截取事物发展全过程中最时新、最有价值的一段来报道。新闻背景材料具有纵向性（说明新闻事物发展的来龙去脉）和横向性（表明新闻事实与周围事物的内部联系和外部联系）的特点。

在电视新闻报道中，提供新闻背景有利于让观众了解新闻事实发生、发展的来龙去脉，进一步加深观众对新闻主体事实的认识和理解，深化新闻报道的主题。此外，还具有丰富信息内容、增加新闻的知识性和趣味性的作用。

新闻背景放在导语、主体、结尾都可以，但大多数在新闻主体部分中。从新闻结构上来讲，新闻背景不是新闻独立的一个组成部分，但它是新闻不可缺少的部分，对新闻主体事实起着陪衬、渲染和烘托的作用。

（一）新闻背景的分类

新闻背景的划分并不是固定的，根据背景运用的不同目的，可以有不同的分法。其按背景的时空可分为纵向背景和横向背景，按背景的内容可分为地理背景、历史背景、事物背景、社会背景等。一般而言，写作者着眼于背景材料的写作目的，按写作目的可将其分为对比性材料、说明性材料、注释性材料等。

1. 对比性材料

用背景材料进行今昔对比、是非对比、美丑对比、正误对比、先进与落后的对比等，可突出或衬托事物的意义、特点，或显示事物的变化程度，衬托或深化新闻的主题。

例如，在新闻《湖北巴东：信息平台让村民办事不出村》（中央电视台《新闻联播》2014 年 6 月 4 日播出）中，有如下内容：

巴东县木龙垭村的黄枝琴因为要盖新房子，不久前到村里递交了材料，办理土地使用证。这才没几天，就接到通知说审批已经办好了。

黄枝琴说，就在两年前，她给孩子办准生证的时候，前后跑了快一个月才办好。这回不用出村就办好了土地使用证，都是因为有巴东县去年开始构建的“农民办事不出村”信息化平台，公安、计生、民政等 22 个部门的 76 个行政审批服务事项，全被授权给村便民服务室来受理，所有审批均可在网上完成。

报道中这两段材料所叙述的事实，形成了今昔对比，形象地反映了农村行政审批服务水平的进步。同时，新闻背景也充分烘托、深化了这条新闻的主题——在乡村中建立信息平台，可以使农民足不出村就得到方便快捷的服务。

2．说明性材料

说明性的背景材料往往介绍与新闻事实相关的政治、经济、人文背景，地理环境或历史演变等，通常担负着说明新闻事实产生的原因、条件、环境以及说明新闻事实与周围事物的联系、影响和相互作用等任务。说明性材料能更好地帮助观众全面理解新闻事实，认识事实发生的条件或必然性。

例如，曾获第二十三届中国新闻奖二等奖的电视消息《东莞首创“四方联网”3 天业务 20 分钟搞掂》（东莞广播电视台《东莞新闻》2013 年 8 月 30 日首播）报道的新闻事实是：在全国率先做到外经贸、海关、检验检疫与企业“四方联网”的东莞加工贸易管理服务平台，在报道当天正式启动了。这个平台的启动，使得东莞从事加工贸易的公司企业最快可以 20 分钟“搞掂”进出口业务的办理。

这则新闻消息给观众说明、介绍了东莞企业以往需要经过多少流程才能办理进出口业务：

【正文】以前，加工贸易企业办理进出口业务须往返于外经贸、海关、检验检疫三个部门，该平台启用后，企业可全天候上网录入数据申报，外经贸、海关、检验检疫部门则实现了在线联网审批、备案以及共享数据。

【采访同期声】东莞海关副关长黄舸：企业数据录入从原来的三次变为一次，办事的时间从原来的至少三个工作日降低为现在最快的 20 分钟。

上例的背景材料透过报道词与采访同期声，对东莞加工贸易企业过去办理进出口业务的流程与效率作了概括性的介绍说明：过去，企业需跑对外经贸、海关、检验检疫三个部门，至少需三个工作日、三次录入数据才能办完手续；今天，企业只需上网审批备案，不需要跑三个部门，效率最快的只需 20 分钟而不是至少需三个工作日。这揭示了“四方联网”管理服务平台带来的变化是巨大的。

3. 注释性材料

注释性材料是指对新闻人物的出身、经历或性格特点，对工作的状况、条件与步骤，对产品的性能和使用方法，对科技知识、专业名词术语等作解释说明的材料，它能帮助受众更容易、更方便地理解新知识、新实践、新技术或偏冷门的专业术语，从而全面正确地认识新闻事实及其意义。例如，获得第二十三届中国新闻奖二等奖的电视新闻消息《中原实验：“三化”一盘棋解河南之“难”》（河南电视台新闻频道《河南新闻》2013 年 8 月 16 日首播），这则新闻消息在导语就抛出了引人关注的悬念：“人往哪里去？地从哪里来？粮食怎么保？发展怎么办？一直是困扰河南上下的四大难题。”然后，报道引述舞钢市委书记高永华的采访同期声：“你看农业产业化调整没有空间，工业结构调整项目又落不了地，城乡居民增收又没有途径，所有这些症结都指向了土地。”直接指出四大难题交汇的落点。因此，通过如下背景材料帮助解答这则消息开始提出的难题就显得非常关键了：

一方面，河南全省每年用地需求约 80 万亩，国家指标不到 30 万亩；另一方面，河南 4.7 万个村庄面积总和比城乡居住和工矿用地总面积的 3/4 还要多，如果通过新型农村社区建设进行迁并整合，就能腾出 400 多万亩土地，这相当于为河南未来十几年的发展腾出了空间。在此基础上，按照 1∶1.05 的比例在城乡建设用地和耕地之间进行占补平衡，耕地总量不降反升。

上述背景材料扼要而清晰地给观众解释了河南省是如何解决工业用地、农村新型社区建设用地和农业生产耕地的“地从哪里来”的问题的——关键是“通过新型农村社区建设进行迁并整合”，这既使农民住上了新型农村社区楼房，又为工矿生产和农耕用地腾出了 400 多万亩土地。如果没有上述背景材料的解释，受众就很难弄明白报道的主题——河南省的中原经济区实验以百姓满意为前提，精心设计新型农村社区建设制度，走出不以牺牲生态和环境为代价的工业化、城镇化和农业现代化协调发展的路子。

（二）新闻背景的作用

1. 揭示事实的新闻价值

中央电视台曾播出一则关于河南省禹州市中华药城开工的新闻，如果没有如下的背景材料，人们不可能认识这条新闻的价值：

禹州自明代起便是全国十大中药材集散地之一。改革开放后，禹州中药材市场重新复兴，并新建了药行三条街，入住商户千余家。但随着市场的发展和中药行业的兴盛，现在的药行街已远不能满足客户和市场发展的需要。

这段背景材料道出了禹州中药材市场的历史渊源，把兴建中华药城的意义立即凸显了出来，以唤起社会公众的关注。

2. 突出新闻的“新”

新闻主要是报道新事实、新变化的。新闻报道中如果善于运用背景材料进行今昔对比，就能使过去的历史背景与当今的新闻事实之间形成强烈的对比。背景材料交代过往历史的由来、沿革与发展，能突出与烘托当今的新闻事实及发展成绩，更能突出新闻事实的“新”，增强宣传效果，让观众体会到社会历史的进步。例如，下面这条新闻对背景的处理方式是对背景材料进行梳理整合，将其制成字幕加以叙述，直接当作一条字幕新闻来呈现。

新闻背景：国务院30年来经历的五次改革

改革开放30年来，我国先后经历了五次较大的行政管理体制改革。尽管每次背景不同，任务不同，效果也有不同，但都适应了生产力发展的阶段性需要。

1982年第一次政府机构改革前，国务院的组成部门多达100个，光冶金工业部的正副部长就一共有24位。这次改革不仅精兵简政，而且打破了领导职务终身制，大批年轻知识分子走上领导岗位。

1988年推动第二次行政管理体制改革，中国改革的重心已由农村转向城市。

1993年的第三次行政管理体制改革，建立社会主义市场经济体制。

第四次改革始于1998年。这次改革精简力度很大，行政管理也从具体的工业经济管理中淡出。

2003年的政府机构改革，是在加入世贸组织的大背景下进行的。

很显然，这则新闻消息用国务院过往五次机构改革的背景来突出说明报道事实的“新”——新一轮的机构改革即将开展。

3. 烘托、深化新闻主题

在新闻报道中，新闻事实是本体，新闻背景是衬托。新闻本体有了背景的衬托，新闻主题更得以深化。例如，中央电视台《新闻联播》2014 年 5 月 13 日的报道《河北灵寿：平房办公 60 年　省钱为民生》的导语概括了新闻主要事实：“河北省灵寿县县委大院是 20 世纪 50 年代修建的办公场所，灵寿历届县委各部门 60 多年来一直坚持在这里办公没有搬迁，被誉为‘最美县委大院’。”在这则报道中，加入了三个背景材料：

1982 年，县里拿出 37 万建设新办公楼，结果建设资金被优先拨付给县里的教师宿舍建设。1985 年，县里再次筹集了 60 万资金建设新办公楼，眼看就要开工了，却突然又搁浅了。1993 年，上级政府给县里拨了 150 万资金用于建设新办公楼，和前几次一样，讨论来讨论去，县委最后决定用这笔资金建一个农业技术培训中心，用来培训全县农业技术人员。

“用事实说话”是新闻写作的基本原则。这个原则既要求新闻事实要“用事实说话”，也要求新闻背景要“用事实说话”。上例中的三个背景材料叙述的都是已发生的历史事实，如实回顾了灵寿县县委曾得到多次机会建设新办公楼，但该县县委班子几次都把上级政府拨付的建设办公楼的资金转投到民生项目建设中。作为背景的历史事实本身就具备了充分有力的说服力，烘托、深化了新闻事实的主题——灵寿县县委班子切切实实是“省钱为民生”。

4. 说明新闻事实产生的原因和条件

世间万事万物的产生、发展都有其原因、环境与条件。在新闻报道中，加入对报道事实的产生原因、成长环境或发展条件等背景材料的交代，有助于观众更全面、更客观地理解新闻事实。例如，中央电视台《新闻联播》2014 年 5 月 18 日的报道《大学生择业视线转向中小城市》中提到如下背景材料：

根据“前程无忧”招聘网站发布的最新数据显示，2014 年我国一线城市企业招聘同比需求为 14%，二线城市为 22%，三、四线城市为 20%，二、三、四线城市在用人需求量上均超过一线城市。为了招徕人才，许多企业不但给毕业生开出优厚的薪资待遇，还为他们量身规划个性化的成长方向。

这段背景材料以实实在在的数据，说明了大学毕业生的择业视线转向中小城市的关键原因：一是中小城市对人才的需求比例远大于一线城市，大学毕业生到这类城市求职的成功率相对会高；二是中小城市企业更愿意向大学毕业生抛出高薪资的橄榄枝。

5. 表达对新闻事实的看法和意见

在新闻报道中，还可利用背景材料来暗示或委婉表达出报道者对于新闻事实不便直接表达的观点或评论。例如，下面这则新闻《第43届世界广告大会开幕》（中央电视台《新闻联播》2014年5月9日新闻报道）的背景材料是：

广告业是现代服务业中最具生机和活力的产业之一。改革开放30多年来，中国广告业进入快速发展时期，经营水平大幅提高，市场规模迅速扩大，在推动经济社会发展中发挥了重要作用。

报道者借背景的陈述，既表达了对我国广告业发展的评价，同时也对广告业发展对社会经济带来的推动作用予以充分肯定。

6. 增强新闻的知识性和趣味性

背景材料可为新闻报道注入含知识性、解释性或趣味性的内容，拓宽报道视野，增加新闻“厚度”，使新闻更具有可看性，例如（引自中央电视台《新闻联播》2014年6月2日新闻《多样民俗感受端午传统魅力》）：

端午节也有祈福的民俗。在河北秦皇岛，已有2 200多年历史的“逛码头”望海祈福活动吸引了不少游人驻足许愿。海峡两岸数万同胞聚集在福建泉州，尽情享受海上泼水节的乐趣。这项活动起源于台湾鹿港和福建泉州的海上贸易，两岸同胞每逢端午节，都会举行对渡仪式，以泼水互相祝福。

在这段背景材料中，介绍了某些地方过端午节的传统习俗知识，既拓宽了报道视野，也增进了观众们对传统习俗文化的了解，增加了报道的知识性含量。

（三）新闻背景的写作要求

新闻背景与新闻事实的关系，犹如红花与绿叶的关系。一般而言，电视新闻报道中或多或少都含有不同类型的背景介绍，但是否交代背景，关键是由电视新闻报道的事实需要来定。简明新闻、滚动字幕新闻、简讯等由于篇幅短小，也由于播出时间长度等因素的限制，难以交代所报道的事实的原因、条件与环境等背景，而透过画面信息的补充与配合，就能完成传递完整信息的任务。

新闻背景的具体写作要求是：

1. 背景材料应真实、简明、典型

电视新闻背景包含在新闻报道内容里面，当然也要求背景材料真实准确，不能以讹传讹、误导受众。

电视新闻报道着重的是对当前事实的报道。报道中对于背景材料的引用，要求短小精悍、简明扼要。背景材料的内容篇幅不宜太长，以免喧宾夺主。此外，对于新闻背景材料的选择，还须注重其是否具有典型意义，是否能增强新闻报道的说服力与可信度。

2. 灵活应用背景材料

电视新闻消息中的新闻背景材料应用要求灵活，并要服从报道主题表达的需要。“灵活”一是指背景材料的类型多样，应根据新闻报道需要，加以恰当的取舍；二是指背景材料摆放的位置是不固定的，根据更有利于事实报道的需要，放在导语、主体、结尾部分都可以，但以放在主体部分居多。

3. 背景材料的运用侧重服务于新闻报道

新闻背景材料种类丰富，且各有不同的作用和功能。在把新闻背景写入报道词时，应着重考虑新闻事实本身的特点和新闻主题的表达需要，选择最恰当的背景材料，以求能更清晰地展现新闻事实的前因后果、发展脉络及与相关事物的关联，或解说专项知识原理及术语等，帮助受众更容易、更准确地理解新闻事实。

4. 背景材料融入趣味性，吸引观众注意

正如前面所述，新闻背景在电视新闻中，能起到“增强新闻的知识性与趣味性”的作用。在选择新闻背景材料时应注重材料的趣味性，以吸引观众的注意。如获得第二十二届中国新闻奖一等奖的电视新闻专题片《右玉精神》（山西广播电视台 2011 年 6 月 29 日首播）里面的报道词写道：

一年一场风，从春刮到冬；
白天点油灯，夜晚土堵门；
山岭和尚头，十年九不收；
男人走口外，女人挖苦菜。

这首流传于当地的民谣，真实地再现了解放初右玉县境内树木少、风沙大、灾害多的自然条件和老百姓艰难的生存状态。一位当年到这里考察过的德国专家就曾断言，右玉不适合人类居住，建议举县搬迁。

六十多年过去了，如今再走进右玉，放眼望去漫山遍野到处都是苍翠的绿色，还有蓝天、白云、青山、绿水、古堡、牛羊。这里被旅游专家誉为“夏天的绿翡翠，冬天的白玉石”，人们在这里生活得安居乐业、幸福安康。恐怕就连当年的那位德国专家看到眼前的景象，也会连声惊呼“上帝”的。

上述两段背景材料，前一段用浅白而广为流传的民谣，传达出人们过去对右玉不宜人居的传统认识；后一段材料则以“夏天的绿翡翠，冬天的白玉石”的赞誉，形象生动又有文采地呈现了今天右玉人的安居乐业，并用充满趣味性的想象来描写德国专家。

四、电视新闻消息主体的写作

电视新闻消息主体的写作，关键是遵循电视传播规律写好报道词。

（一）电视新闻消息主体的写作要求

电视新闻消息从制作到播出，要经过多道新闻生产程序，整个生产制作过程犹如一个系统工程。

电视新闻消息的制作过程，一般分为前期和后期两大阶段。新闻制作的流程一般是：选题（前期）→采访构思（前期）→实地采访与拍摄（前期）→画面编辑（后期）→写报道文字稿（后期）→合成（后期）→播出（后期）。

在电视新闻写作实践中，有人习惯边剪辑画面边配合写作文稿，但常见的做法是先剪辑好画面，再配写报道词文稿。

一般而言，电视新闻消息报道词是在制作后期写作。但是在新闻前期制作阶段，无论是在选题环节、采访准备环节还是在采访构思环节，都少不了相应的文字写作。因此，电视新闻消息报道词写作的基本要求，是针对整个电视新闻消息制作过程而言的，其贯穿整个新闻生产过程中。

电视新闻消息报道词的特定写作要求，有以下三个方面：

1. 声、画、文对应融合的要求

电视媒介有三大传播元素：画面、文字和声音，它们在电视媒介传播中是相互依存、紧密配合的，三大传播元素缺一不可，无论缺少哪一种元素都不可能完整传达与体现电视传播的魅力。电视文稿写作不能脱离电视媒介其他传播元素而独立存在。事实上，从受众观看电视的需求与状态来看，无论写作的是哪一种文本，只有当它们完全融入与表现于电视作品中时，才能被电视观众欣赏，才是有价值的。电视新闻消息报道词并不是一种独立的文体。其必须在与采访内容、实地拍摄的画面素材、经过考虑与筛选的画面素材、同期声等充分配合的前提下进行写作。写作者应力图使报道词（通常转化为画外音）和画面信息相互协调、紧密配合、相辅相成地实现电视新闻的立体化传播。

2. 内容上的要求

与其他媒介新闻报道一样，电视新闻报道也要恪守“用事实说话”的原则，电视新闻消息报道词同样需要清晰交代“五个 W”。在清楚交代“五个 W”的同时，还须注意展示以下方面：

（1）事实的真实性。

在网络传播应用已相当普及的今天，有关调查显示，我国大部分公众认为传统大众媒体传播信息的可信度依然高于网络传播的信息。能否让公众对电视等传统媒介继续保持信任，电视媒体能否在新闻传播中继续拥有较强的公信力，关键在于电视媒体在新闻生产与传播的各项工作环节中是否严格把关，充分尊重与追求新闻事实的真实性。要坚持事实第一性、报道第二性，确保把追求真实性放在新闻生产的首位。

如何做到尊重新闻事实的真实性？一是坚持“用事实说话”的基本原则。新闻要如实记录、传递事实信息，坚守客观中立的立场，还原事实真相。在电视新闻消息报道词的写作中，事实表达要准确无误，背景材料要查证核实，采访事实要追索真相，事实结果要有交代。此外，要注意采用多种“声音”，力求保证报道的平衡客观。二是注重“用事实说话”的手法和技巧：①选择典型事实说话；②通过声画再现场景说话；③利用背景材料说话；④利用采访同期声对事实进行叙述说明。三是注重电视新闻后期制作的真实性，这表现在对画面与声音的选择、剪接和说明上。由于电视媒介具有声画合一的信息传播特性，无论是前期外采拍摄画面，还是后期剪辑素材画面、现场同期声，写作概括叙述事实与描写事实细节的报道词，或是编辑出现于新闻中的各种字幕时，都必须恪守尊重事实、客观报道的原则。

（2）时间的新近性。

过去人们描述新闻的时效性时多数采用“今天的新闻是金子，昨天的新闻是垃圾”的说法。在互联网应用普及，微博、微信、APP 客户端等新媒介迅速崛起的今天，传统媒介与新媒介的受众争夺和影响力角逐，传统新闻记者与“公民记者”的报道效率之争，很多时候都取决于谁能抢先报道最新信息。

在与新媒介的竞争较量中，电视媒介仍是四大传统媒介中最有竞争力的。要保持这种竞争力，首先，在追求新闻报道时效性方面，电视媒体尤其是地方电视媒体如果具备相应经济、人才、设备条件，应尽快建立 24 小时滚动播出的新闻频道，把最新的、新闻价值较高的信息以最快速度播出，冲破电视新闻只能按预设节目播出时段播出的束缚，真正做到不逊于网络传播时效。其次，要加大电视新闻直播常态化的建设力度，努力实现对正在发生的突发性事件等予以同时同步的报道。最后，要加速媒介融合步伐，嫁接与整合新媒介的传播技术，借鉴新媒介的传播创意，主动出击“融合”新媒介，使其为电视传播所用，提高电视新闻报道的时效。

（3）内容的价值性。

新闻价值是新闻工作者面对客观事实时迅速判断、衡量和选择它能否成为可以报道的新闻的客观标准。事实能够成为新闻，首先要被新闻记者认可其新闻价值，这主要取决于两点：一是它在多大程度上及以什么方式与公众利益相关联，二是它能否满足人们的心理感官需求。所谓公众利益既包括经济和政治利益，也包括安全、公正、道德、荣誉、审美等社会价值利益。心理感官需求则是人们对事物的好奇、兴趣等的心理满足，当然不是猎奇的，不是低俗、庸俗、粗俗的，不是满足少数人需要的感官刺激。

新闻价值要素包括真实性、时新性等不变要素，也包括重要性、显著性、接近性、趣味性等可变要素。新闻事实所包含的价值要素越丰富，层级越高，新闻价值就越大。新闻事实通过媒体报道传播，在社会上引起反响后，新闻价值才得到完整实现。

（4）报道的趣味性。

电视新闻趣味性是指新闻报道信息靠内含的健康、高雅、丰富、有益的情趣兴味来吸引观众。它通常包括两方面：饶有趣味的新闻事实和引人入胜的报道表达方式。电视新闻要具备广泛的趣味性，就要在以上两个方面下功夫，争取得到更多受众的喜爱。要改变唯“高大上”是瞻的电视报道理念，就得将电视新闻采摄镜头更多地对准普通百姓与民生生活，让新闻报道内容更接地气、更平易近人。例如，近年来，中央电视台多个频道持续进行了几年“走基层”报道活动，所推出的“走基层”系列报道虽然新闻主题各不相同，但都体现着“三贴近”（贴近生活、贴近群众、贴近实际）的报道思想，着重发掘普通人生活中丰富而有温度的事实题材。“走基层”系列报道里也不乏趣味性，它体现在或表现民生生活中的情感趣事与开心体验等，或聚焦于普通人对工作、对生活现状改变的满足与快乐和对未来的向往与憧憬等。又如中央电视台在2012年春节前特地制作了一辑专门介绍我国民间流传的过年传统习俗的特别节目。该报道侧重表现天南地北的人们过年的不同习俗，以及过年的传统中所蕴含的文化、趣味与风俗知识。再如，大陆赠送给台湾的熊猫所生的小熊猫圆仔，出生后就一直为大陆、台湾民众所关注和喜爱，凤凰卫视曾报道《台北动物园：在万圣节将熊猫圆仔扮成蝙蝠侠》，画面中的小熊猫圆仔活泼可爱

（见图 6 - 10），令人忍俊不禁，整个报道纯粹是客观呈现自然状态下的圆仔可爱的一举一动，报道趣味性不言而喻。

图 6 - 10　《台北动物园：在万圣节将熊猫圆仔扮成蝙蝠侠》

趣味性还可以从电视新闻报道的叙事角度上体现。如在报道中采用故事化叙事方式，或采用宏大叙事与私人叙事相结合的办法，将以往只有高视角、仰视角的报道角度，改变为低视角、平视角等多种视角层次兼具等。

（5）形象的直观性。

电视传播是诉诸视觉和听觉的双通道信息传播。在新闻传播形态中，唯有电视媒介拥有声画兼具的独家优势。故在电视新闻传播中，应充分利用电视媒介的声画传播优势，尽量多采用形象鲜活的事实画面，配以流畅丰富的、紧扣画面信息作补充说明的报道解说词，加上富有现场感的现场同期声和音响资料，尽可能使更多观众（包括不具备文字解读能力的观众）通过电视直观形象的声音和画面，无障碍地接收电视新闻信息。电视新闻的形象直观性，能吸引更多公众充分领略电视新闻的魅力，转变成为电视新闻传播的受众。

3. 表达上的要求——“4 个 C”标准

（1）清楚（Clear）。

电视新闻写作内容不是独立存在的文字，须与新闻画面、现场采访录音等信息配合。也正因为有其他信息的补充配合，电视新闻报道词写作不会呈现出严密无缝式的结构，而是讲求条理简单，报道词所述的（即声音）与画面所呈现的内容，在时间、空间上有一致的顺序。要求做到报道词叙写明白，条理清晰；报道词每一段

(句)包含一个内容；报道词上下段落之间、报道词与画面内容之间尽量没有交叉、重复。使报道词条理清楚的最简便方法是把最重要、最新鲜、最精彩的新闻要素放在导语，其余事实材料按重要性依次排列，呈现为基于事实重要性的倒金字塔结构，力图使新闻报道内容主次分明。

(2) 简洁 (Concise)。

电视新闻传播呈现线性传播特点，一期新闻节目内无论有多少条新闻，都是一条一遍过，不会重复播放。电视观众在接收电视新闻信息时，既要看新闻画面，又要收听伴随画面作叙说的报道词。因此，电视新闻消息报道词篇幅不能冗长，须精心选择提炼，力图简洁扼要。报道词写作要做到简洁，应注意以下几点：

其一，用概括、精练的语言叙述说明事实，表明主题；把复杂的事情说得简单，不要把简单的事情说得复杂；说理性、议论性内容尽量少，点到即止。

其二，多用短句，尽量不用长句。电视媒介线性传播的特性使新闻内容不会重复，故长句是不适合在电视新闻报道词中使用的，否则观众容易听了下半句而忘了上半句的内容，而且长句也使得播音员难念、观众难懂。

其三，应用词准确，叙述与语句的排列都只宜采用顺向语序。因为报道时若采用倒叙或倒置语序，会令观众接收信息时陷入迷茫、混乱，甚至导致观众对新闻事实产生不合逻辑的判断。

其四，报道词须紧密配合画面信息，画面有的信息文字报道词不再重复，画面不擅长表现的，应充分调动文字简述事实。

其五，报道词写作不受传统文章须过渡照应、关联连接等结构章法所束缚，内容因应新闻画面的需要配合而写。报道词或连接画面，或对画面不能展示的事物内在联系、抽象原理作解释说明，或对画面无法拍到的信息、新闻背景等作补充叙述，其结构呈片段式或跳跃式等。

(3) 准确 (Correct)。

电视新闻消息报道词的新闻事实要准确。这一点已经在前文的“事实的真实性”部分阐述了，这里不再重复。

另外，报道词的语言表达要准确：

① 电视新闻消息报道词须采用规范现代汉语书面语进行写作，做到音准字正。这既是新闻报道表达须准确的要求，也是电视作为传统大众媒介，要在日常传播中为观众树立正确规范地使用现代汉语的榜样的需要。

② 电视新闻消息报道词的语言运用要把握好分寸。现实中有些电视媒体的新闻报道用语不注意语言的地域差异、情感差异和习惯差异等，给观众带来了不必要的困扰。

我国内地和港澳台地区媒体的报道由于受地域文化和方言使用习惯等因素的影

响，表述同一事物时所运用的词语是不相同的。例如，以下这组词语中，前者为内地媒体较常采用的，后者为港澳台地区媒体较常采用的：

信息—资讯　网民—线民　水平—水准
社区—小区　网吧—网咖　指标—指针
补充—补偿　公共领域—公共空间　本土化经验—在地经验

电视媒体在转播港澳台地区的新闻报道时，对词语运用须有大局意识，把握好当中的地域差异或情感差异，准确运用词语，履行教育人、引导人的职责。

③在写作中若遇到同音异义的词，宜选择不易引起歧义的词或多音节词组来代替，例如：

施行—试行　检查—检察　收受—收售　驶进—驶近
其中—期中　论证—论政　全部—全不　切记—切忌
食油—石油　致癌—治癌　向前看—向钱看

上面这组同音异义的词或词组若在电视新闻消息中出现就容易导致观众理解上产生分歧，形成信息接收障碍，应尽可能换用多音节词组，避免歧义发生。在电视新闻消息报道词的写作中，对不易听清楚的或容易引起分歧的字词，可适当换成便于理解的词，如把“全部”改为“全都”，“全不”改为“全都没有”，“走近”改为“走到附近”，“致癌”改为“诱发癌症”等。

最后，电视新闻消息报道词与画面要准确配合。声画合一传播是最能体现电视新闻传播优势的，声画对位也能表现新闻事实的背景因素。在电视新闻报道中，不提倡、不主张新闻画面与报道词之间形成声画对立的关系，否则容易造成观众对报道内容理解上的困扰，误导观众以为所看到的画面与声音不一致的是假新闻，从而对电视媒体产生不信任。

（4）口语（Conversational）。

报纸新闻写作使用规范的书面语，一旦新闻内容出现生僻的字词或专业术语时，可以采用注音、释义或链接解释的方法来扫除语言障碍，帮助读者理解新闻内容。

然而，电视新闻消息报道词不是给观众看的，而多是由播音员播出来给观众听的，或是由出镜记者直接出镜口述的。电视新闻消息报道词通常以画外音的形式，直接作用于观众们的听觉。声音稍纵即逝，故而，电视新闻消息报道词用语必须口语化，这是重要的写作要求。所谓口语化，就是要求电视新闻语言尽量通俗易懂，多运用生活中朴实无华、简单易明的“大白话”进行写作。

报道词口语化要做到：①语句简洁、流畅、清晰，尽量不用复合句；②尽量少用或不用长句和倒装句；③尽量选用双音词或经过滤和加工的口头词汇，避免采用同音词，不滥用简称和代词等；④尽可能选用简明易懂的词语，为观众扫除接收信息的语言障碍，使观众不会因为思考琢磨前半句内容而错过接收后半句的信息，完整接受和准确理解新闻，达到良好的收视效果。

电视新闻语言往往带有浓厚的生活化色彩。要塑造生活化色彩，就要在观众理解程度内使用与大众生活常态尽可能接近的语言或材料，多采用大众生活用语，简单易懂，以适应观众的听觉习惯。例如，中央电视台《新闻联播》2014 年 2 月 6 日的报道《新春走基层：在岗位上》是这样开头的：

半小时之内，往返多次从零下十几摄氏度的户外进到 70 摄氏度的机车内，对于一般人来说几乎受不了。可天津机务段内燃机钳工赵明浩，在这个岗位上一干就是 17 年，对这种“冰火两重天”的感觉，他已经习以为常。

报道词没有长句，没有一个难懂的词语，就如告诉身边的朋友、同事你所了解到的事实那样去告诉观众。这则新闻结尾的语言同样平白如话，生活味浓郁：

从 70 摄氏度的机械间出来的一瞬间，就像刚出锅的馒头，赵明浩头顶、脖子、后背都冒起了白气。

沿着维修地沟，赵明浩爬到了只有 40 厘米高的电机通风道，趴在里面更换帆布和卡子，终于赶在规定时间内完成维修，将这个车头顺利送出库。赵明浩说，时间长了，发现这些毛病只要几秒钟，维修起来也不过十几分钟，可一旦造成故障，却使上千上万人不能准时回家。

但须注意的是，报道语言不能因为片面追求生活化而去迎合低俗、媚俗甚至恶俗的语言趣味。

（二）电视新闻消息的格式特点

电视新闻消息的文字稿不是独立存在的文体，其写作内容须与相应的新闻画面、声音、音响等相互交融。这种特殊要求使电视新闻消息的文字稿（报道词的写作内容）具有了一种特定的写作格式：

新闻标题

画面（含字幕）	报道词（含同期声）

记者：　　　　播出时间：

签发人：　　　播出长度：

上表含五项主要内容：

（1）新闻标题：通常用一句话简明扼要而准确地概括新闻事实。

（2）记者签名：记者对自己采访的新闻要签名，文责自负。

（3）签发人签名：签发人一般是新闻部负责人或值班编辑，他们要对新闻的安全播出负责。

（4）播出时间：一般由签发人安排，通常习惯填月、日、时、分、秒。

（5）播出长度：由记者填写，一般短消息为几十秒至一分钟左右，长消息也尽可能不超过4分钟。

电视新闻是通过声音、画面两个传播通道，叙述新近发生或正在发生的事实的报道。在电视新闻生产的后期制作过程中，对拍摄素材与报道词的配合关系进行处理时，一般呈现为声画合一或声画对位，不宜处理成声画分立的关系形态，以免造成声画对立、“声画两张皮”而使“信息打架”、各说各话的现象，导致观众收看新闻时产生误解或增加理解信息的困惑，甚至影响电视新闻的客观真实性，影响观众对电视媒体报道质量的评价。

在电视新闻稿的表格中，左边表格表现的是观众可看到的画面内容（包含呈现在画面上的各种字幕内容），右边表格表现的是观众在观看画面的同时可以听到的声音信息（包含报道词、各种采访同期声与现场音响等）。写作者尤须注意表现画面信息与声音信息呈现的同步性，左边表格与右边表格的内容表达步调要一致，相互间对应平衡。如左边表格“看”的画面通道显示的是记者正在采访，右边表格

“听”的通道则应同步呈现出采访同期声的内容，如以下的新闻报道：

《2012 全国科技周闭幕：小细节助力大科普》

画面（含字幕）	报道词（含同期声）
直播间，主持人播报	**【导语】**一年一度的全国科技周今天落下帷幕。本次科技周北京主场馆举行了为期七天的科技展览，其中一些小细节让参与者印象深刻
展馆内（写着“微博墙”的大型电子显示屏） 字幕：2012 全国科技周闭幕 微博墙：互动新体验 采访参观者	**【解说】**走进展馆大门，就能看到右侧的正面微博墙屏幕。上面滚动、时时播出跟科技周相关的展区介绍、观点和感想等 **【采访同期声】**微博墙就是在这儿的观众、在这儿的小朋友，都可以往里面发微博。然后还有外面的人，也可以往这号码上发，那个墙上就能看得到
展馆内，在参观的人们 一对父子在玩发微博	**【解说】**不少参观者，尤其是年轻人表示：微博墙的形式新颖，让原本单向的展览变为双向的互动体验，使他们更有参与感
采访青年参观者（站在微博墙前） 字幕：参观者	**【采访同期声】**我们年轻人都喜欢发微博。这种微博墙可以让我们互动，不是光来这边看一看
工作人员正在为参观者盖章 字幕：“闯关护照：玩转科技周” “闯关护照”所盖的“北京科技周科技文化”章（特写）	**【解说】**场馆里的闯关游戏总是吸引到很多小朋友，原来他们不单是被游戏本身所吸引，还想给自己的特殊护照多盖个章
采访工作人员 字幕：工作人员	**【采访同期声】**他就是觉得盖完章之后，可以去领一个小奖品，然后他们就都愿意先盖个章，然后领个奖品，然后再去看
工作人员为排队的参观者盖章（全景） 正排队等候盖章的外籍参观者（中景） 护照上所盖的章和正盖章的手（特写）	**【解说】**科技周护照每天限量发放两千本，观众在参与科技闯关游戏时必须持有这种护照。在每天举行的 51 项闯关游戏中，盖满相应数额的纪念章，还可以获得奖品

（续上表）

画面（含字幕）	报道词（含同期声）
采访参观学生 字幕：参观学生	【采访同期声】这种通过互动的形式来学习知识……觉得这种方式很好。就是不用从书面上死记硬背，而且还能记得特别清楚。反正觉得这种趣味活动挺有意思的，以后希望多办一点
展馆内（全景） 翻动着的“闯关护照”（特写） 展馆内写着“互动体验”的牌匾（特写） （拉镜头）正在观看各种展品的参观者	【解说】微博墙、闯关游戏这些小创意使观众乐于亲身参与，在互动中获得新的科学知识

（中央电视台新闻频道 2012 年 5 月 25 日播出）

这则短消息时长一分钟左右，记者选取了一个较小的视角，从 2012 全国科技周里的新鲜细节来报道：科技周主场馆实施“微博墙”、闯关游戏等创意举措，吸引更多群众参与科普活动。当画面表现播音员在电视台演播室里播报这则新闻的导语时（左边表格呈现），主播的声音则同步呈现于右边表格中。当画面表现记者在科技周主场馆作现场采访时（左边表格呈现），无论是采访同期声、记者的出镜解说，还是报道词解说的内容（即声音）都一一对应地展示于右边表格中。报道的声音与新闻画面互相交融。

在现实新闻实践中，因为电视新闻消息文字稿往往连同画面资料一起送审，故只能采用表格这种较简易的格式。

（三）电视新闻消息主体的结构形式

1. 倒金字塔结构

倒金字塔结构是各种媒介的新闻消息报道中经常采用的结构形式。这种结构的特点是按照新闻事实的重要程度依次进行安排：越重要的事实要素越往前置（放在导语中），最次要的放到结尾，即事实材料是按其重要性、新闻价值来安排的，呈现头重脚轻的倒金字塔形态。

若采用倒金字塔结构，应根据新闻事实的重要程度和受众的关心程度，将选择的新闻要素（可以是全要素，也可选重要的两个或三个要素）先集中放在导语中，然后在主体部分按事实发生过程、顺序加以叙述。前面所述的报道《2012 全国科技周闭幕：小细节助力大科普》就是一例。

倒金字塔结构较适用于时效性强、事件单一的动态新闻报道。运用这种结构时，要尽量与社会的主流价值观念、受众的心理需求一致，自然地引导观众从一个层次过渡到另一个层次；在主体部分要注意按照事实发生的时间把过程交代清楚，避免材料的重要程度与时间先后不一致导致混淆事实的固有联系。

倒金字塔结构的优点是：①重点突出，有利于观众迅速把握报道的重点内容，观众透过导语就能了解新闻重点，不必非要看完整条新闻才知晓结局；②行文短小精悍，成稿快；③有利于后期编辑控制报道时间。它的缺点是容易导致写作思维程式化，缺乏创意。

2. 编年体结构（时间顺序结构）

这种结构形式并不是按事实的重要性，而是严格按照事实发生的顺序来报道事实。事件的开头就是消息的开头，事件的结尾就是消息的结尾。采用这种结构报道新闻，不仅有利于完整保持事实的原貌，而且能同步呈现事件进展的过程。显然，电视新闻若是采用现场直播或富有情节性的口播消息报道，都比较适合运用编年体结构。

采用编年体结构，其优点是叙事内容与事件的客观进程相一致，方便观众了解事件的全过程与来龙去脉，即时知晓事件的最新进展。但运用编年体结构要注意以下几点：①如果是可预知性新闻，报道前应尽可能了解相关背景资料，并适时在报道间隙插入补充说明；②注意控制报道内容的详略，以便突出报道重点，切忌平均用墨、主次颠倒。

例如，获第二十三届中国新闻奖一等奖的电视新闻消息《神舟九号返回舱成功着陆四子王旗草原　三名航天员平安归来》（内蒙古电视台 2012 年 6 月 29 日首播）就是采用了编年体结构：

口导

今天上午十点零三分，历经十三天航空飞行的神舟九号飞船平安、顺利返回，本台记者在主着陆场——内蒙古四子王旗草原，见证了这一激动人心的时刻。

正文

【记者现场】内蒙古电视台记者正 -：现在是上午的十点整，现在我们看到神舟九号飞船正在徐徐降落，在我这个位置可以看到神舟九号飞船的降落伞，那刚才我听到了很大的一个响声，就应该是降落伞打开的声音，在“神九”的旁边，现在我可以看到有四架直升机正在“神九”飞船旁边盘旋，应该是正在迎接“神九”的归来。我们看到“神九”飞船马上就要降落了。神舟九号飞船已经降落了，它已经顺利落在了地平线上。

【记者现场】 内蒙古电视台记者正一：上午十点二十五分，我们现在到达了神舟九号飞船的返回落点，现在我们可以看到神舟九号飞船舱门已经打开，现在有六位工作人员，外面有五位，里面还有一位，正在对神舟九号进行检查。

【解说】 现在是十一点零二分，我们可以看到第一位航天员出舱了，这应该是景海鹏，他在向大家挥舞着双手，可以看到他的身体状况应该是非常良好。十一点零八分，第二位航天员也出舱了，刘旺。第三位航天员，这是一位女航天员刘洋，这是我国的第一位女航天员，她也顺利出舱。

【解说】 在现场我们也了解到，曾经担任过神舟一号到神舟八号开舱手的李涛，今天再次打开了神舟九号的舱门。

【记者现场】 记者：今天舱门打开得顺利吗?

航天科技人员李涛：非常顺利。

记者：用了多长时间?

航天科技人员李涛：一分钟左右，不到一分钟时间。

记者：跟前几次有什么区别吗?

航天科技人员李涛：这一次和“神五”差不多，他们在里面也同时在开舱，我们同时内外联动的。

记者：在航天员出舱前为什么要先进去一名工作人员?

航天科技人员李涛：主要是首先检查一下航天员的身体状况是否良好。

【记者现场】 内蒙古电视台记者菅海霞：现在三名航天员正在我身后的这架飞机里进行体检。

【解说】 现在是十二点五十分，我们看到三位航天员已经完成体检，正在陆续走出医保医监飞机，第一位出来的是景海鹏，从表情来看，他们的状态还是非常好的，每个人脸上都挂满灿烂的笑容，热情地向周围的工作人员、媒体记者挥手致意。

现在，工作人员把三位航天员分别送到三架直升机上。

【记者现场】 内蒙古电视台记者菅海霞：现在是中午一点十分，三位航天员分别乘坐三架直升机，另外还有一架指挥机、一架通信机，共五架飞机护送航天员前往毕克齐机场。内蒙古电视台神舟九号四子王旗主着陆场报道。

这则报道的导语叙述了事件的开头。而主体部分的报道词随着神舟九号返回舱的着陆过程，顺序报道了返回舱降落、降落伞打开、落地、开舱、航天员逐一出舱及被送到直升机上体检、航天员完成体检走出飞机向在场人们致意的过程。对过程中的每一个重要环节，报道词都着重提了准确时间，客观上起到强调正在进行的报道是现场直播的作用。

3. 悬念式结构

所谓悬念式结构，就是在新闻导语中设置一个带有悬念的问题，借此吸引观众注意、引发观众收看报道内容的欲望。其往往也通过悬念点出新闻的重要信息点，然后在其后的报道中按照事实发生的顺序进行叙述。谜团有时在报道中渐渐解开，有时则在导语中以一问一答的方式揭晓。这种结构其实是倒金字塔结构和编年体结构的结合体。

例如，获得第二十三届中国新闻奖三等奖的电视新闻消息《新疆兵团今年六成多棉花实现机采》，其导语中就设置了让观众好奇不已的悬念：

进入十月，兵团今年种植的760万亩棉花进入采收旺季，与前几年不同的是，棉田中千军万马大会战的景象不见了，多数棉田只有几台马达轰鸣的采棉机、运棉车在作业。

不见了往年的收棉大军，棉田、棉花怎样了？随着报道内容的展开，观众心里的悬念被有问就答的方式解决了，揭开的谜底是：

今年兵团六成多棉田实行了机械化采收，让棉农省心、省力、省钱。

【同期声】记者文静：这里是新疆兵团八师一四二团，眼前这100亩棉田，亩产籽棉都在420公斤左右，往年需要30个人两个月才能采摘完毕，现在换成我身后的这台采棉机，只需要5个多小时，就能完成采摘和装运这一系列工序。

【解说】一四二团十四连职工楮阳，家里承包了80亩地，主要种棉花。自从棉花用采棉机采收后，省力省心多了，秋收时，他便转行成为采棉机司机。

……

4. 问答式结构

问答式结构，在报纸的“人物专访”报道体裁里也有运用。在电视新闻报道中，问答式结构比较多运用在突发事件现场报道、记者出镜报道等报道形态中。显然，若电视新闻报道采用问答式结构的话，就无法在后期制作时写作报道词了。问答式结构需要记者根据新闻现场的实际情况，并调动以往的采访报道经验，迅速梳理思路，通过与采访对象的一问一答，自然带出并传播新闻事实。

报道采用问答式结构，成败的关键在于记者拟定、设计的问题的质量和提问的推进能否关照并反映整个新闻事实。例如，获得第二十三届中国新闻奖二等奖的电视新闻消息《记者目击：兰州桃树坪隧道五名被困工人获救瞬间》，报道的是一场突发事件的现场救险活动，该则报道采取的就是问答式结构：

【导语】12 月 12 号下午两点三十分，兰渝铁路桃树坪一处在建隧道突发流沙坍塌，五名正在施工的工作人员被困。在持续救援 55 个小时之后，12 月 14 号的二十二点零七分，五名被困工人陆续走出了救援通道。

【现场】第一名被困工人谭老鬼（彝族）走出来。

【同期声】救援人员：慢点慢点。

记者：可以走吗?

谭老鬼：可以走。

救援人员：慢点慢点。

记者：知道外面现在是白天还是黑夜吗?

谭老鬼：黑的。

记者：今天晚上吃东西了没有?

谭老鬼：吃了。

记者：吃了什么东西?

谭老鬼：吃了饼干、水。

【现场】第二名被困工人莫红元出来。

【同期声】记者：您今年多大岁数了?

莫红元：59 了。

记者：这两天知道外面有救援的人吗?

莫红元：知道知道。

记者：通过什么方式知道的?

莫红元：他们打个钢管进去，我们都知道了。

记者：这两天时间里，你们是怎么度过这么难熬的时光的?

莫红元：打个钢管进去后，我们就感觉很舒服了。开始没打钢管进去的时候，我们觉得有点难过。

【现场】第三名被困工人吉克日火（彝族）出来。

【现场】第四名被困工人杜平山出来。

【同期声】记者：现在最后一名被困工人马上就要出来了。

记者：自己爬出来的。

第五名被困工人胡林：行、行。(周围人员鼓掌)

胡林：谢谢你们。

【同期声】记者：您多大岁数？

胡林：今年33。

记者：在里面算年龄小的吗？

胡林：应该说我算最小的。

记者：为什么选择最后一个出来？

胡林：因为我在那里，一个，我比较年轻；再加上我在那边带班，这样子。

记者：在这两天多的时间里，您以什么样的方式度过比较难熬的时光？

胡林：在里面还算可以，因为有透风，有那个吃的。

……

五、电视新闻消息结尾的写作

电视新闻消息的结尾通常指向报道事物发展的必然结果，电视新闻消息结尾的写作须从属于整条新闻报道的总体需要或整体构思。与报纸新闻消息的写作规律相同，实际上电视新闻消息并不是非要有一个特定的结尾不可。一则电视新闻消息是否要写一个结尾，需视新闻事实本身的报道需要来决定。

（一）电视新闻消息结尾的写作要求

通常，电视新闻消息若需要结尾，其结尾的内容须达到如下要求：

（1）能够加深观众对新闻报道的理解或感受；

（2）能够深化或强调新闻主题，增强新闻报道的社会效果；

（3）能够恰当地延伸信息，增加电视消息的信息量；

（4）能够为新闻的后续报道埋下伏笔。

（二）电视新闻消息结尾的形式

1. 点题式结尾

这种形式在新闻结尾亮出观点，点明报道的主旨，起画龙点睛的作用。例如，前面提到的电视新闻消息《新疆兵团今年六成多棉花实现机采》的结尾借受访人——国家农业部机械司司长李伟国之口，道出了对兵团实行机械化棉花生产的评价，也点出了报道的主旨：

"所以说兵团用机器采棉，在棉花的全程机械化方面，不仅解决了兵团生产中长期存在的一些机械化程度的问题，更为我们国家的棉花生产的全程机械化作出了一个榜样，作出了一个表率。"

2. 反问式结尾

这种新闻结尾以反问的方式在报道结尾提出问题，旨在引导观众对新闻报道的事件或现象进行更深入的思考，起到发人深思、启迪探索的作用。例如，曾获第二十二届中国新闻奖三等奖的《“末代渔民”是守望还是离去?》的结尾写道：

末代渔民，这个词听起来多少有些没落的意味。在现代化日益发达的今天，捕鱼这种原生态的生活方式似乎离我们越来越远了。不过，当我们今天厌恶了化肥、农药，开始追捧有机蔬菜，明天我们是不是会怀念渔民们从河里打捞上来的鲜鱼呢?

这则新闻报道“末代渔民”的故事，在结尾提出疑问：明天人们是否会怀念打鱼的生活方式？这可引发观众对正在变迁、消亡的传统生活的关注和对如何既追求现代化又继承传统文化精髓的思考。再如新闻消息《变了味的义务劳动》的结尾：“像这样悠闲自在，却要出钱请人帮助尽‘义务’的做法，是不是使义务劳动变了味呢?”以提问的方式指向问题症结所在，确实起到发人深思的作用。

3. 呼吁式结尾

呼吁式结尾，是在报道结尾处对报道中一些亟待解决的、涉及面较广或影响较大的现实问题作进一步呼吁，引起社会更多方面的关注，以促成问题的早日解决。例如，新闻消息《美式校车为啥难上路》（曾获第二十二届中国新闻奖三等奖，沈阳广播电视台新闻频道2011年12月5日首播）的结尾写道：

在我们呼唤校车安全的今天，这样一辆校车竟然无法上路；而就在几天前，我们也曾经报道在康平、苏家屯两个区，幼儿园的孩子被强行禁止乘坐校车的消息。这样的事情简直让我们感到滑稽，却又真真切切地发生在我们身边。校车问题，理应被相关部门高度重视，但如果我们过度重视，甚至背离了事物发展的规律，带来的，恐怕就是这样一场场闹剧！希望我们能在马路上早日见到商业幼儿园的这辆校车，也希望每一个乘坐校车的孩子能够安全地到达他们的目的地。

这个结尾直接呼吁有关部门要重视校车安全问题，更要重视孩子们的人身安全问题，应简化审批手续，让美式校车尽快上路发挥其作用。

4. 抒情式结尾

所谓抒情式结尾，是指在电视新闻消息的结尾处，或以虚映实，或直抒胸臆，或以想象调动观众的情感和情绪，用优美的意境进一步升华新闻的主题。

例如，电视新闻消息《北京告别91年钢铁生产历史》（曾获第二十二届中国新闻奖二等奖，北京电视台2011年1月14日首播）的结尾如下：

搬迁难，难在首钢停产后北京要面临着每年GDP增速降低1个百分点的压力，更难在3万多名职工的转岗分流、割舍近百年钢铁情怀。然而，为了长远发展，北京壮士断腕，毅然告别延续了91年的钢铁生产历史。首钢停产后，北京可吸入颗粒物每年减少23%，年节水量蓄满22个昆明湖。更为重要的是，这为京西地区腾出了宝贵的发展空间。……这是一场特殊的浇铸，工人们用最后一炉钢水，刻出4个大字——铁色记忆。

这个结尾不仅抒发了首钢人对百年北京钢铁业难以割舍的深情，也抒发了首钢人舍小我为大局、寄望北京获得更大发展的博大情怀。

抒情式结尾能以虚映实，比较能调动观众的联想与想象，让报道的主题在优美的意境中得到升华。

第三节　电视消息类新闻节目编排的写作

电视新闻消息篇幅短小，一般不会单独播出。现行做法都是将新闻消息集中在一起，安排在相对固定的播出时段，有相对固定的时长，且在比较固定的栏目中播出。因而，电视新闻作品要最终与观众见面，还要解决各条内容不同的新闻消息在节目中的编排问题。

电视媒体通常按照现阶段党的路线、方针、政策，根据当前工作的重点要点、新闻纪律要求等，由媒体编辑、编审对若干电视新闻进行后期加工、整理、归纳、选择、调配后，综合予以串联，有机、统一地安排播出顺序。节目编排是电视新闻播出的最后一道把关工作，起着十分重要的作用。

电视消息类新闻节目的制作过程，除了前文介绍的电视新闻消息本体（从标题、导语、主体、背景到结尾）的文字稿写作外，还包括新闻节目预告、新闻提要、编前语与编后语、消息头、串联词、结束语的写作。

一、新闻节目预告的写作

新闻节目预告往往在节目播报的开始由主持人直截了当地提示出来。其内容一般是概括归纳整期新闻节目的重要内容，目的是提醒观众留意本期节目有哪些不容错过的或特别需要关注的重要新闻信息，调动观众的收视兴趣。

新闻节目预告的形式比较多样，可以灵活采用几句话概括本期新闻节目的重要内容，也可以先提出话题，再告诉观众“下节回来我们将为您详细报道”等。

（一）新闻节目预告的写作内容及要求

从内容来讲，新闻节目预告要从长达几十分钟、包含几十条消息的整期新闻节目内容中选择出若干条重要消息，概括提炼其内容，并集合在一起向观众介绍本期节目里哪些是最重要、最应该关注的新闻消息。在写法上，可以像中央电视台的《新闻联播》一样，将选出的重要新闻消息的导语加以浓缩，或将重要新闻消息的导语稍作改动后串联在一起，作为节目预告的主要内容。

例如，2014 年 7 月 16 日中央电视台《新闻联播》开头的预告是：

女主持人：今天节目的主要内容有：

男主持人：习近平主席出席金砖国家领导人第六次会晤并发表重要讲话。

女主持人：习近平抵达巴西利亚，开始对巴西进行国事访问并出席中拉领导人会晤。

男主持人：习近平给“南京青奥会志愿者”回信，勉励青年志愿者用青春激情打造最美“中国名片”。

女主持人：李克强主持召开国务院常务会议，听取国务院出台政策措施推进情况督查汇报并部署狠抓落实与整改，强调要强化责任、真抓实干、务求实效。

男主持人：刘云山会见日本民主党代表团。

女主持人：王岐山在 2014 年中央第二轮巡视工作动员部署会上强调，要不折不扣落实中央要求，持续强化巡视政策作用。

男主持人：中共中央办公厅、国务院办公厅印发文件，明确公车改革时间表和路线图。

女主持人：上半年国内生产总值同比增长 7.4%。

男主持人：“全面深化改革进行时”今天关注：粮食主产区黑龙江以合作社推动土地规模经营，发展现代大农业。

女主持人：有两名中国公民在莫斯科地铁脱轨事故中遇难。

接下来请看详细报道。

从写作要求来讲，新闻节目预告必须做到以下两点：

1. 简明扼要

新闻节目预告方式多种多样，但有一点是共通的：预告内容不能冗长，总体上要做到简洁明白、扼要精练，否则观众容易失去收视耐心。新闻节目预告通常长度只有几百字，写作时一般采用单句，应尽量采用短句，以便观众接收理解。

2．既突出重要信息，又具体可感

新闻节目预告的任务主要是调动观众的收视兴趣，提早告知节目的精髓以吸引观众注意，如当期节目有哪些精彩看点，节目下一段有什么重要信息将呈现，有什么重要人物会出现在节目中，节目中将报道哪些独家内幕等。故在预告内容的写作上，既要做到具体可感，又要用准确、生动、清晰的语言引起观众的兴趣，有针对性地、跳跃式地点出重点，避免平铺直叙。

（二）新闻节目预告写作的要点

1．抓住观众的关注点或当期节目与众不同的特点，作为新闻节目预告的内容

对于一期新闻节目，至少要在其中找到一个或几个容易引起观众关注的焦点或新鲜重要的信息点来作为吸引观众的节目预告。这个关注点、信息点或是近期较多人关心的问题，或是人们争议较多、悬而未决的问题，或是振奋人心的里程碑事件，或是新颁布的政策措施，或是重要的人事变动，或是公众人物的重要行动，或是媒体获得的独家信息与独家专访报道，或是影响一方局势的突发事件、外交争端等。

例如，1997 年香港回归当天，在中央电视台的《新闻联播》节目开头主持人对当期节目的预告是："中华人民共和国百年期待的香港回归祖国在 1997 年 6 月 30 日至 7 月 1 日凌晨实现了。这是中华民族的盛事，这是永远令人难忘的时刻，这是永远载入史册的时刻。请看报道……"

2．不能用噱头或不实内容欺骗、误导观众

新闻节目预告的作用是以简洁的方式传播重要信息，以吸引观众的注意力，调动其收视兴趣。然而，在设法调动观众收视兴趣的同时，也要谨记真实性是新闻的生命，客观性是新闻报道的特质。新闻节目预告与新闻报道一样，也要讲究和保持内容的真实客观。不能以吸引观众接收新闻、抬高收视率为理由在新闻节目预告中搞任何噱头式的宣传；不能在新闻节目预告中掺杂任何新闻娱乐化报道的成分，禁止将新闻报道娱乐化。

3．可采用丰富多样的辅助手段引起观众兴趣

除了最常见的用播音语言预告外，还可用电脑特效、音乐或采用画面片段、同期声片段，配上响亮的提示语；或者显示飞进和飞出的栏目字幕名称、新一期节目的信息重点和精髓等，以吸引观众。

总的新闻节目预告一般在新闻节目开始时播出，而在节目报道内容播出期间，可以在各个小节之间，再插播下一个小节的要点预告。

二、新闻提要的写作

（一）新闻提要的定义

新闻提要，即简明扼要地概括新闻报道的主要内容，方便观众快速了解新闻事实或新闻报道的主要内容的文字说明。观众通过新闻提要的内容可以窥一斑而知全豹，了解该报道内容是否符合自己的需要或是否是自己关心、关注的问题。新闻提要也可让观众了解新闻媒体对事实的评价与态度。

每一期新闻节目都会有总提要。主持人一般在预告节目内容后，会播报本期新闻节目的内容提要，通常是选择若干条重要新闻，概括其核心内容，简单地将本期新闻节目的重点告诉观众。播报新闻总提要时，可以像《新闻联播》那样只播出新闻主播的画面，也可以配合播放重要新闻事件的片段或呈现典型的现场场景，例如：

各位观众，这里是香港会议展览中心二期工程大会堂，举世瞩目的中英两国政府香港政权交接仪式就在这里举行。

中华人民共和国百年期待的香港回归祖国在1997年6月30日至7月1日凌晨实现了。

这是中华民族的盛事，这是永远令人难忘的时刻，这是永远载入史册的时刻，请看报道。

（二）新闻提要的作用

新闻提要的作用主要表现在两个方面：一是它能突出本期新闻节目中的重要新闻消息或事件，有效地提升观众收看的兴趣，帮助观众分辨应重点收看的内容；二是它能起到指导收视的作用，用寥寥数语讲述本期节目的大致内容，使观众在把握节目的大概信息要点的基础上，有期待、有选择地收看自己关心与喜爱的内容；三是同一期新闻节目通常把同类新闻（如一连几条春耕生产新闻等）或有呼应关系的新闻编排在一起播报，穿插放在新闻节目中，凸显此类别或说明它们的联系。

（三）新闻提要的形态

1．用典型画面搭配新闻提要解说

新闻提要力求简明扼要、干净利落。可以利用电脑特效对画面作翻页、标记等处理配合解说。画外播放的新闻提要的声音与画面中的同期声不要相互冲突，形成屏幕“噪音”。做后期剪辑时，要注意解说声音与画面同期声这两种声音的使用，必须使其相互配合、相得益彰。

2. 先由主持人播报新闻提要，再播出新闻的典型画面

可先由主持人进行口头播报，然后播放新闻的典型画面。新闻提要须紧密配合画面播放的信息内容，能对画面信息起到高度概括、提纲挈领或强调说明的作用。

3. 先由出镜记者说出新闻提要，再播出现场拍摄的典型画面

在现场报道或记者出镜报道中，记者可以把新闻提要放到报道开头，用导语的方式将新闻的主要事实乃至结果先告知观众，再播浓缩的典型画面；有时也可以再加入现场拍摄的记者采访画面，以画面加记者同期声解说的方式，补充完善报道内容。

（四）新闻提要的写作要领

（1）新闻提要应依托具体的事实，不能空洞无物；

（2）信息概括要准确，切忌歪曲事实，偏离真相，或使用不恰当的、错误的比喻和形容来表达内容；

（3）文字要简洁、贴切、紧凑。

三、编前语与编后语的写作

编前语与编后语对电视媒体所播出的新闻事实进行说明，表明媒体自己对新闻事实的评价、分析、见解和态度立场。编前语的位置在新闻报道前，编后语的位置在新闻报道后。

编前语与编后语的内容一般是对新闻事实所蕴含的新思想、新观念或新闻事实所反映的不良作风、存在的问题或隐患祸害等进行点评分析。其通常直接采用议论的手法，对新闻事实中具有典型教育意义的内容进行剖析，使事实本质得以呈现，意义得到升华，帮助观众全面认识隐藏于事物背后的复杂原因、事件滋生的土壤与环境，或事件当中的势力较量等。媒体发表编前语或编后语的目的在于帮助观众辨识事实本质，让观众对事物的性质或蕴含规律的思考和认识得以深化与统一，使新闻报道发挥应有的舆论导向作用。

例如，广东卫视公共频道有一档民生新闻栏目《DV 现场》，该栏目的报道风格是主持人在新闻报道前说一段编前语作铺垫或在新闻报道后来段编后语作点评。该栏目 2014 年 7 月 29 日播出了一则新闻《广州积分入户新政　排名不再拼分拼房》，主持人在新闻播出前说道：

拥有广州的户籍，成为真真正正的广州人是很多来穗务工人员的梦想。2014 年备受关注的广州积分制入户工作，在积分项目大变脸后，即将于 8 月 1 日正式开闸。8 月 1 日至 9 月 14 日期间，申请人可在全市 25 个来穗人员服务窗口正式递交申请表，也可通过网络申请。

主持人借此编前语肯定了广州积分入户新政策改革重心放到“积分项目大变脸”，使来穗务工者入户广州不再拼购房、学历和加分等，并特别提醒观众留意手续办理的时间、渠道，彰显民生新闻栏目的信息服务特点和受众意识。而在该栏目2014年8月21日报道完社会新闻《阿婆摔倒　小伙扶之前先请人作证》后，主持人说出这样的编后语作点评：

小杨（扶人者）的行为其实也是无可厚非的，因为做好事被人讹的新闻实在是太多了。我觉得谨慎一点，找个人作见证，总好过因为担心被讹什么也不做。另外我也想呼吁一下：以后大家见到类似的好人好事，最好能主动站出来作见证，我们一起来为好人“护航”。这样，我们的社会风气就会一天天好起来。

显然，主持人这番编后语不但辩证地评论了小杨的行为，也旗帜鲜明地表达了对老人摔倒该不该扶这一有争议的社会现象的态度：“找个人作见证，总好过因为担心被讹什么也不做。”更通过呼吁传递出充满社会正能量的观点，发挥传统媒体以正确舆论指导人的作用。

编前语与编后语在写法上有以下要求：

（1）表达直截了当，观点态度鲜明。

编前语与编后语，多数采用直接议论的手法，代表媒体对报道的新闻事实或问题现象作出综合的、冷静的、理性的评论分析，帮助观众认清事实的是与非，正确理解新闻事实，揭示事物的真实本质。编前语与编后语的评论观点须明确而不含糊，以免让观众模棱两可，无所适从。

（2）应缘事而发或有感而发，不能无病呻吟。

编前语或编后语要借助对新闻事实的解剖分析与探讨，给观众深刻的启迪。写作者的评论要围绕新闻报道的人与事，深入探讨新闻事实中闪耀的思想亮点或探索其代表的规律性内容，就事说理而不是就事论事；切忌说空话套话，无病呻吟，抓不住问题实质而随意发挥、信口开河。

（3）语言精练，恰当到位。

编前语、编后语代表媒体表达对新闻事实的观察、思考与判断。在语言表达上，应尽可能做到简洁扼要、准确明快，以免影响新闻节目的整体节奏。在对新闻事实进行分析评论时，力求对新闻事实精准把握，评论分析辩证到位，观点“火候”恰到好处。

四、消息头的写作

消息头，从内容上来讲是指新闻消息发布单位、发布地点、发布时间的说明。它最早用于报纸新闻，位置在新闻消息导语之前，一般使用黑体字，有的还加上括号，后面空一格才开始写新闻消息导语，以示区别。

“本台消息”是电视媒体或广播电台自己的记者、通讯员采写的新闻消息的标志，是对本媒体报道的版权宣示。相应地，消息头也明确了媒体对“本台消息”须承担起对所报道内容应承担的法律责任。如果因报道内容失实、存在损害他人或社会组织利益的过错而被控侵权时，媒体要负起相应的责任。“本台消息”有时放在新闻消息播报的开头，有时放在新闻消息播报的末尾。

如果是重大的、时效性强的消息，消息头不仅要说明发稿媒体——某台、本台，还要说明新闻消息是在什么时间、从什么地点发出来的。也就是说，消息头包含三个要素：名称（单位与个人）、发布地点、发布时间。当然，三要素不一定要齐备，视报道需要或现场情况而定，如“本台记者某某从某地发回的消息”或“本台记者在某地独家报道”。尤其对重大突发事件的报道，如果是媒体记者火速赶往现场进行的报道，或是媒体派往当地记者站的记者发回来的报道，消息头的说明更能增加媒体独家报道的价值，也有利于媒体形象的提升。

值得注意的是，并不是所有新闻消息都必须要有消息头，如简讯、字幕新闻等，可以不冠以消息头。

五、串联词的写作

这里的串联词主要是指用于电视消息类新闻节目中多条新闻之间的连接用语。串联词有时对之前已经播出的新闻进行简单议论，并引出下面即将播出的新闻；有时对接下来将播出的几条新闻予以概括综述，成为引导新闻的“导播”，它是引导观众收视的重要编辑手段。

与其他电视节目的串联词相比，电视消息类新闻节目的串联词有独特的写作要求。其他电视节目的串联词可以别出心裁、旁征博引，修辞、议论等手法都可用上，但电视消息类新闻节目的串联词的作用大体上是承上启下、衔接栏目、上下过渡、弥补空白、间隔转换。

例如，中央电视台每晚的《新闻联播》的开头部分多是由两个主持人轮流说出当期节目主要内容或重要消息的预告。然后，其中一个主持人会说“接下来请收看详细内容”，这句串联词就把节目预告与节目的具体内容播报两部分自然连接起来了。此外，《新闻联播》中分设许多小板块，如“国内联播快讯”、“国际联播快讯”、“新闻评论”、“体育新闻”等。在播报这些小板块前，主持人都会说出相应的串联词，以起到提醒观众注意消息内容的转换和上下部分过渡等作用。例如，播报成组集结出现的国内联播快讯（或国际联播快讯）前，主持人会在上一则新闻播报完后，说出串联词“接下来请您收看一组联播快讯”，这既联结了上下两部分，也提醒了观众留意这是有别于常规形态的简讯。

串联词在电视消息类新闻节目中大都采取主持人口头讲述的方式，简单而直接。例如，在巴西世界杯进行期间，《新闻联播》主持人在播报世界杯消息前的串联词就是：“下面再来关注一下世界杯。”

串联词写作在杂志型新闻节目中往往不可缺少，特别是板块组合而成的节目，每个小栏目之间大多用串联词来过渡、衔接，如“现在休息一下（休息时间用来播广告或节目预告），下节回来将为您继续关注……（播出下一节的新闻提要）”。

串联词的写作要求有以下几点：一是扣紧节目消息的内容说话，承上启下，连接节目的各个部分；二是言简意赅，避免啰唆重复；三是自然流畅，避免华而不实。

串联词的写作与运用在电视新闻报道中是常见的。尽管串联词不是一种独立的文体，不讲求完整独立的格式，但是其作用是不容忽视的。

六、结束语的写作

这里的结束语是指每期电视新闻节目结束前，主持人在播报完所有的新闻信息后对观众所说的话。它的内容较为简单，以其担当的任务来说，也要求以简洁明了、干净利落的方式来报告节目的结束。

各类新闻节目的结束语很少有大的区别与变化。过去，结束语以其最简单的形式告知观众这次新闻节目播送完了。现在，有的电视媒体为了突出媒体形象或显示新闻主持人的个性，在结束语写作上出现了一些新变化：表达更有亲和力，更多地向观众传递善意、问候或祝福。

例如，《新闻联播》2014 年 2 月 19 日的结束语是：“男主持人：各位观众，今天的新闻联播就是这样；女主播：感谢您的收看！再见！”

又如凤凰卫视资讯台的《时事直通车》2014 年 2 月 4 日的结束语：“感谢您搭乘‘时事直通车’，2014 年 2 月 4 日谢雅芳在香港祝您健康平安！”而该节目在 2014 年 2 月 6 日的结束语，根据主持人的不同，变成了：“感谢您搭乘今天的‘时事直通车’，2014 年 2 月 6 日卢琛祝您新春愉快、吉祥如意！再会！”

结束语的写作相对简单，不需要过多的写作技巧。虽然如此，对于一个电视新闻节目而言，它依然是每一期新闻节目中不可缺少的部分。没有结束语，电视新闻节目就显得不完整了。

本章思考练习题：

1. 电视新闻消息的新闻背景的作用是什么？电视新闻消息导语有什么作用？

2. 结合一期电视消息类新闻节目的具体内容，找出这期节目中采用了哪些编排文体的写作形式，谈谈你对电视消息类新闻节目编排所需要的文体写作的理解。

3. 运用所学的新闻知识，拍摄一组有关联的新闻照片，配写相关文字成图片新闻。同时，检验和体会文字语言对画面的串联整合能力。

4. 实地采访拍摄制作一条电视新闻消息，按照电视新闻消息的特别格式，写出相对应的电视新闻消息文稿。

要求：

（1）尽量按照新闻五要素选取画面素材，检验作品中能清楚表现出来的有几个要素，也检验新闻要素的清晰明确表达主要依靠什么。

（2）思考每一段文字在你所配写的消息文稿中所起的具体作用。

（3）思考新闻消息报道词写作的关键点是什么，体会报道词在电视新闻消息写作中的作用与要求。

（4）思考选择的取舍采集到的采访同期声时应注意什么。

5. 根据以下的事实素材（材料的顺序混乱，有待重新梳理安排），尝试按照电视新闻消息规范格式，将其改写成电视新闻消息稿。

要求：

（1）标题能准确地概括主要的新闻事实。

（2）对需要拍摄的画面资料的说明清晰、简洁。

（3）导语、字幕、同期声、报道词都要标明。

（4）报道词表述简练、声画合一。

（5）思考报道这则事实素材时应如何注意表现新闻细节、新闻背景。

事实素材：

她打过铁、卖过鱼，穷过苦过，但通过自己的努力，成了一名成功的女企业家。后来她弃商从政，当了一名村书记，带领村民发家致富，使村民的股份分红从原来的人均每年几百元提高至5 000多元。她叫沈小琴，外号“铁娘子”，现任佛山市南海区里水镇北沙村党总支书记、村委会主任。

生长在农村的沈小琴为了家庭生计，12 岁就跟着父亲学打铁。13 岁那年沈小琴考上了中学，但因家中兄弟姐妹众多，最终忍泪放弃读书，在村内开了一个卖鱼的小档口。后来，沈小琴看到村里的鱼塘效益不好，就包下鱼塘搞科技养殖，走上了科技致富之路。赚了第一桶金后，沈小琴却陷入了彷徨：家乡经济落后，吃不饱饭的大有人在，如何才能改变这种局面？最终，沈小琴决定弃商从政，带领村民发家致富。2005 年 5 月，沈小琴当选为北沙村村委会主任，后来还担任北沙村党支部书记。

上任之初，村委会 2 000 多万元的巨额负债摆到了沈小琴面前。如何解决钱的问题？多年的经商经历给了她很大的帮助，沈小琴用管理企业的方法去管理村委会。“做生意时认识很多朋友，在建北沙村办公楼时，我说服企业界的朋友一共捐了 60 多万元，村里只出了 20 多万元。”

多年来，北沙村通往外界的交通一直没修通，沈小琴又带领村民开路。路通后，越来越多的企业和店铺进村来了，北沙村村民的股份分红从原来的人均每年几百元提高至 5 000 多元，村民的生活水平大大提高。

沈小琴说，为了让决策更加科学化，现在村里已经成立了北沙社区和谐共建理事会，由村民代表、企业家代表、党员代表、村民小组长、两委干部、经联社社委等各个阶层人士组成，发挥集聚资源、决策咨询、民主议事、监督评议、参政议政的作用，满足社区居民多元化的民生需求，构建共驻、共建、共享的社会主义和谐社区。

佛山市赴京出席十八大的三名党代表中，沈小琴是唯一一名来自基层岗位的党代表，也是唯一的女代表。沈小琴说，得知自己当选十八大代表后，这几个月的工作主要是围绕农村综合体制改革、农村基层党建两个方面，深入基层收集建议，把基层的声音带给党中央。佛山南海目前正在大力推进农村基层综合改革，包括推行政经分离、强化集体经济监管、逐步实现城乡公共服务均等化等。沈小琴认为，从北沙村的实践来看，改革已经取得了明显成效。“农村的集体经济通过两平台一监督的管理，阳光化运转，让村民放心、村干部安心、上级不操心，这是很好的成绩和亮点。从社区服务中心来看，村民医保养老等，多种行政服务都延伸到村居。”她还说：“经过近几个月的走访基层，我对农村问题有了更深刻的认识。我给自己定下的目标，就是履行好党代表职责，将基层声音汇报给中央，把最真实的声音带到十八大。”

第七章　专题类电视新闻写作

第一节　专题类电视新闻报道的属性

一、专题类电视新闻报道的内容属性

专题类电视新闻报道是运用电视新闻的表现手段和报道技巧，对社会政治、经济、军事、外交、文化等方面的某一专题进行较为系统、全面的反映与挖掘，展开有深度的分析评论的电视新闻节目。这类节目往往具有由电视媒体主导的特定的新闻取向，以深度报道为主要报道手段，综合运用各种电视表现手法，按周期、分栏目播出，是新闻类节目中的重要节目类型。

专题类电视新闻报道作为新闻体裁，具有真实性、重要性、及时性与思辨性。前三个属性表明它与电视新闻消息具有共同之处。但是，专题类电视新闻报道作为一种独立的新闻样式，还是有别于电视消息类新闻报道的，具体表现在：

其一，在报道时效上，它与电视消息类新闻报道最为接近。专题类电视新闻报道的制作过程，需要经过“构思—制作—播出”三个环节。在当前新媒介迅猛发展、媒介竞争日趋激烈的传播环境下，专题类电视新闻报道的制作过程尽可能压缩耗时，努力提高专题报道的时效性，力求以最快速度向受众提供建立在全面、深入的采访调查的基础上的有背景溯源比对、有专业分析判断、有观点参考的深度新闻。

其二，在内容的重要性上，虽然同样注重新闻的重要性，但不同于消息类新闻报道题材面的广泛，专题类新闻报道的题材需要精选，须具备专题的特征。在报道对象与节目内容的选择上，专题类电视新闻报道对于节目选题非常重视，而节目的构思阶段也重在选题。专题类电视新闻报道通常选取新闻价值较大的新闻事实或新闻人物、新近发生的重大新闻事件、影响较大的社会现象以及有争议的社会问题等展开全面、深入的采访调查报道。专题类电视新闻报道的选题不仅具有深刻的社会价值和较高的新闻价值，而且更注重从反映社会脉搏和时代特征的高度选择题材，注重报道事实的典型性，还要兼顾坚持正确的舆论导向。

其三，在内容的真实性上，专题类电视新闻报道坚守事实报道的真实性原则，不编造、不违背事实，不艺术化地处理报道内容。真实性、新闻性是专题类电视新闻报道区别于社教类、综艺类等专题节目的主要属性。

相较于电视消息类新闻只停留于对事实作表层性、信息性的报道，专题类电视新闻报道不满足于向观众提供简单的新闻事实，而要更为延伸、扩充、详尽和深入。它的报道中必须要包含一定的深度，即不仅要有报道事实的部分，还要延伸到挖掘事件或问题的成因、挖掘历史的或环境的背景材料，以及扩展到对事实进行分析研判。节目内容中不仅含有边述边评的部分，还有深刻的理论层面的评论部分。因此，专题类电视新闻报道是从总体上把握事实的真实性，表现蕴含于事实内部深层的规律性。

其四，在内容的思辨性上，专题类电视新闻报道主要采用深度报道手法，对事实、对报道追求的是体现历史真实、时代意义与辩证科学思考，思辨性是它的重要特征。报道手法的深度体现在它对事实的报道叙事是全方位的、立体的，又体现在报道不停留于表面告知，不局限于事实呈现，还须对新闻及新闻背后的一切从多个角度、多个层面进行归纳、分析、解释、透视、探讨及评论，挖掘新闻背后的原因，梳理其发展脉络。专题类电视新闻报道往往能把理性寓于事实之间，不仅审视新闻事实的新闻价值，还注重对事实进行深入全面的解读和剖析，辨清是非，探讨事物复杂的本质或意义，乃至预测事物的发展趋势或发展方向等。报道手法的深度还体现在或阐述一定的道理，或传播某种思想观念，或颂扬人物的某个闪光点或某种精神特质等，从表达时代精神的高度去展现节目的思辨色彩。也就是说，专题类电视新闻报道除了具有新闻性之外，还具备思辨性。

二、专题类电视新闻报道的表现形式

在表现形式上，专题类电视新闻报道与消息类新闻节目一样，都能综合运用各种电视表现手段，声画兼备地报道新闻事实。有时它采用历史照片、音像、档案、数据图表、模型、同期声采访、背景音乐等形象直接地呈现背景与现实资料。有时它充分调动电视传播优势，或采取全球连线方式，实现跨越时空的采访对话；或邀请各方代表在节目中面对面，对专题展开分析辩论、观点讨论等。传统电视常用的表现手段都被其广泛采用，因此其被认为是最具电视传播特色的报道体裁之一。

目前，媒介融合已成为不可逆转的发展趋势。充分利用新媒介的技术优势，将新媒介技术引入电视传播中，不仅有利于电视媒体在媒介融合方面更主动，也有利于电视媒介吸引更多接受新事物较快的年轻人为受众。近年来，不少电视媒体在制作专题类节目时，都较多地利用了新媒介技术平台。例如，积极开设官方微博、微信公众号等，在节目当中通过其官方微博、微信公众号，引入公众在微信中接受采访的语音，对节目设定的话题进行讨论等；还可在节目的评论部分采纳和吸收网友们在微博、微信中就节目报道或设置的话题发表的评论等。

近年来，栏目化已成为专题类电视新闻报道的普遍节目模式。因此，专题类电视新闻报道一般都有固定的播出周期、时长，并冠以相对固定的栏目名称播出。若专题宏大，专题报道评析所涉及的内容较丰富复杂，则同一专题节目还会分期播出，如中央电视台《新闻调查》栏目在2011年3月4日和3月5日分两期播出了《国家行动》，该专题报道的是我国政府从动荡的利比亚撤离中国侨民的国家救援行动。

为顺应栏目化运作的潮流，专题类电视新闻报道因其属性，决定了其特有的节目制作与写作要求：①选题恰当，符合特定要求；②节目构思、选材完整恰当；③对事件的表达主观与客观兼备，对细节处理得当；④节目后期制作精致妥当。

第二节　专题类电视新闻报道写作

从不同角度出发，专题类电视新闻报道有复杂的、丰富多彩的划分标准与分类方式。有的按照题材的不同，将专题类电视新闻报道分为新闻事件专题报道、新闻人物专题报道和新闻调查专题报道；有的根据其制作风格和报道方式的不同，分为纪实型专题报道、政论型专题报道、访谈型专题报道；也有的根据报道对象、节目制作目标与报道方法的不同，分为专题新闻报道、专题新闻调查和专题访谈。本书主要采取最后一种分类方法。

一、专题新闻报道写作

从报道题材来分，较为常见的专题新闻报道又可分为以下几种：

（一）可预见性新闻的策划报道

在现实生活中，有的重要会议、事件、活动等是早有计划安排的。这既是现代社会文明的表现与社会生活制度化、规范化管理的必然，也是新闻媒体进行新闻报道策划的契机。

为了在激烈的媒体竞争中赢得主动，不少电视媒体都在可预见性新闻发生前，提前对事件活动及其可能出现的情况进行预估分析，周密策划、部署媒体的报道行动，安排报道活动的总体流程。策划内容应包括：①明确表述专题新闻报道的目标与要求；②为参与专题新闻报道的人员布置任务，明确各人的分工与职责；③对专题新闻报道的报道体裁、报道时效、采稿数量乃至人员编组、设备使用、大致开支等统一做好安排预算等。

（二）突发重大新闻事件的综合报道

随着全球气候日益变暖，工业化大生产带来了环境污染、道路拥挤等问题，人们对利益的最大化追求带来了滥采滥伐与环境破坏，人们对享乐的追求的日益膨胀带来了自然资源的无节制利用等，使自然灾害意外频生或人为事故增加。世界东西方格局的变化，国际、国内政治经济环境的复杂化，境外恐怖势力对我国的渗透等，导致世界局势危机重重、祸患潜伏。因此，自然与社会的突发重大新闻时有发生。

2014 年 7 月 23 日晚 7：06，台湾复兴航空航班 GE222 在澎湖马公发生空难事件，造成 48 人罹难。中央电视台新闻频道的《东方时空》栏目 7 月 24 日对这起突发事件的报道有：《台湾复兴航空一客机迫降失事：失事飞机为小型运输机》（见图 7－1）、《台湾复兴航空一客机迫降失事：低空风切变或是坠机直接原因》（见图 7－2）、《台湾复兴航空一客机迫降失事：澎湖当晚受麦德姆影响阵风达八级》、《台湾复兴航空一客机迫降失事：居民讲述客机迫降起火过程》、《台湾复兴航空一客机迫降失事：确认 48 人罹难 15 人受伤》等。

这类报道的专题特色体现为随事态发展不断跟进报道，及时传递事实的最新信息，综合报道多方信息源提供的信息，整个专题新闻报道由多条不同侧面的报道事实或来自不同信息源（可以转述事发当地媒体的报道）的电视新闻消息共同组成。这种突发重大新闻事件的综合报道其实是一个互补型的信息板块，这个板块中还可以加入相关新闻评论，借评论的力量帮助受众迅速判断事实的内核，认识事件的本质。

图 7－1 《台湾复兴航空一客机迫降失事：失事飞机为小型运输机》

图 7－2 《台湾复兴航空一客机迫降失事：低空风切变或是坠机直接原因》

目前，我国电视媒体大都实行频道化运营。在同一个电视媒体中，即使是 24 小时滚动播出的新闻频道，其中各栏目的播出时段、栏目定位及新闻报道特点也各不相同、各有侧重。但新闻频道各栏目的共同点是都要报道新闻信息，对于同一起重大突发新闻事件，各栏目都会围绕此事件接力进行专题报道，尽可能以最快的时效不断滚动播出事件的报道。不同栏目从不同角度、不同侧重点报道与剖析事件，虽然报道时间有先有后、报道重点有所不同，但同一媒体的不同栏目对此事的丰富全面的现场报道、后续相关报道及新闻评论等，事实上已形成专题新闻报道的合力，更能满足收视时间各不相同的受众的知情权。

例如，同属于中央电视台新闻频道的《新闻 30 分》栏目 2014 年 7 月 24 日也对上述事件进行了报道，如《台湾复兴航空一客机迫降失事：搜救仍在持续　范围进一步扩大》（见图 7－3）、《新闻链接：澎湖地区近 50 年发生 10 余起空难》、《台湾复兴航空一客机迫降失事：确认 48 人罹难　15 人受伤》。

图 7－3　《台湾复兴航空一客机迫降失事：搜救仍在持续　范围进一步扩大》

（三）重要信息或具重大影响力的新闻的报道

对于特别重要的信息或具有重大影响力的新闻事件等，电视媒体通常也会组织专题报道，迅速从不同的角度、运用不同的体裁对事件进行全面综合的报道，力图以最快的时效向观众客观报道新闻事实，还原事实真相，尽可能根据新闻事实的重要性与影响力，引入媒体评论员或嘉宾评论员对重大新闻的相应评论，及时指引观众透过复杂的事实，拨开事实的表象认识与分辨事实内在含义或本质，更好地发挥专题报道的威力。这类专题新闻报道不仅报道事实本身，而且把报道重心放到对事实信息的重要性与重大影响力进行多维度解释、背景挖掘、发展脉络梳理，以及对事实的本质、特点等进行深刻评论和分析上。

例如，2014 年 7 月，我国户籍制度改革进入全面实施阶段，中央电视台新闻频道围绕此重大政策的信息发布，进行了专题新闻报道。具体的报道有：《〈关于进一步推进户籍制度改革的意见〉公布　八部委就户籍制度改革召开发布会》、《中国国务院发文推进户籍制度改革　明确目标政策措施和实现路径》、《中央通过户籍改革意见　城市实行差别化落户政策》、《历史上的今天：1998 年 7 月 22 日　我国对户籍政策进行重大改革》、《新闻观察：户籍制度改革创造人口新红利》、《新闻 1 + 1：青春，在“户籍改革”中前行！》等。这组专题新闻报道力图通过对新出台的户籍改革政策进行全方位的信息挖掘，为观众提供多角度的信息解读，同时也为观众的具体问题进行释疑解惑。此外，该专题新闻报道还特地配发了电视评论《评论：关注户籍制度改革》，直接就户籍改革问题进行分析评论与释疑解惑，给社会公众提供明确的舆论导向。

（四）重大新闻事件的总结性报道

专题新闻报道中的事件总结性报道通常既会有交代事件最后结果的报道，也会有相关的电视新闻评论。像中央电视台著名栏目《焦点访谈》这类的专题类新闻节目，通常在一期节目的前半段侧重以广泛的采访报道曝光事实，并深入挖掘和追溯事件的历史背景，增加报道的深度和厚度；而对事件的分析评论或穿插于报道中，或被提炼成有总结性、深刻性的评论放到节目后半段，集中火力实现专题新闻报道的深度目标。

2014 年 7 月，上海福喜食品有限公司被曝光生产时出现涉嫌违规的行为——该公司一段时间以来将过期食品重新回炉后提供给中国消费者熟知的麦当劳、肯德基等众多洋快餐店，遭媒体曝光后受到中国执法部门调查。该报道引发了社会各界对洋快餐食品卫生安全问题的广泛关注，成为公众热议的重大新闻事件。《焦点访谈》2014 年 7 月 22 日播出的《变质的“福喜”》节目中，前半段多是对事件及其发展情况的客观报道。节目首先叙述：“这两天，上海福喜食品有限公司以变质原料组织生产的消息，引起了舆论的广泛关注。对这家企业，普通消费者了解不多，可说起它的供货对象——肯德基、麦当劳、必胜客，大家可都不陌生。福喜公司隶属于全球最大的肉类及蔬菜加工集团。”然后针对事实，抛出思考问题：“这么大的企业，为什么要干这样的事？这些变质原料，又是如何瞒天过海、流入市场的呢？”接着，再补充事件的后续发展情况：“今天，针对上海福喜公司出现的使用过期肉做加工原料的问题，国家食品药品监督管理总局发布公告，部署各地彻查涉事企业。同样在今天，上海食品药品监督管理局执法人员再次前往上海福喜工厂，并约谈了相关负责人。上海食品药品监督管理局通过约谈福喜公司人员得出结论认为，福喜公司使用过期肉的行为是有组织地进行的。今后，他们将通过对福喜公司以及类似食品加工厂加装电子眼监控等措施，防范此类行为的发生。上海福喜公司的法务部门工作人员明确表示，他们不接受任何媒体采访，只对食品药品监督管理局提出的问题作出回应。”为增加报道的深度，节目采取专题新闻报道常用的深挖事件背景的手法，回顾记者暗访上海福喜公司时了解到的种种违反食品卫生安全的事实：“2014年6月11日，福喜工厂解冻区域内堆放着上百箱冷冻小牛排，这批小牛排的纸箱外只是手写了产品名称、生产日期、重量，而没有保质期、生产企业、批号等关键性信息，肉已经发青了，是臭的。”“2014年6月18日，上海福喜公司麦乐鸡生产线。根据生产计划，当天要使用18吨麦乐鸡原料。记者看到，这些鸡皮和鸡胸肉原料生产日期为2014年5月28日和5月30日，保质期限为6天，而记者拍摄此段视频的时间是6月18日。也就是说，这些原料已经过期了将近半个月。记者问工人：‘这个生产日期是5月30日，保质期6天，我们今天可以用吗？’工人说：‘没关系的，搬上去。’”“过期原料被工人送至绞肉区，经过大型绞肉机粉碎乳化，过期的鸡皮和鸡胸肉被裹上了三层浆粉，经过200度高温油炸，一块块麦乐鸡被源源不断地生产出来，形状整齐，金黄诱人，再也看不出本来的面目。而就在前一天，福喜工厂发出了一份邮件：‘以下物料请帮忙延长保质期至本周末，明天安排生产。’邮件显示，这批冷冻小牛排对应的过期时间为2013年11月3日至8日，但最终这批过期7个多月的冷冻小牛排，又被切割成小片重新包装，内袋上打印的保质期又延长了一年。”节目以充分的事实报道为例证，既印证了“上海福喜对待媒体非常谨慎，但他们对自己生产的产品却远远没有这么谨慎”，又向公众还原了“这并不是什么小作坊，而是美国福喜集团在上海的分公司——上海福喜食品有限公司，是麦当劳、肯德基、必胜客等连锁品牌的全球指定供应商”的事实。同时，节目摆出相关的法律条文，作为评论的有力武器——我国《食品安全法》规定食品生产企业禁止生产用回收食品作为原料的食品。节目在最后作出总括性深刻评论：“企业无论中外、不分大小，都不能逃避监管。无论谁违反了中国的法律、伤害了消费者的权益，都必须受到制裁、付出代价。昨天，国家食品药品监督管理总局发出紧急通知，要求上海食品药品监督管理部门彻查福喜公司，涉嫌犯罪的要坚决移送公安机关。河北、山东、河南、广东、云南等地由福喜投资人投资的其他企业，以及全国所有使用福喜产品的企业，都要接受检查。相关产品要停售、停用，就地封存。国家食品药品监督管理总局将同时开展肉及肉制品专项整治，以确保广大人民群众的饮食安全。”

另一类专题总结性报道是先进行密集的专题消息报道与配发评论，再根据事件的后续发展情况，对事件结局另作报道。例如，《东方时空》关于福喜事件的报道最早是2014年7月21日节目中的《麦当劳肯德基供应商被曝食品安全问题》、《并非小作坊　投资方是美国大企业》、《洋快餐曾发生多起食品安全问题》、《上海食药监局查封麦当劳肯德基供应商上海福喜》、《麦当劳肯德基供应商使用过期肉》，接连几则报道充分显示了专题新闻报道的威力。这期节目还通过电话连线引入专业法律人士对事件的分析评论——《生产使用过期原料的法律后果》，对事件作法律层面的专业解读，满足观众认清事件本质乃至对食品卫生安全监督管理问题进行深层思考的需求。7月22日，该栏目对上述事件后续情况的报道是《国家食品药品监督管理总局　部署各地彻查上海福喜问题食品》。之后，接连发生了阿尔及利亚航空AH5017航班坠毁事件，台湾复兴航空失事事件，台风“麦德姆”袭击江西、山东等地事件……这些重大突发事件极大地吸引了受众的关注。直至7月28日，该栏目根据事件的发展结局进行了总结性报道《美国OSI集团主席就福喜事件道歉》，说明美国福喜母公司方面宣布在中国组建新管理团队，从而把美国方面就事件向公众所作的交代进行终结报道。

二、专题新闻调查及其写作要点

顾名思义，专题新闻调查通常报道对现实生活中影响较大的新闻事件，在深入调查的同时对事件予以报道与评析。采访前准备要充分，采访时要大量搜集专题事件、人物的相关资料，调查宜深采细挖。报道词的写作既要概括归纳调查结果，又要据事论理，向纵深处拓展评论的威力，承担起传统主流媒体帮助受众辩证、全面地认识现实生活、明辨是非，提供正确舆论导向的责任，履行主流媒体舆论监督的职责。

例如，中央电视台著名深度报道类栏目《新闻调查》、《焦点访谈》、《新闻1+1》、《东方时空》等，都曾播出大量的专题新闻调查报道。这类报道通常每期节目都预先精心选定一个须深入调研考察、探究分析的节目选题。如果选题涉及范围较广、覆盖面较大，或社会争议较多且错综复杂，节目还会分期播出。

《焦点访谈》在追踪报道事实、还原事实真相的同时，勇于曝光、批评社会阴暗面和行业不正之风等，履行传统媒体的舆论监督职责，积极弘扬社会正能量，因而赢得了观众的肯定与赞赏。例如，该栏目2014年7月5日播出的《超标车是怎么购进的?》，曝光了河南省周口市烟草公司违反相关规定超标准购买公车的问题。节目播出后，党的群众路线教育实践活动官方网站——群众路线网在显著位置转载了该报道；截至同月25日，国内135家网站对其予以转载或评论。又如2013年5月4日播出的《管不住的“神农丹”》，披露了山东省潍坊市农村地区长期存在的违规使用剧毒农药“神农丹”种植生姜的现象。该期节目播出后，引发了各大媒体和社会各界热议。《新华每日电讯》发文《山东“毒生姜”被曝光　为何管不住?》质问问题源头。《广州日报》发表评论文章《“毒生姜”现象：己所不欲，勿施于人》。《新京报》刊发社论《“神农丹姜”何以能“特供”国人》，指出“神农丹姜”固然生长于“人人相害”的伦理土壤中，但其能成为国人的“特供”食品，更离不开国内食品安全监管的宽松和懈怠。长江网发表《还有多少农产品在滥用神农丹?》。荆楚网发表《郭元鹏：谁才是“毒生姜”的亲爹娘》。显然该期节目的调查报道所产生的舆论效应已远远超出报道本身。

再如中央电视台《焦点访谈》2012 年 5 月 24 日播出的《打击“两非”非常行动》，以下是根据该期节目完整视频整理的文稿：

《打击“两非”非常行动》

画面（字幕）	报道词（含同期声）
演播室：主持人张泉灵	**【导语】**117.94，这一数字是我国最新的出生人口性别比。也就是说，每出生 100 个女孩，就会同时出生 118 个男孩，而国际社会公认的比值是 103 到 107 之间。我国出生人口性别比出现严重失衡，其深层原因是重男轻女的性别歧视，直接原因则是非医学需要的胎儿性别鉴定和非医学需要的人工终止妊娠行为，简称“两非”。“两非”会带来什么样的危害呢
照片三张：第一张是范晓珍的近镜头；第二张显示范晓珍坐在小车内；第三张显示范晓珍与其他人面对 B 超机工作	**【解说】**画面中的这个女人叫范晓珍。她曾经是海南省儋州市一家卫生院负责做 B 超的医务人员。2010 年，她由于违规向孕妇提供非医学需要的胎儿性别鉴定而被单位开除。而此刻范晓珍手持长探头，依然一副很职业的样子，她究竟在做什么呢
范晓珍与记者坐在电脑前交谈 字幕：范晓珍　犯罪嫌疑人	**【采访同期声】**记者：“你来看一下这段录像，这个人是你吗?” 范晓珍：“不记得了……我看，是。” 记者：“是你。” 范晓珍：“嗯。” 记者：“刚才拿着的那个是什么？长长的那个。” 范晓珍：“探头。” 记者：“探头，是 B 超的探头是吗?” 范晓珍：“嗯。”

（续上表）

画面（字幕）	报道词（含同期声）
暗访拍下的视频：范晓珍正在给孕妇做B超检查 范晓珍取出探头 范晓珍在看机器中的影像 范晓珍收拾长探头	**【解说】**原来，范晓珍被医疗机构开除后，私下里开始重操旧业。她买了一台便携式的B超机，开始专门替人做胎儿性别鉴定来赚钱。为了逃避公安、卫生、人口、计生部门的打击，她特意将检测地点安排在一家店铺后院的车上。范晓珍从一只袜子里掏出B超机的探头，用探头在一位孕妇的肚子上轻轻滑动了几下，随后将检测结果告诉了孕妇 **【同期声】**范晓珍："是个男孩儿。"
采访办案民警 照片：当年抓获范的情景，照片上用红笔圈出范晓珍	**【解说】**之后，范晓珍收取了孕妇付给她的钱 **【采访同期声】**范晓珍这个案件，是在2011年的11月19日，在她家后面的一条小巷里面当场抓获她的。抓到现场的时候，她是做了三个人（孕妇）
医院里排队检查的孕妇们 广场上熙熙攘攘的人群 挂白色车牌的公务车在行驶中 查处"两非"行动的现场，记者在现场采访 照片一组五张：警察在现场抓获嫌疑人	**【解说】**针对我国出生人口性别比居高不下的状况，从去年8月开始，国家人口计生委联合公安部、卫生部、国家食品药品监督管理局、总后勤部卫生部、全国妇联等六部门，在全国范围内开展了集中整治"两非"的专项行动，共立案查处各类"两非"案件6 700多件，结案5 800多件，处理有关责任人2 400多人。仅海南省儋州市在此次专项行动中就破获9宗"两非"案件
采访周先涛 字幕：周先涛　大队长　海南省儋州市公安局治安警察支队治安刑事侦查大队	**【采访同期声】**犯罪嫌疑人通过各种各样的方式来规避我们的打击。我们跟踪他，他也反跟踪
（推镜头）照片一组：查处"两非"行动、便携式B超机、出租屋内缴获的B超检测物品及曾用于作案的小汽车等 警察带嫌疑人唐振声指认现场 唐振声在材料上按下手印	**【解说】**此类违法违规行为隐蔽性很强，为了逃避打击，一些不法分子采取打一枪换一个地方的方式，不断更换地点。私人住宅、出租屋，甚至一辆小汽车等，往往都能成为不法分子的操作地点。据了解，这些人当中有不少已经不是第一次被公安机关打击。犯罪嫌疑人唐振声曾经在当地医疗机构打过工。离开单位后，他买了几本书、一个B超机，就干上了替人鉴定胎儿性别的生意，唐振声也已是多次被公安机关打击

（续上表）

画面（字幕）	报道词（含同期声）
（特写）看守所楼顶的警徽 采访唐振声 字幕：唐振声　犯罪嫌疑人	**【采访同期声】**记者："做这个胎儿性别鉴定，过程复杂吗？" 唐振声："不复杂。" 记者："买个机器就可以做吗？" 唐振声："嗯。"
（推、拉镜头交替）嫌疑人使用过的几种B超检测设备 （特写）数钱的手 （特写）一堆曾供作案用的药物与器械	**【解说】**随着技术的提高和更新，买一套便携式的B超机只需要很少的钱。花几分钟的时间，就可以做一次鉴定，非法所得就可以达到几百元，可以说一本万利。暴利的诱惑，加上监管难度较大，使得此类现象屡禁不止。非法为孕妇选择胎儿性别的终止妊娠，也只需要很简单的药物和器械，收入则可以达到几千元。而这些东西在很多地方都可以买到，也使不法分子有了可乘之机
采访韦茂国 字幕：韦茂国局长　海南省儋州市卫生局	**【采访同期声】**对于下一步工作的策略，我们也进行了调整，鼓励社会那些相关人员来跟我们举报。我们提高了奖励金额。我们由原来的5 000块钱到10 000块钱举报一例的金额，提高到30 000到40 000块钱的奖励金额
漫画一：躺在检测床上的孕妇与坐在B超机前的医生对话 漫画二：一位女医生站在一头坐着男孩一头坐着女孩的跷跷板前宣传："努力促进出生人口性别比自然平衡！" 执法人员查处"两非"行动 王某来回走动的侧身剪影 丁家门前小院 照片：丁月端 （移摄）行动人员迅速赶往丁家 照片：王某掩面躺在床上	**【解说】**非法进行胎儿性别鉴定直接导致有人有选择性地进行生育或流产。如果说前者是危害社会，那后者不仅是危害社会，而且残害生命，甚至直接威胁到孕妇的生命安全。一些不法分子利用开设的黑诊所非法为孕妇实施引产手术 2011年7月，家住儋州市王府镇的孕妇王某通过B超检测得知自己所怀的是女婴时，虽然已经怀孕4个月了，但她还是决定放弃这个孩子，进行引产。经人介绍，王某了解到有一个叫丁月端的女人经常私下为孕妇做引产手术，7月13日这一天，王某按约好的手术时间来到了丁月端的家。打非专项行动小组接到群众举报，迅速赶往丁月端家

（续上表）

画面（字幕）	报道词（含同期声）
采访民警吴承兴 字幕：吴承兴　民警　海南省儋州市公安局治安支队侦查大队	【采访同期声】我们去的时候，犯罪嫌疑人丁月端已经给这个孕妇口服了 3 粒引产药物。我们公安机关抓获犯罪嫌疑人丁月端后，及时对这个孕妇进行急救，把她转移到儋州市人民医院妇产科进行引产，引出一个女婴
医生在 B 超机前检查胎儿情况 缴获的一箱引产流产药物 照片：丁月端	【解说】由于孕妇王某服下的引产药物已经发生药效，胎死腹中，医院只能为其实施引产手术。在选择性别的人工流产中，被引掉的绝大多数都是女婴，这是导致人口比例失调的最直接原因。经过审查，丁月端不具备任何医疗资质
照片：王某掩面躺在床上 汽车开往医院途中 医院，医护人员在忙碌 （特写）“分娩区”的标志 照片：王某掩面躺在床上 丁月端在两个民警押解下，迎面从远走近	【现场解说】其要王某服下的引产药物是怀孕 35 天到 45 天的孕妇用药，但王某当时已经怀胎 4 个月。这样随意乱服引产药物，不仅会导致婴儿身亡，孕妇本身也面临着很大危险。如果不是及时抢救，很有可能会发生生命危险 像这样的非法为孕妇进行人工引产的手术，丁月端先后做过 13 例，其行为完全属于非法行医
记者采访丁月端 字幕：申宇红　记者 同期声字幕，同右	【采访同期声】记者：“你有这个医师资格证，还有……” 丁月端：“没有。” 记者：“那你有什么资格来卖给这些人这些引产的药，或者是帮她们做引产呢？” 丁月端：“当时也是想牟点儿利。” 记者：“你又不懂这个医学，发生危险怎么办？” 丁月端：“当时也没有想到这种情况。”

（续上表）

画面（字幕）	报道词（含同期声）
执法人员在查处“两非”行动中缴获的药物、用具等 医院里，家长抱着孩子吊针 几个家长抱着各自的小男孩闲聊 农村里，田间地头自由玩耍的孩子们；孩子们和狗；干活的农妇；归航的渔民；开着拖拉机的农民	**【解说】**在严厉打击“两非”行为，整治非法行医的过程中，执法人员也发现，“两非”现象之所以存在，归根结底的原因还在于这种“生意”目前很有市场 在我国广大农村地区，人们在生男生女的问题上，依然有着很深的偏见 按照规定，农户如果第一胎生育的是女孩，那么这个家庭还可以生养第二胎，所以一些家庭尤其希望第二胎能生育一个男孩。这种传统的传宗接代、重男轻女的观念，在很大程度上也加重了他们选择胎儿性别的倾向
罗迈在接受记者采访 字幕：罗迈　主任　国家人口和计划生育委员会性别比综合治理办公室 大街上熙熙攘攘、来来往往的人流 罗迈在接受采访	**【采访同期声】**选择性地进行胎儿性别鉴定，然后选择性地终止妊娠，造成了人为的男性和女性比例不平衡。按照这样远远高于正常水平的性别比，到了20年以后，专家测算20岁到40岁之间的男性，将会多出2 500万。这样一大群体存在于社会中，找不到配偶，对社会是个很大的威胁，乃至对人类的生态也是一个很大的破坏
渔民收拾捕获；收衣服的农村女孩；田埂边共抬重物的农民夫妇；宣传栏贴着的文件材料；路边竖立着“关爱女孩关注未来”、“消除性别歧视，实现社会公平”大型宣传板 医生抱着襁褓中的婴儿（特写—拉镜头）	**【解说】**在严厉打击“两非”非法行为的同时，针对农村地区传宗接代的传统观念和实际生活中确实存在的困难和问题，国家人口计生部门推出关爱女孩行动。一些地区对于农村计划生育女儿户在政策上也予以倾斜
吴才高在接受记者采访 字幕：吴才高　副主任　海南省儋州市人口和计划生育委员会 照片四张（推镜头、摇镜头）：农民们在村办公室门前、晒场、地头等围着听宣传	**【采访同期声】**具体的话，我们就是农村二女户如果结扎的话，就为结扎方一次性购买保险5 000块，还要给他们20 000块钱的补助。从结扎之日起，夫妇双方每月有100块钱的保险。然后，一直到60岁发养老保险为止。还有他们的女孩，从3岁到6岁入幼儿园，每个女孩补助1 200块钱

（续上表）

画面（字幕）	报道词（含同期声）
村道上，两个女孩结伴而走；一辆摩托车驶近，一个小女孩坐在骑摩托车的父亲前 照片两张：一是领导们宣讲并拟向独生子女户家庭发放补助；二是手拿“扶助：独生子女户　10 吨化肥”牌子的独生子女户们齐集听讲（摇镜头） 照片四张：第一张是肩扛着米、手拿着油的农民；第二、三、四张是干部们把手中的棉被、礼品等物送到农民手上 照片（推镜头、摇镜头）：“关爱女孩行动”宣传活动；“关心女孩成长，树立文明新风”宣传牌；“和庆社区”宣传栏	**【解说】**除此以外，在海南省儋州市，二女户家庭中考上大学本科的，部分学费由政府一次性予以补贴 同时，对于征地补偿、宅基地分配、良种补贴、农机补贴以及涉及扶贫惠农的其他一些优惠政策，在同等条件下，当地政府都会优先考虑到计划生育女儿户 平时过年过节，各级政府及计生部门也要到女儿户家庭走访慰问，送补贴、送温暖。在政策上、实际利益上都确保不让女儿户家庭吃亏 目前这种从切实关心女孩成长入手，帮助女儿户家庭解决实际困难、减少后顾之忧的行动，已经在全国全面推广 家住儋州市和庆的黄仕通家有两个女儿，这个家庭已经享受到了一系列的优惠政策
记者在黄家小院里采访黄仕通一家人 字幕：符造娇　黄仕通的妻子 符造娇一直笑着回答	**【采访同期声】**记者：“你们家有两个宝贝女儿，（政府）给你们什么样的优惠政策？” 符造娇：“逢年过节的话，这种节日里会下来走访一下我们啦，慰问一下啦。” 记者：“会给你们买礼物是不是？” 符造娇：“礼物，还有红包。” 黄仕通：“橡胶有 400 多株这样。” 符造娇补充：“免费发的，政府补贴的。” 记者：“要是自己花钱买的话，得多少钱大概？” 符造娇：“五六块钱一株吧。” 黄仕通：“要几千块钱啰。” 记者：“哦，要几千块钱。”
记者在国家计生委采访罗迈 字幕：罗迈　主任　国家人口和计划生育委员会性别比综合治理办公室	**【采访同期声】**我们现在制定了“十二五”规划，今年我们准备设定出生人口性别比重点治理年。在规则里面我们也加了五项：宣传教育、利益导向、全程服务、查处“两非”、统计监测。我们希望在未来的“十二五”期间，使出生人口性别比回到自然状态

（续上表）

画面（字幕）	报道词（含同期声）
主持人张泉灵在演播室总结归纳	**【解说评论】**“两非”扼杀了女婴的生存权，威胁着育龄妇女的身心健康和生命安全，“两非”长期存在会加剧人口结构的不合理，给社会稳定带来巨大隐患。所以，遏制“两非”既要治标，又要治本，在打击无证行医和医务人员涉足“两非”的同时，普及科学、文明、进步的婚育观念，倡导性别平等的先进理念，让我们的社会健康有序、平衡和谐地发展

该期节目选题精准，角度把握准确；报道内容有分量、有深度；节目主题鲜明，亮点突出。同时，该期节目以深入实际的采访调查，贯彻了《焦点访谈》“时事追踪报道，新闻背景分析，社会热点透视，大众话题评说”的栏目宗旨。

《新闻调查》是中央电视台定位为深度调查类的栏目。作为周播栏目，《新闻调查》在2014年7月里播出了《追查转基因大米》、《嘉桐街病人的一天》、《上海滩的拆迁难题》、《寻找远征军遗骸》4期节目，每期节目的专题不同，但具调查性、报道性、评论性的节目特色是共同的。该栏目往往选取具有重大社会影响力的新闻事件、有较高社会关注度的新举措或引起公众较多争议的现象与事件作为节目选题。《新闻调查》主要以记者深入实地展开对选题事件的调查采访，并伴以对事件真相的分析判断及对事实本质的评论剖析为节目特色。节目往往记录与表现记者调查采访的过程，透过记者循序渐进、有的放矢的提问，展现栏目组与记者努力挖掘与追索的事实真相，追求对选题事实作出平衡客观及深入全面的报道。同时，节目在报道过程中穿插呈现事件的背景资料与发生原因，不断梳理、归纳事件的发展脉络，对隐藏于事实背后的复杂真相作出冷静的判断分析，为观众理性认识选题事实或现象提供评论观点，帮助人们正确看待社会现实。例如，该栏目曾播出《黄浦江死猪事件调查》（2013年3月23日）、《沉重的裸婚》（2011年10月22日）、《养老之困》（2011年9月3日）、《干旱　城市的反思》（2011年2月19日，分三期播出）、《追问核电安全》（2011年3月26日）、《小井盖　大问题》（2013年8月3日）、《走廊医生》（2014年3月29日）、《兰州饮用水污染调查》（2014年5月10日）、《胡万林的“神医江湖”》（2013年11月2日）、《垃圾场之忧》（2013年6月29日）、《从产房开始的贩婴》（2013年8月17日）等节目。这些节目播出后在社会公众中引起了强烈反响，取得了良好的报道效应。该栏目也因此在普通公众与精英人群中获得了较大的影响力。

专题新闻调查的文字写作主要包括以下几方面：一是撰写节目选题阐述，要求节目选题基于现实，精准热辣，且有较丰富的看点与信息价值；二是撰写节目选题调查大纲，要求说明调查的地域范围、采访的主要群体或对象、主要调查方式、调查主题、调查思路及调查工作重点，引导节目制作者开展采访调研、探寻新闻事实真相以及探究新闻背后的缘由等；三是撰写报道词，具体的写作要求此处不再赘述；四是撰写评论、预测事件的发展趋势或未来的走向等，要求立足于对调查事实进行分析，评论恰当到位，态度立场分明，给观众明确的舆论观点引导。

三、专题访谈及其写作要点

专题访谈是专题类电视新闻报道中一种以人物对话为主要表达方式的报道形式，它不同于消息类新闻节目中常见的人物访问。常见的电视新闻专题访谈有两大类：一是对某些被社会公众所关注的新闻人物、知名人士进行访问；二是就当前政治、经济、社会生活中为广大群众所关心的热点与疑点问题，访问有关机构的负责人和有关专家。

凤凰卫视有多个优秀的专题访谈节目。《问答神州》就是一档把访谈对象定位为“大陆、台湾、香港、澳门关键人物”的高端专题访谈节目，该节目将眼光投向快速发展的、处在经济体制改革转型中的当代中国，由凤凰卫视金牌主持人吴小莉担纲，与政坛精英们进行专题对话。其中几集重点节目包括《问答张志刚——香港政改之我见》（2014 年 7 月播出），《专访台湾“交通部长”叶匡时》（2014 年 6 月播出），《问答三沙市委书记肖杰》（2014 年 4 月播出），《问答河北省委书记周本顺》（2014 年 5 月至 6 月播出，见图 7 – 4），《问答台湾“国发会”主委管中闵》（2014 年 5 月播出）等。

图 7 – 4 《问答河北省委书记周本顺》

节目组把媒体对两岸政治外交格局变化、经济发展新问题乃至军事摩擦冲突等现象的观察、思考、困惑与期待，提炼在预先准备好的采访提纲中，透过访谈与政坛精英们作深入的交流。观众在主持人的提问与受访者的回答的往来交锋中，可在第一时间掌握中国的最新变化和发展，了解各地政要精英对民生管理、政策改革、发展规划等的思路、设想与奋斗目标等。

《风云对话》则是凤凰卫视另一档以国外政坛名流为访谈对象的专题访谈节目。节目围绕国际焦点事件，或围绕全球政治最关键、最敏感的话题，专访世界政坛或局部区域叱咤风云、赫赫有名的重量级人物。例如，其在 2014 年 7 月共播出四期节目，分别是：《专访黎巴嫩外长巴西勒》、《专访以色列驻华大使马腾·维勒奈》、《专访巴基斯坦驻中国大使马苏德·哈立德》、《哈西娜：孟加拉人民思想既包容又世俗》，专访对象不是外长，就是前任总理或驻华大使，都是世界级的风云人物。节目两任主持人都很善于调动采访技巧，让这些风云人物在镜头前逐渐卸下高度戒备的“架子”。在主持人的巧妙提问下，他们向观众剖析敏锐时事话题，阐述他们的观点。节目也透过专访引导观众从另一角度看世界。

凤凰卫视欧洲台从 2014 年 3 月 14 日起，在每周五的黄金时间里，推出了二十多期的系列专题访谈《中国·法国五十年》。访谈的对象有前任法国驻华大使、现任中国驻法大使等。规模如此庞大的系列报道，都是为了表现同一个专题——2014 年是中法建交五十周年。在这见证中法双方友好关系的重要一年中，将有各种回顾历史、讲述现今的纪念活动。中法两国在半个世纪的漫长岁月里，无论是外部世界还是两国各自的国情民生都在不断地发生着改变与发展。凤凰卫视借建交五十年的契机，及时推出该系列的专题访谈，通过专访众多关键性人物回顾历史，为中外观众探究相距万里的两个大国是如何共同迈出彼此的每一步，建立五十年的稳定外交关系的。该专题的意义是显而易见的。

专题访谈的文字写作主要包括以下几方面：

（一）撰写节目策划文案

访谈节目制作前，需提交节目策划文案以便审核。

撰写节目策划文案的步骤是：首先，根据现实生活的需要，选择有访谈价值的专题；其次，对访谈专题作充分的阐述说明，阐明该专题的社会关注度与社会背景、访谈的重点、节目的主题、专题讨论的现实价值及意义；再次，列出将要访谈的对象，安排节目主持人；最后，写出节目的基本流程等。

1. 节目策划文案的写作要求

（1）主题明确。

访谈节目策划文案在中心突出、主题明确这点上，与其他文体是相同的。也许实际的节目访谈内容会比较松散，但在拟写节目策划文案时，要尽量选择和提供与访谈主题相关的素材，以便清晰说明访谈的主题。这对主持人把握访谈主题重点、围绕主题展开访谈更有帮助。

（2）结构脉络清晰，有层次、有节奏。

访谈节目策划文案一般会以大纲形式表现节目的脉络发展，不需要预先设定访谈细节。尤其是直播式的访谈节目，可能会因为访谈嘉宾的个性发挥或者现场访谈气氛热烈而出现超出访谈计划的内容。为了避免多余的文字干扰，策划文案基本采用“大纲＋串联词”的形式。写作文案时要做到以下两点：一是清晰呈现节目内容脉络，说明谈话大致分几部分，以便主持人把握、推进节目的节奏和层次；二是对访谈话题的安排尽量张弛有度，疏密有致，有起有伏，避免前松后紧，让节目前半段毫无吸引力，或前紧后松，使节目后半段失去看点。

2. 专题访谈类新闻节目策划文案的种类

（1）大纲文案。

这通常是在编前提出来的节目简单预案，旨在为节目提供基本的选题思路和话题设置说明，以争取节目制作的机会。

（2）拍摄文案。

这种文案通常采用图表式的结构，标明节目每一阶段的访谈对象与相应话题，也说明节目不同阶段参与制作者的不同分工。它比较适合访谈嘉宾较多的专题访谈节目或需要各个岗位紧密配合的直播型专题访谈节目。

（3）详细文案。

它既有详细的节目流程说明，又有访谈主题的说明，更把采访提纲也补充完善了，是可以直接运用于实际节目制作的详细文案。它一般在策划型的专题访谈节目中较为常用。

（二）拟写采访提纲

访谈前应充分搜集与访谈主题相关的所有背景资料，了解访谈对象的相关背景，认识访谈对象与访谈专题的关联及其立场和态度等，并据此拟出提问大纲。采访提纲要体现专题访谈节目的广度和深度。提问设计要具有发散思维，通过提问要能让访谈对象谈出观众想要知道的信息，还须体现访谈的深度。另外，提问要具有较强的信息量，还要具有挖掘思想的力量，让观众通过提问厘清对事实的了解，概括对事物本质的思考，将对问题的讨论等往纵深处推进。

在实际的专题访谈节目中，主持人应根据访谈的现场实际交流灵活应对，如紧盯访谈对象的回答中冒出的有价值的“苗头”、“信号”，及时追问有价值的内情；

根据访谈对象的特殊表情或借助访谈营造出的良好气氛，适时提出采访提纲外的追问等，以便了解更多横向的、隐匿的信息。这种超越采访提纲范围的追问，往往会带来丰富与拓展专题内容的效果。但主持人也要懂得在追问后适时收回缰绳，以免偏离节目访谈专题太远，使访谈不能如期完成目标。

（三）撰写画外解说词

在进行节目后期制作时，节目组要根据访谈的整体内容与实际效果，围绕当期节目的主题和专题讨论的重点等进行适当剪辑，同时利用画外解说词进行必要的说明和补充。画外解说词应该起到这样的作用：①可以在访谈过程的某些节点补充相关的背景材料，方便观众完整地理解相关内容；②对访谈内容作阶段性、小板块式概括归纳，以利于观众把握访谈专题的整体内容；③可以引入节目所需的图表数据或资料短片，起承上启下的转折、解释作用。

（四）撰写总结性评论

总结性评论要将访谈对象在访谈节目里披露的事实材料和对与公众利益相关的话题所发表的观点和所流露的质疑或思考等，在节目后期编辑时予以梳理和归纳，力图完整表达嘉宾个性化的分析评论。

另外，总结性评论还要结合电视媒体应具备的社会责任、立场态度等进行总结性归纳，表达对专题的深刻分析和理论性的思考判断，提炼媒体自身对访谈专题的分析及对访谈内容的评价。

总结性评论往往被放到节目最后，作为节目的结束语播出。

例如，凤凰卫视2013年9月1日播出了《风云对话：专访中国风险投资之父成思危》，在节目最后主持人阮次山作了如下的总结性评论①：

我们今天和前任全国人大常委会副委员长成思危，也是著名的经济学者，讨论了我们中国最近发生的一连串的经济成长案例。那么他也和我们讨论了中国经济成长到底是“硬着陆”或是“软着陆”，消除了其他国家的经济学者对我们所做的很多猜测。那么当然，他也跟我们解释了我们中国今后为什么不应该盲目地崇拜GDP，我们要从实际的结构改革、从结构性的成长来评断我们国家的经济发展。所以呢，从成思危先生的这些分析中，我们也清楚地了解到现在中国的经济发展正处于一种比较健康的，可是呢，也比较有风险性的阶段。感谢您收看今天的《风云对话》，我们七天之后再见。

① 资料来源：凤凰网。

这期节目最后的总结性评论，对访谈内容作了总括性的提炼，对节目讨论的专题作了高度浓缩的解读与评价。由于主持人是媒体评论员而不是专业播音员出身，所以带有较多的口语色彩。

以下是一则新闻类专题访谈节目文稿的完整示例——凤凰卫视中文台的专题访谈栏目《问答神州》在2014年1月4日播出的《罗豪才：中国还不能废除死刑　但判决数量在下降》的完整文稿[①]：

解说：人权，是人人与生俱来的权利。

罗豪才：你抽象问老百姓，对于人权你有什么要求，他听不懂了。你跟他讲吃的、住的、行的，他可以跟你谈很多。

解说：人权，亦是中西方政治摩擦的焦点之一。

吴小莉：（一些成员国）对于中国的人权状况的建议，包括了是不是能够进一步地放宽言论和新闻的自由，包括对于网络的控制。

解说：从侨界领袖到人民法官，他参与中国《行政诉讼法》的立法。

吴小莉：当时（您）曾经因为反英国殖民被抓进了牢里去。

罗豪才：民告官，告我，那制定这部法律来反对官，（他们）就很抵触。

解说：从法学权威到人权研究会会长，他见证中国“人权司法保障”的启程。

罗豪才：法制不能离开人权来谈法制，人权也不能离开法制来谈人权。

吴小莉：2013年11月，中共中央召开第十八届三中全会，首次提及“人权司法保障”概念，并提出了“完善人权司法保障制度”的改革目标。就在三中全会闭幕的当日，在位于纽约的联合国总部，中国以176票当选联合国人权理事会的成员，被认为是中国在人权事业上的努力得到了世界的肯定。不过人权问题，在很长时间以来，以及在未来很长时期之内，依然会是西方和中国最为活跃的政治摩擦点之一。那么，中国的人权现状究竟如何？中国人权事业又有怎么样的进展？前不久，我来到全国政协礼堂，采访了中国人权研究会会长罗豪才。

吴小莉：会长好。

罗豪才：非常高兴能见到你。

吴小莉：是，我也很高兴能够在算是您很熟悉的政协里面见到您。

罗豪才：是。

解说：罗豪才是一位知名的法学学者，曾先后担任北京大学副校长、最高人民

---

① 资料来源：凤凰网。

法院副院长、致公党中央主席、全国政协副主席等职务。罗豪才直接参与过《行政诉讼法》等多部法律的起草和制定，他主编的行政法教科书亦曾是中国大陆最为经典的版本。

【随访】

吴小莉：这十多年您在政协里面的工作，还是跟您的法律专长是有关系的？

罗豪才：应该说有关系，到政协来，我提的一些提案、建议，都是有关法律的多。

吴小莉：在政协的时候，有没有机会接触人权方面的议题？

罗豪才：有，当时也有人建议，我们也做了一点了解。但实际上政协的工作很多也是围绕人、人权，比方说这个农民问题、工人问题、农民工问题，所以处处都有人权，不仅仅说《人权宣言》里头有，我们政协里头议论的事、关心的事，归根到底还是人权。

解说：2007 年，时任全国政协副主席的罗豪才当选中国人权研究会新一届会长。中国人权研究会成立于 1993 年，是中国人权领域最大的全国性学术团体，在联合国经社理事会享有特别咨商地位。

吴小莉：中国人权研究会可以说是中国人权领域当中最大的全国性的一个研究机构，我们怎么去定位它？它得出的这些研究报告，通常会给中央领导吗？它算是一个智囊机构呢，还是一个咨询机构？

罗豪才：应该讲，这个是一个民间组织，又是一个咨询机构，我们可以有咨商的地位，在联合国来讲；在国内来讲，更是有这种建议权、监督权，大概都有这类的权利。因为我们每年开展许多活动，其中一个是人权机构的经验交流会，我们在各地有六十多个人权研究分支机构。

吴小莉：就是在国内的？

罗豪才：国内，每年都要开一次经验交流会。在交流会过程当中，会提出各种意见和反映各种问题，我们要把它整理好，整理以后要向有关方面反映，甚至向国务院反映，那么这些就是建议了。

解说：从 2011 年开始，中国人权研究会每年都会编写一本《中国人权事业发展报告》，也叫作“中国人权蓝皮书”，试图以专家学者的眼光对中国人权状况及其进展进行客观记录和评析。

【随访】

吴小莉：为什么从 2011 年开始要做蓝皮书？

罗豪才：因为当时觉得民间有很多关于人权研究的成果，我们有很多理事在这方面很有研究，而且做了很多工作，应该把它们反映出来，而且国内也很需要。

吴小莉：所以这一份蓝皮书一开始的时候，大部分是各个理事的研究成果做成的一个报告。

罗豪才：有研究的成果，更多的是一些情况。

吴小莉：情况的分析。

罗豪才：分析。

解说：2013 年 9 月，以“建设可持续的人权发展环境”为题的第六届北京人权论坛召开。这一个由中国人权研究会主办的论坛，自 2008 年诞生至今，已经发展成为国际上有着广泛影响的人权交流平台。

吴小莉：您在 2007 年担任人权研究会的会长，然后在 2008 年就召开了北京人权论坛。你们邀请的大部分是专家学者，还是其他国家关于人权方面的一些非政府组织或者是智囊机构?

罗豪才：应该讲，与会的有搞政治的，有搞法律的，有专家，有学者，也有其他机构的代表，都是共同对人权感兴趣的。这些人来到中国以后，对中国有所了解，来过中国和没有来过中国是不太一样的。来了以后又参与我们这个北京人权论坛会议，他们也有收集一些资料，在会上还听过一些发言，对中国的人权状况、人权理论、人权发展，他们是更了解一些。所以这些人回去，遇到联合国讨论人权的问题，他们在里头做个介绍发言，那很自然是吧。所以应该说，还是要交朋友，交成功的朋友。

【下节预告】

吴小莉：并不是这么重视公民权和政治权。

罗豪才：谈到干部啊，谈到选举啊……这个问题也都会来的。

吴小莉：“人人生而自由，在尊严和权利上一律平等。”这句话出自《世界人权宣言》的第一条。《世界人权宣言》在 1948 年 12 月 10 日正式被联合国采用，旨在维护人类的基本权利，是目前使用最为广泛的人权文件。其中罗列的三十条规定，是所有人与生俱来的权利。

【人权宣言小片】

字幕：

人人生而自由，

在尊严和权利上一律平等；

不分性别、肤色、宗教、语言、贫富或政治立场，

人人有权享有生命、自由和人身安全；

任何人不得被使为奴隶，
不得加以酷刑；
人人都有权利，
无论身处何处；
法律面前人人平等，
我们的人权受法律保护；
不受不公正的拘留，
人人有权接受公正的审判；
直到被证明有罪之前，
我们都是清白的……

吴小莉：您做人权的工作，是不是要做大量的研究？因为您是学者出身，肯定先研究一下人权是什么，中国的人权是什么，跟西方的人权有什么不同，是不是要做这样的一些研究？

罗豪才：是，出任这个会长以后，我是注意收集一些这类资料，我感觉到我们关于人权的（内容），包括定义、范围、怎么做、怎么保障，跟国外都不太一样。所以有时候我跟一些国外的学者交谈起来，也很有意思。

吴小莉：很有意思的地方在哪里？会不会在很多问题上，大家还会争执不下？

罗豪才：我觉得我们的关注点确实有一点不一样，他们大概关注个案，某某案子，什么这个那个，抓了这个人，或者是判了这个刑，他们很关心个案。我们关注的是一般的比较普遍的问题，主要是从一般角度来研究人权。

解说：中国的《新华字典》对“人权”的解释为：“人的生存权、发展权、人身自由和其他民主权利以及经济、文化和社会等方面的权利。”中国政府一直强调“生存权和发展权是首要的人权”，“没有生存权和发展权，其他一切人权均无从谈起”。

吴小莉：有一些人认为中国更重视生存权和发展权，而并不是这么重视公民权和政治权；不过有学者也说，人权在不同的国家、不同的时期，有不同的含义。那么今天中国的人权的定义又是什么？或者说中国是如何来定义人权的？

罗豪才：因为他们西方人讲人权的话，他首先要讲这个政治权利。这个政治权利当然不是不重要，但我觉得从跟老百姓的接触来讲，他们比较关心自己怎么生存、怎么发展。所以我们到底下调查，主要了解民生问题，你抽象问老百姓，对于人权你有什么要求、有什么建议，他听不懂了。你跟他讲吃的、住的、行的、房子什么的，他可以跟你谈很多。所以我觉得跟老百姓接触，谈这个人权问题，对于抽象的问题，他们不感兴趣；但如果说你谈具体的权利，他们很感兴趣。

吴小莉：您觉得他们对生存权和发展权比较有兴趣？

罗豪才：对，因为这个生存权很现实，政治权利当然他们也关心，在这类问题中，我觉得生存权、发展权是首要的，但不等于我们不关心政治权利。

吴小莉：您说您在下面调研的时候，民众还是关心政治权利的，他们怎么关心？

罗豪才：他们也关心，你跟他们谈到今后这个村庄、这个乡的发展，他们如果谈到干部啊，谈到选举啊，谈到怎么产生啊，这个问题也都会来的。这类问题就是政治权利了，当然这不是说针对共产党、什么党派，因为他们对共产党还是很拥护的，你不需要跟他多谈这种问题。我是党派的，那么当然我也很关心我党派的利益。

吴小莉：致公党？

罗豪才：致公党。

解说：人权，在中国和某些西方国家的双边关系中，一直是个关键词和敏感词。罗豪才和他在中国人权研究会的同仁，在国际交流合作中也经常会遭遇与西方舆论的交锋。

罗豪才：2013 年吧，我们到美国、古巴去访问，多数人对我们国家的人权状况还是比较理解的，但也有个别的人还有攻击。

吴小莉：举个例子，比如说您这次又遇到了什么？

罗豪才：比如说有一次我到法国去，我们开一个记者座谈会，记者来了不少。有一个记者提问，一下提了十几个问题，这里头有的问题，有的就是什么……我们……就西方老攻击我们那些问题。所以我对他，我觉得这个人是有一点不怀好意。后来我说你的问题太多了，我用一个筐可以装在筐里头，足够一个筐了，我挑哪一个来回答？有一次我到一个国家去，他讲你们一年枪毙了多少人？我说我们没有废除死刑，这个大家都知道，正如你们的国家，也还保留这个死刑啊，对不对？但是你要是研究我们这个死刑，就会发现判决（数量）是越来越往下降了，人数越来越少，这个罪名也越来越少了。对于统计的问题，你们要统计就去统计，我没有统计，但我可以告诉你，就有这么一个趋势。死刑中国现在废除不了，西方很多国家还保留死刑，美国、日本都保留，我们也保留，但是应该讲现在数量在下降。

【下节预告】

吴小莉：联合国人权理事会的成员，应该是具有最高人权标准的。

罗豪才：批评中国的网络不自由啊、封锁啊。

吴小莉：2013 年 11 月 12 日，第 68 届联合国大会改选了联合国人权理事会成员，在亚洲国家改选的席次中，中国以176票当选，任期自2014年至2016年。这也是中国在2006年到2012年间担任人权理事会成员后，第二次当选。对此，《环球时报》发出题为“联合国176张支持票挺中国人权”的社评，把这次选举评论为“全人类对中国人权建设状况的一次信任投票”。

解说：联合国人权理事会负责在全球范围内加强促进和保护人权的工作，解决侵犯人权的状况以及对此提出建议。理事会共设47个席位，按地区进行分配，每个地区推举出自己的候选成员，然后再由联合国大会的193名成员进行投票表决。

吴小莉：成为联合国人权理事会的成员对于中国来说究竟意味着什么？

罗豪才：联合国人权理事会是联合国底下的一个机构，这个机构当然很重要了。这次我们再一次当选联合国人权理事会的理事，应该讲是高票当选了。联合国成员国有193（个），那么投票赞成我们的是，刚才你说了，176（个）。所以这个数字说明，国际社会和国际人权组织对中国人权状态、中国的人权保护还是肯定的，是持积极态度的。那么当然也有一种期待，希望中国在国际人权社会当中，发挥更大的作用。

解说：在这次联合国人权理事会的改选中，共有28个国家参与竞选14个席位。与中国同时当选的还有阿尔及利亚、俄罗斯、南非、沙特阿拉伯等13个国家。

吴小莉：部分的人权组织认为，联合国人权理事会的成员，应该是具有最高人权标准的，所以对于包括中国在内的越南、俄罗斯、沙特等这些国家的进入，他们觉得是不适当的，您怎么看这样的说法？

罗豪才：个别人总是要攻击一下的，这个不奇怪的是吧。在人权问题上，骂中国的有，但是我觉得这些都可以，我经常遇到这种挑衅性的问题，一种态度就是跟他解释一下，一种就是不理他。你多看一点报刊，多看一点新闻，了解了解中国，因为中国值得你了解。单单那么说，你可能没来过，没看过中国的变化，没看到中国的发展，没看到中国人权保障受到老百姓的欢迎。

同期声：到2049年新中国成立一百年时，建成富强、民主、文明的社会主义现代化国家。

解说：2013年10月25日，联合国人权理事会国别人权审查工作组通过了对中国人权状况的第二次审议。按规定，所有193个联合国成员国每隔四年半都要接受一次这样的审议，旨在审查各国履行人权义务和承诺的情况。

吴小莉：会长，2013年10月份中国接受了联合国四年一次的人权报告的审查，据说在联合国审查的时候，盛况空前，很多会员代表要提问、要发表意见，是这样的吗？

罗豪才：是，要发言的国家很多。这里头谈到中国，对中国人权事业给予肯定、赞扬的，大概有一百多个。发言的总共大概有一百三十几个吧，其中就有多数国家对中国的人权状况持肯定态度。

吴小莉：那当中有没有一些建议和批评？

罗豪才：也有，也有人有不同看法、不同意见。

吴小莉：比如说？

罗豪才：有那么多国家，总会七嘴八舌地议论中国。可能议论多一点的缘故，还是他们不了解中国。

吴小莉：我知道您可能不太愿意点名说出来，有一些理事，或者有一些成员国的代表，在台上说到怎样一些建议和批评，但是我想中国作为一个开放的国家，一定还是会听取这些建议和批评。比如说我也看到一些报道，提到了对于中国人权状况的一些建议，包括是不是能够进一步地放宽言论和新闻的自由，包括对网络的控制。您怎么听这样一些不同的声音，怎么看这样的一些建议？据说到 2014 年 3 月份，中国必须对这些建议作一些回应。

罗豪才：是，这类声音不仅在这个人权理事会开会的时间出现，平常也有啊。批评中国的网络不自由啊、封锁啊什么的，这类问题都有。我觉得第一条，听；第二条，有则改，没有的话，我们解释。这我觉得是很正常的，在国际交往当中，难免有不同声音。

同期声：中方一贯认为，世上没有放之四海而皆准的人权发展模式。由于历史文化传统、经济发展水平及社会制度不同，各国在人权领域所面临的挑战和优先任务不尽相同。我们认为，报告中所载建议，绝大部分都是善意和有建设性的，中方将予以认真研究，结合国情积极考虑。

需要说明的是，节目最后的总结性评论，没有另外撰写，而是引用了该节目提到的中国于 2013 年 11 月以 176 票当选联合国人权理事会的成员一事的电视新闻报道内容。同期声的内容是报道当中经联合国审核通过后，中国代表团副团长在联合国总部的发言同期声。

四、专题类电视新闻报道的写作要求

属于深度报道的专题类电视新闻报道，往往是用“以今日之事态，从而说出明日的意义”的报道方式，对社会政治、经济、军事、文化等方面的某一主题进行较为系统、全面而又深入的追踪、探究和表现。专题类电视新闻报道立足于宏观，着

眼于整体，把对事实的表面信息叙述变成全方位的冷静观察和多角度、多层面的叙述，既概括事实又梳理其发展脉络；同时发表对事实深刻分析的理性评论，帮助观众辨清是非、明白事理。故而，这类节目的文稿写作不像电视新闻消息那么简单，它在选题、采写和撰稿等方面均有不同的要求。

（一）专题类电视新闻报道的选题要求

写作者在对专题类电视新闻报道选题进行分析的时候，要着重考虑选题本身是否具备一定的新闻要素，是否是当前观众和社会关注的热点，是否在众多相近的题材中最具有典型性，是否具有可以深入分析和挖掘的价值，是否有足以吸引观众收看的事实挖掘与分析解读的独特性，从而为撰写节目策划书或选题报告提供充分的依据和基础。

除了对突发重大事件的综合报道（现场的专题新闻报道）外，大多数专题类电视新闻报道都需要一个经认真考虑的报道专题。专题类电视新闻报道的题材往往比较重要，要求具有一定的社会意义，报道的对象通常是具有深度报道价值的人物、事件、经验和社会问题现象等。所谓一定的社会意义，是指报道的问题具有较高的社会关注度，是社会公众普遍关心、密切关注的问题，同时又具有正确的舆论导向，这是深度报道有别于消息报道的价值所在。所谓深度报道价值，是指所选择的事件、问题或现象等本身具有较大的公共利益关联度或现实影响力，具有较大的信息承载量和牵动力，在事实信息的调查与表现上，具有必须进行深层调查的重要性与层层推进分析判断的可能性。

1．专题类电视新闻报道的选题要求

（1）具有典型性。

专题类电视新闻报道常从一些典型事件、典型人物、重大事件着手，如时事要闻、公共话题、突发事件等，也可以是在现实生活中有突出贡献的典型人物或是言行举止引发公众争议的人物。总之，专题类电视新闻报道的往往是在一定时期内最突出和最有代表性的事件或人物，对其进行深度报道能对公众的生活和实践工作产生一定的指导帮助或启发意义。例如，《新闻调查》2014 年 5 月播出的《刘汉黑社会组织覆灭记》和《新闻调查》2014 年 3 月播出的《护航亚丁湾》报道的都是有较大社会影响力与关注度的典型事件。又如中央电视台早年播出的《霞映长空》就是一集催人泪下的专题类电视新闻节目。节目报道的是河南省登封市女公安局长任长霞为民除害、因公殉职的感人事迹。这个专题节目立体地展示了任长霞这个典型人物不寻常的真实人生，让观众难忘任长霞工作时的果敢干练与出色表现，也难忘她作为一个女性在现实生活中的柔情善良。又如 2014 年 8 月 13 日《新闻1 +1》选择的报道对象是中国社科院研究员张昕竹，将其作为节目报道选题的缘由在于：张昕竹作为国务院反垄断委员会专家，却同时又受聘于正在接受反垄断调查的公司，违反国务院反垄断委员会专家咨询组工作纪律而被解聘。显然，选题关注的是张昕竹的行为引发的公众争议：张昕竹在众多机构兼职却代表不同社会组织表达利益诉求的行为，让人质疑他的专业操守，质疑这种游走各界、同时接受不同组织聘任的专家如何能作出独立的决策。

（2）具有整体性。

一般的电视新闻消息报道重在表达新闻的五要素，而属于深度报道的专题类电视新闻报道则着重于在联系上做文章，以求整体地将新闻事件所发生的时间、地点等相关背景，当事人与所处的社会环境的联系，新闻事件带来的社会影响和已产生的作用以及事件是否蕴含同类问题现象的普遍规律等都一一表现出来。它要求新闻报道者能够对纷繁复杂的新闻表象进行筛选和探究，将新闻背后的东西发掘和表现出来。例如，北京电视台曾在沙尘暴肆虐北京时作过一个专题报道《追沙溯源北行记》，将环保这一重大主题与北京遭遇的沙尘暴困扰联系起来，通过探究分析内蒙古混善达克沙地与北京沙尘暴的联系，挖掘事件表面背后的复杂原因，更阐明社会环境与自然环境的密切关联：“沙漠每年以2%的速度向前推进……北京就有被沙漠埋没的危险。”该专题报道既具有新闻价值，也具有宣传价值，整体突出生产经济快速硬增长不能以破坏自然环境为代价的主题。

（3）具有思辨性。

专题类电视新闻报道对新闻加以立体化，具体表现有：力图让报道全方位、有层次地还原事实真相，把深刻理性的分析寓于新闻事实的综合反映中，从挖掘事件的背景和人物、事物、环境之间的关系和相互影响等角度对事件进行切实到位的分析、解释、归纳与评论；还有思考和探索解决问题的方法思路或预测事物的发展态势等。思辨性是专题类电视新闻报道的一个重要特征。它注重从反映现实社会脉搏和时代精神的高度选择题材、提炼主题，在提炼主题的过程中体现或折射出节目选题的思辨色彩。

（4）具有时宜性。

时宜性包括时效性和适宜性两重含义。新闻是“易碎品”，时效性是体现新闻价值的重要因素之一。时效性讲求迅速及时地反映现实生活的最新变化与发展；适宜性讲求对错综复杂的、没有前车可鉴的事物予以冷静观察与慎重考量，选择恰当时机报道。专题类电视新闻报道和电视新闻消息一样都要追求时效性，但含义与要求却有差异。在互联网信息传播已普及，各种新媒体、自媒体迅猛发展，人人都可成为信息发布者的时代，电视媒体对新闻传播时效性的要求更高、更严。为了在媒介融合时代能继续保持传统电视媒体的竞争优势，其不仅在新闻频道 24 小时滚动播出最新新闻消息，而且在电视媒体的官方微博、微信公众号、手机客户端等新媒介上也同步发布电视媒体的新闻消息，以积极应对新媒介的竞争。同时，电视媒体为了保证专题类电视新闻报道的时效性，力求紧随现实生活的节奏，恰当掌握好节目制作的火候与时机。

要保证时宜性，在专题类电视新闻报道须紧盯重要新闻事件，紧抓恰当时机，把握观众对社会流行现象的普遍看法、社会关注热点和观众收视心态，尽可能选择最新、最热的社会焦点与新闻话题，努力迅速而全面地还原事件全貌，综合辩证地解读事件背景与原因，深刻分析事件本质，力求为受众提供有准度、有深度和有锐度的新闻舆论导向。

专题类电视新闻报道的时宜性还表现在它能够以当前社会形势与宣传方针迫切需要的某类题材、某类型内容为选题，如每年的 3 月 15 日，包括中央电视台在内的众多电视媒体都会推出一系列打击制假贩假、鼓励消费者积极维权的专题节目；又如香港回归前制作播出的《香港沧桑》，还有香港回归十周年之际《新闻调查》推出的《香港：回望十年》等。再如《焦点访谈》2014 年 8 月 7 日的节目《微信不是法外之地》，就是在国家互联网信息办公室发布《即时通信工具公众信息服务发展管理暂行规定》的当天播出的。显然，栏目组非常敬业，迅速地搜集了多个近期发生在微信、易信、来往、米聊等社交媒介上的因编造和传播虚假恐怖信息、散布恶意谣言，或传播色情、诈骗等不良信息而被惩处的违法事件，作为这期节目深度报道的评析对象。透过这期节目，观众认识到了一些必须理解、接受与掌握的社交媒体使用规则，了解和认识到在微信朋友圈等社交媒体里传播有害、违法信息或恶意谣言，会给社会公众造成不必要的恐慌，还会扰乱他人正常生活秩序、造成社会不安定。由于这类的节目内容能紧跟最新的时局形势，能吸引社会公众的注意，提高节目的收视率，所以这样的节目播出后往往能引起社会大众的广泛关注，产生较大的社会影响。此外，这类节目能积极配合宣传工作需要，节目内容既提供事实又明确表达媒体的观点和立场，往往能产生较大的舆论效应，媒体与栏目也能得到较多的制作支持。故而，专题类电视新闻报道在选题上要多下功夫，应综合考虑多种因素。

《新闻调查》是中央电视台唯一一档深度调查类节目，每期时长 45 分钟，每周一期。在中国社会发生重大变革的时候，《新闻调查》注重研究真问题，探索新方式，以记者调查采访的形式探寻事实真相，追求理性、平衡和深入，为促进和推动社会和谐进步发挥着点点滴滴的作用，在观众中有着广泛的影响力。《新闻调查》几经改版后，自2000年提出了“探寻事实真相”的明确定位，并对每期节目的选题提出了如下选择标准：

（1）有没有真相？是不是有需要反证和澄清的事实？《新闻调查》这类节目一般把能否反映事实问题或社会现象以及从纵深层面对事件进行开拓和挖掘等，视为基本的选题标准。

（2）这些事实有没有较大的关注度？即所调查的问题或事实现象是否是老百姓普遍关心的。从受众的心理认知角度讲，与公众利益相关的、贴近公众生活的选题，会更容易产生传播效应。

（3）这一事实有没有价值？也就是它能不能反映出社会发展与变革当中的典型特征。

（4）事件中有没有典型人物？任何新闻事件背后必定与人有关。《新闻调查》在重视对事件的挖掘与展示的同时，强调无论报道多么重大的题材，都要重视对事件意义的阐释及对其进程的呈现，要关注其涉及的人物。节目的看点、亮点或卖点，往往是这些人物展现出的智慧、感情、欲望、处境或与他人的互动等。

（5）它是不是有区隔性？即选题会不会同时也被其他栏目所选用。区隔性就是独家性，但独家性绝不仅仅是独家视角，还要有独家的消息来源。

2. 专题类电视新闻报道的选题报告

专题类电视新闻报道多数属于深度报道，节目制作需要较多的投入。除了突发重大新闻事件的专题报道外，其他种类的专题类电视新闻报道在制作生产前，为了保证节目的质量和播出效果，一般需要先递呈选题报告以供审核。选题报告写得如何，有没有足够的说服力和吸引力，决定了节目能否获得决策者的肯定而投入制作，选题报告的写作质量是关系到节目制作质量的重要关口。

选题报告的基本要求是：阐述要充分，要有理有据地表达节目选题的创新性、价值性、意义性与可操作性，要有足够的说服力，语言要简明扼要、有层次。

由于节目的种类不同，节目播出面临的形势、环境不同，对选题报告的内容和详略要求有较大差异。一般专题类电视新闻报道的选题报告应写明以下内容：

（1）节目拟在什么频道、什么栏目播出？节目的总时长为多久？拟分几期播出？

（2）节目的标题、副标题及供选择的备选标题。

（3）节目的采访调查对象和与节目内容相关的情况的介绍。

（4）须采访拍摄的内容、采访拍摄的目的和预期目标。

（5）采访拍摄的地点、路线、所需设备及数量、人员，节目制作的时间周期及经费预算。

（6）节目的基本结构思路和主要表现方法。

（7）节目的创新点和相关背景介绍。

（8）节目的目标收视对象和收视率预测。

（9）栏目制片人和主管领导的意见。

节目选题报告的写作，要把重点放在增加报告内容的说服力上。这既是说服媒体管理者，让节目得以投入制作的关键，也是节目播出后能说服和打动观众、争取观众肯定的砝码。

（二）专题类电视新闻报道解说词的写作要求

1. 着重挖掘报道深度，力求以深刻的思想和独到的见识统摄内容，体现舆论导向力量和人文关怀

专题类电视新闻报道要重视对事实报道深度的挖掘。节目制作者要加强对社会问题和社会现象的分析和驾驭能力，具体要求为：①对事实不局限于简单报道，而要开阔视野，站在一定高度综观事实，善于在报道中提出思考点、关注点、质疑点，因事引发思考，因事论理；②注意引导观众随着节目内容的展开对错综复杂的社会现象进行冷静观察与辨别，学会理性地思考与分析，体现专题报道的舆论力量，发挥舆论导向作用，在报道事实时夹叙夹议、述评结合，为观众提供具体明确、恰当到位的评论观点；③在进行报道与评论事件时，要清晰地梳理、归纳事实，合理组织与呈现采访材料；④要培养深厚的人文情怀、民生意识和受众意识，让节目情理兼容，更“接地气”。例如，中央电视台《焦点访谈》2004 年播出的《解读禽流感》节目，对什么是禽流感、它会有什么危害、它通过什么渠道传播等作了详尽的报道，同时也分析了事态控制的可能性、事实例证、科学依据等，有效帮助观众认识事物。

专题类电视新闻报道就是要起到这样的作用：透过事物的表面现象探寻、揭示事物的本质，提供理性地、综合地概括事物本质的观点和看法。这是一个很高的标尺，但它确实能引导观众，使其对新事物、对尚不可预知的发展势态形成一定的理性认知和判断。

专题类电视新闻报道虽然报道的多是大事、要事，要讲政治和政策，还要具备思辨性等，但这并不意味着这类深度报道节目就一定只从内到外地追求所谓的“高大上”，以至于脱离实际，不能赢得观众的喜爱。事实上，专题类电视新闻报道无论是节目主题的选择，还是采访对象的选择或节目中的评论内容、主题表现手法等，都应该是“接地气”的，都应注重人文关怀。选题应贴近老百姓的日常生活，采访

应深入基层，采访对象应多为普通人。提问越关注国计民生、代表受众心声发问，评论者越自觉站在百姓立场观察、分析问题并为民说话，节目才越能体现人文关怀。

2. 合理运用纪实手法，科学调遣与利用各种背景材料，发挥客观叙述说明与解释的作用，展现以事实说话的魅力

有的事实材料孤立来看很平常、意义不大或说服力不明显，但若被放到特定的背景下，与背景材料一对比，就能显出它的不寻常来。故而，在专题类电视新闻报道中合理运用各种背景材料，更能加倍发挥以事实说话的力量，拓展节目的深度。

例如，中央电视台曾播出专题节目《重逢——韩朝离散家属》，节目详尽报道了韩朝离散家属第二次会面的情景，信息量非常丰富。同时，为帮助观众了解事件的来龙去脉，理解新闻背后的新闻，节目提供了重逢之前朝韩两国的政治、历史、外交等背景材料和真实事例，通过报道词的语言叙述将现实发生的事实与画面提供的背景联系起来，充分解释这种重逢为何很难实现。事实上，科学地调遣背景材料，发挥其在说明环境、缘由等方面的作用，能让观众全面而又深入地了解事件背后的真相。又如 2014 年 8 月 13 日中央电视台《焦点访谈》播出的《攻坚堰塞湖》报道了云南鲁甸地震灾害发生后灾区救援工作进入了关键的转折点。如何说明这一情况？节目在开头的导语就引用了背景资料作衬托："大家都知道北京的十三陵水库，它的总库容不过 8 100 万立方米。红石岩堰塞湖的总库容却是 2.6 亿立方米，是十三陵水库的三倍还多。"在紧接着的报道中，节目再交代红石岩堰塞湖是怎么来的，以及按以往规律推算可能发生的危急状况："云南鲁甸 6.5 级地震发生后，鲁甸县火德红镇红石岩村，山体崩塌堵塞牛栏江，形成巨大的堰塞湖，水位快速抬升。据水文部门测量，堰塞体顶部海拔高度 1 216 米，堰塞体高度 116 米。震后次日，堰塞湖水位以每小时 1 米左右的速度抬升。照此速度，如果不及时采取有效措施，两到三天水位即可漫过坝顶，可能引发溃坝，情况十分危急。"事实材料本身就有很强大的说服力。前后两段背景材料，为进一步说明目前救灾的重点和紧迫性作了充分铺垫："如果不及时处置，这么多水的垮坝会淹掉鲁甸，甚至整个昭通；不垮坝则会涨满倒灌，逼迫上游的百姓背井离乡。所以不论怎么样，这颗不定时炸弹都必须迅速拆除，一分一秒都至为宝贵。"

还应注意的是，专题深度报道应合理运用纪实手法，如充分利用现场采访的同期声、画面素材、背景资料等，以现在的或历史的事实材料本身的力量去纪实、佐证，或以事实去表达、批评、颂扬，选用多种角度拓展题材的视野。

此外，也要防止步入纪实误区，不宜过多地渲染或叙述与专题关系不密切的材料。如不要为了单纯追求纪录片般的纪实性，而在专题报道中过多地使用无意义、

节奏拖沓的长镜头和同期声，以免影响报道整体的结构，冲淡或阻碍报道主题的表达，拖慢报道的节奏。

3. 注重现场细节的捕捉和人物内心情感的挖掘，重视人物个性的展示

专题类电视新闻报道发展至今，解说词已不能只是单纯地叙述现实，还应注重及时捕捉现场画面，将生动感人的或须鞭挞批评的细节信息予以放大，及时发表议论、抒情，或激发观众的情感共鸣，或启发观众以小见大。例如，《焦点访谈》2013 年 12 月播出的《出境游：入乡要随俗》（见图 7－5）一开头，导语就概括指出一种常见的社会现象："现在春节马上就要到了，很多人都在计划外出旅游。这几年很多中国人都走出了国门，欣赏异国风光，体验风土人情。但是随着国人外出出现了一些与美景不相称的东西。"紧接着，报道词配合画面（见图 7－6）特地放大了事实细节："肯尼亚，非洲东部的野生动物王国，每年这里都要接待成千上万的中国游客。在狂野的非洲草原之上，一些游客的心也跟着狂野了起来。有的人嫌在车里观光拍照不过瘾，直接爬上了车顶；有的人索性直接下了车，在草丛里淡定地拍起了照。"然后，节目又引用当地的相关规定："在肯尼亚，当地政府规定游客在观光时，除了不能擅自喂食动物之外，更不能随意走出观光车。"并及时发表媒体的评论观点："持续曝光的少数中国游客海外旅游的不文明行为，让中国人的形象集体受损。究其原因，一方面是某些游客将身上的坏毛病带到了海外；另一方面是大多数情况下国人对海外旅游地的风俗习惯、文化背景不了解，导致某些行为不合风俗，甚至触犯了人家的法律。"这些叙述让观众分清是非，知晓问题出在内因——人的坏习惯与无知，从而明白道理。

图 7－5　《出境游：入乡要随俗》

图7-6 《出境游：入乡要随俗》

4. 语言宜简洁、生动、口语化。既要注重与画面的配合，更要发挥揭示主题、概括材料、升华内容等作用；串联词则应承上启下，联结节目不同部分的内容材料

电视新闻作品生产是一种集体劳动，需要各部门、各岗位的人们相互配合。与电视消息类新闻节目一样，在专题类电视新闻报道的制作中，解说词的写作也要受到各种因素的制约，如画面长度、节目节奏快慢、声画结合等。什么时候说、怎样说、说到什么程度、说多长的时间、哪些内容出解说词、哪些内容出同期声，都需要制作者仔细琢磨，从节目素材整体、节目主题表达的需要去把握好火候，才能使其发挥应有的作用。对于解说词写作者来说，对解说词字数、播放时间的准确把握，是同画面配合的重要技术要求。在写作与修改报道解说词时，必须综合考虑它的文字长短与画面对位、交会、碰撞、借力的时机，还要注意到画面长度能容纳的字数。

专题类电视新闻报道的解说词从内容上来讲，可以叙述新闻事实，也可以发表议论；可以抒发感情，也可以表达思想观点；但一切又必须围绕说明的需要而进行。所以，专题类电视新闻报道的解说词是说明性的，不需要过多考虑文字的华丽与修饰。解说词无须重复画面的内容，文字讲究简洁、准确。专题类电视新闻报道的解说词要能抓住要点，明白无误地概括新闻事实，凝练清晰地交代背景，补充说明画面外的节目必须有的知识和原理等。解说词还可以根据画面内容、采访事实素材来深化和升华主题，可以通过点评画面的意境来增加节目的感染力、说服力。由于电视专题类新闻节目的对象是真人真事，只是通过画面去表现人物的内心世界往往令人力不从心，解说词应发挥文字的优势，但只需说明此时画面的内容，如介绍画面中的人物此时处于什么境况、有什么情感的纠结点，或面临什么抉择的难题等，不需要用过多修饰性的语言文字去代替人物作长篇抒情议论。

此外，解说词只是准确、凝练还不够，还应该生动、口语化。一般文学作品可以通过描写、修辞等手法追求生动，但解说词不能有过多的修饰性语言，解说词的生动可以通过选用生活化、大众化的词汇或通过细节描写来表现。例如，凤凰卫视中文台的专题调查类栏目《冷暖人生》2014 年 8 月 20 日播出的节目《海关故事》生动展示了海关人员的工作场景，下面收录的是其中两段解说词：

记者：在您工作中哪些迹象您觉得是不正常的，会比较注意的？

杨晓燕：主要还是通过察言观色，比方说我现在如果要抽查一个旅客，首先观察他的神态，然后就观察他的行李。看他拿一件很小的行李，但是感觉它很沉，这就是说有时候表面看比如说是衣服，但其实他可能用衣服来遮掩什么。比方说有些人如果他心里有鬼，他可能有时候会避开我们关员，或者是低头，不敢跟你正视。

解说：2013 年的一天，杨晓燕像往常一样站在旅检通道。这时一名残疾人摇着轮椅过来，在对视的一刹那，杨晓燕发现男子的神情透出些许不自然，便将他引到一边检查。

杨晓燕：当时发现了他这个坐垫是硬的。一查证，发现坐垫旁边有个拉链，他在坐垫里面藏了一百多部的手机吧，全新的那种手机。

解说：正当杨晓燕请这名残疾人起身，想对坐垫作进一步检查时，男子突然情绪失控。

杨晓燕：他背了个小腰包，然后在腰包里面拿出一把小刀，对着自己脖子。因为他残疾，他又动不了你关员，他就对着自己，说我们不让他活了之类的。就是说逼他，意思是海关要逼他，他没活路了之类的。

解说：长期接触形形色色的旅客，这样的场景对杨晓燕而言并不陌生。查私必然要触及水客的利益，久而久之，她成了走私客的“眼中钉”。

第一段解说词着重描写了深圳海关资深关员杨晓燕（节目的主要采访对象之一）从残疾人的神情就能判断他是走私分子的细节，形象地展现了人物的机智、勇敢与细心。最后一段解说词则是抓住杨晓燕成为走私客“眼中钉”的细节展开解说，配合同期声的内容，让观众体会到海关工作的错综复杂，更能表现海关一线工作人员临危不惧、恪尽职守的品格。两段解说词之所以生动形象，皆因它们既与采访内容配合，又概括叙述了人物的工作细节。

专题类电视新闻报道通过报道解说词、出镜记者现场解说或主持人的串联词等，把电视专题类新闻节目各个局部的内容材料有机联系为一个整体。

当然，报道解说词与串联词都不是自然形成的。节目制作者要把节目各个局部的材料——采访调查得到并选择的事实材料、采访挖掘到的背景材料、跳出事实而提炼出来的主题和情感与概括事实规律的议论抒情等作统一的考虑调配，综合上述材料的内在因素、素材之间的关联性，甚至考虑渲染气氛的间奏乐的选用等，以突出节目主题、升华节目内容及烘托节目情境等。

专题类电视新闻报道中，无论是解说词还是串联词都是直接服务于节目主题和节目内容的，这就决定了解说词、串联词或报道中穿插的新闻评论在语言表达上除了要具备新闻报道的准确、简洁、流畅的特点以外，还要注意口语化的问题。若解说词、串联词和节目中的新闻评论内容过于理论化、书面化甚至晦涩难懂，则不利于主持人的播音，也不利于观众顺利接收信息，更不利于观众理解与吸收其中的养分。具体来说，在语言运用方面要注意四点。一是字要响——遣词用字要清楚响亮，多用响亮的平声字，慎用同音字，能够押韵就押韵。二是词要双——多用双声词。电视作为大众媒介，面对的是普罗大众，词语的选择取向应是广大观众普遍能接受的，尽量不用半文不白的、容易造成误会或歧义的单音词、同音异形词。为增加节目的本土化气息，可以适当运用一些方言，却不可以滥用。三是句要短——少用层次多、结构复杂的从句和倒装句。电视的线性传播特性不允许节目解说词使用太长的句子，否则会增加观众接收信息的困难。尤其是专题类新闻节目传递的信息量较大，报道解说词宜多用短句，强调文字口语化，以方便观众接收信息。四是数宜简——节目内容如涉及数字、数据等时，除了要准确表达外，还要引入对数字进行简化与形象化表达的手段，如省略小数点后的尾数；以形象比喻替换数字，则用某物的面积相当于多少个篮球场大、某物的高度相当于多少层楼高等表达方式；通过图表、柱形图、饼形图等图形和动态图的协助做到图说数字。

此外，专题新闻报道的串联词要言简意赅、承上启下、过渡自然，不应让串联词承担太多的东西。串联词只需要在节目材料的各部分联结点起到穿针引线的作用，恰到好处地提醒观众，使节目内容顺利过渡，产生一波三折的收视效果即可。

本章思考练习题：

1. 把一期中央电视台的《新闻调查》节目与一期中央电视台的《新闻联播》节目作对比，谈谈你对专题类电视新闻内容属性的理解。

2. 专题报道解说词怎样做到与画面的准确对位？又怎样与同期声配合？

3. 小组讨论：每个小组事先选择一档熟悉或喜爱的专题类新闻节目，对该节目近段时间播出的四至五期节目进行比较分析，研究节目选题与现实生活的直接或间接联系和这几期节目的选题特点，比较分析这些节目选题的价值高低与意义大小，并提交书面的讨论分析结果。

4. 从近期的社会热点出发，寻找与热点相关的适合人选，尝试策划一次专题访谈。要求写出含访谈主题、采访提纲在内的详细策划书。

5. 联系最近的社会热点，尝试从中选择一个有新闻价值与现实意义的选题，拍摄一个新闻纪实短片，并为其配写标题、报道解说词、串联词和评论性结束语等。

第八章　电视策划文案写作

“策划”这个词，古已有之。《后汉书·隗嚣传》中有这样一句话：“是以功名终申，策画复得。”宋代司马光的《乞去新法之病民伤国者疏》中也有“策画”的出现：“人之常情，谁不爱富贵而畏刑祸？于是缙绅大夫，望风承流，竞献策画，务为奇巧，舍是取非，兴害除利。名为爱民，其实病民；名为益国，其实伤国。”这两段文字中的“策画”，其实都等同于今天的“策划”。

《辞海》中对“策划”的解释是“筹谋、计划”；而《辞源》的解释则更直白：“计算、打算。”那么，在这个事事讲求“策划”的年代，电视策划的作用究竟是什么？又该如何写作电视策划文案呢？这就是本章主要讨论的内容。

第一节　电视策划的特征、作用和任务

在分析电视策划的特征、作用和任务前，我们应该给电视策划下一个定义。

所谓电视策划，是指电视从业人员根据观众的需要，遵照电视节目生产和运作规律，利用所掌握的知识和手段，按程序对电视节目创作过程中涉及的各个环节，如选题、拍摄、制作、演播等进行科学、合理、有效的预先设计和设想，并将之整理成具有指导性文案的一种行为。

从本质上说，电视策划是电视从业人员把社会大众假设为自己的服务对象，思考如何提供服务与内容以满足社会大众的口味，进而使大众主动接受服务和内容的过程。在这个过程当中，策划者第一步要摸清市场行情，了解观众现在的口味如何，是爱吃“粤菜”、“湘菜”还是“结合湘粤烹饪方式的新派菜式”？确定后，就去组织原料加工制造，然后呈现给观众。如果能抓住更多观众的口味，制造出受更多观众欢迎的内容，观众自然会追捧，收视率自然会提高，这样社会效益就会产生，广告商也会蜂拥而至，形成良性循环。

在现今的电视节目创作过程中，电视策划是不可或缺的环节。大到众多的大型直播活动、大型综合性板块栏目，小到每一期电视节目、每期节目的每一个亮点，都有电视策划的功劳在里面。因此，电视策划如今已成为有效配置电视节目资源的重要手段。

一、电视策划的特征

电视策划主要有以下几个特征：

（一）完整性

一则新闻、一部纪录片、一首歌乃至一句新闻报道词，都必须有相对完整的内容，否则就无法构成节目。以电视纪录片为例，一部完整的电视纪录片，在结构上一般要具有开端、发展、高潮和结果。即使是作为节目的电视专栏，在结构上也要具有开篇、展开和结尾这三个基本部分。① 而一份合格的电视策划文案，必须包括节目构成、节目形态、节目风格、节目制作元素、节目包装、环节设置等几个部分的介绍，将所策划的电视节目的构成交代清楚。

（二）合理性

电视节目的策划，固然离不开精彩的创意，但仍应遵循合理性原则。例如，为省级电视台的综艺频道策划一档适合全家人共同收看的节目，就必须综合考量观众的年龄、喜好、收视习惯等，而不能天马行空，随意设计。

通常，策划一档电视节目，要从以下几个方面考虑：

（1）节目宗旨：策划及制作这档节目的初衷是什么。

（2）节目目标受众：策划的节目面向的是哪些受众。

（3）节目定位：策划的节目是娱乐节目、谈话节目、新闻节目还是其他类型的节目。

（4）节目形态：节目是直播还是录播。

（5）节目播出频次：节目是日播、周播还是现在流行的季播。

（6）节目播出时间：节目在什么时间播出最合理。

（7）节目构成：节目具体内容包括什么，如何开场，中间过程、结尾等环节如何。

（8）节目目标：策划这档节目的目标是什么，要达到什么目的。

（9）节目特色：节目有什么特殊之处，如何吸引观众。

（10）节目风格：节目的风格是什么，如是轻松幽默或严肃认真的。

（11）可行性分析：节目制作及播出过程是否可行。

（12）节目设置：节目设置几个主持人、摄影师、编导、总策划等，以及他们的具体分工是什么。

---

① 张静民：《电视节目策划与编导》，暨南大学出版社2001年版，第20页。

(13) 市场运作：节目播出前及播出后如何系统宣传。

只有这样全方位地考虑，才能策划出一档好的节目。其中，节目构成是最重要的部分，因为它设定的内容和呈现方式，决定了其他环节的设想是否能顺利实现。

(三) 可行性

策划是一种与实践紧密相连的活动，如果策划者不希望自己策划的节目变成一纸空文的话，就必须时刻警醒自己，避免闭门造车和纸上谈兵。在策划过程中，策划者要把策划的可行性作为衡量标准，随时检验自己策划的内容。

可行性有两个方面的意思：

1. 法律法规、道德伦理层面的可行性

以近几年非常红火的电视真人秀节目为例，如果单纯为了追求节目的可看性，编导可以将摄像机架设到选手生活的各个角落，将收音设备安装到选手可能出现的任何地方，将选手生活中的怪癖、私下对其他选手的评论全部记录下来，然后经过剪辑，将最能抓取眼球的部分呈现给观众。但是，在现实层面上，选手的生活中确实有一些领域是电视摄录设备不能涉足的，如卫生间等，因为从法律层面上说，公民的私人领域和隐私权是受到法律保护的。策划节目时就应考虑到节目制作手法不能违法，节目内容不能侵害公民合法权益，否则策划再精彩也不具可行性。

2. 电视制作层面的可行性

电视策划最终需要通过电视从业人员的实施才能实现，这个实施的过程，因为外界环境的影响，是会发生一定变化的。所以，电视策划方案必须有一定的可伸缩性，能够随时修正和调整，使预计方案能够得以实施。

例如，某省级电视台的卫星频道需要策划一台中秋晚会，计划邀请两位一线歌手演唱，但是在实施过程中，其中一位一线歌手的档期无法协调，不能参与直播。如果策划方案对这样的情况没有做好预案，实施过程就会状况百出，而且最终的节目效果也会大打折扣。

(四) 创造性

创造力是社会的推动力，是个人事业发展的助燃剂，更是一档电视节目成功的关键。对于电视节目策划者来说，创造力是必备的能力，创造性是一个电视策划方案必须具备的特性。

以中央电视台的老牌栏目《东方时空》为例，在其策划和创办之初，早间时段并非传统意义上的黄金时段，电视台往往是通过重播过往节目的方式来填充早间时段的空白。但是《东方时空》栏目组却非常大胆地创办了中国第一个早间电视新闻杂志栏目，不仅引入了国外非常成熟的电视新闻杂志这种节目形式，而且为观众带来了全新的新闻理念，使中国的电视观众在《新闻联播》之外，接触到了完全不同的新闻节目形式，逐渐形成了早上打开电视机看新闻的生活习惯。

又如凤凰卫视的知名栏目《凤凰早班车》，在其策划时，中国没有一个电视新闻节目的主持人是在无主持稿的状态下进行直播的。然而，该节目的策划者们，非常有创造性地尝试了这样的形式，并成功开创了“说新闻”这种全新的电视新闻表达方式，与以往“播新闻”的播报方式区别开，这种表达方式让观众耳目一新、喜闻乐见。

二、电视策划的作用

电视策划主要有以下几个作用：

（一）创造全新节目

观众永远是喜新厌旧的，尤其在这个新节目层出不穷、新媒体平台纷纷崛起的时代。以电视娱乐栏目为例，有人统计过，一个电视娱乐栏目能够引领风骚的时间平均为三年，而电视娱乐栏目的平均寿命更是只有短短五年。

面对激烈的市场竞争以及迅速的电视栏目更新换代，电视制作者必须将电视策划放到首要的位置，创造出有新意、有前瞻性、有可看性、有内涵、有特色的电视节目，尤其是电视精品节目。所谓电视精品节目，指的是思想有深度、技术精湛、制作精良，具有广泛影响和持久生命力的电视节目。

（二）统领团队工作

电视节目制作是一项需要团队合作才能完成的工作。对于一个全新的栏目来说，制作的各个环节、各项工作都需要协调配合，运作才能顺利。而在这个过程中，策划作为一个系统工程，能起到启动及充当运转中枢的作用。

在策划方案中，策划者需要综合考虑节目的内容、形式，对摄像、编辑、导播、主持、灯光、美工等创作人员的要求，还有各个部门、各道工序、各个岗位之间如何协调和配合。对于大型节目的策划，还需要考虑到制作部门、播出部门、技术部门、后勤部门等的协调。

（三）应对市场挑战

电视行业发展到今天，它作为文化产业的特征可以说越来越明显。在市场经济条件下，凡是有资源配置、能量置换的地方，都将在不同程度上导入市场法则。作为整个经济链条上的重要一环的广播电视行业也不例外。

除了传统意义上的广告业务的竞争，电视业内的信息服务市场、节目发行市场、网络增值市场、人力资源市场等，在媒介竞争全球化的背景下，将面临越来越多的市场挑战。电视时段社会化和节目运作市场化等观念，不断冲击着传统电视节目的生产运作观念和模式。电视策划能够为电视节目的生产和运作提供新观念和新的管理制度，帮助电视行业从业人员提高业务素质，增强节目的竞争力，为电视节目制作提供新的思路。

三、电视策划的任务

电视策划主要有以下几个任务：

（一）设定策划目标

电视策划应考虑所策划的节目播出后，要达到怎样的效果和目标，节目的目标收视人群是哪些，预计目标观众对节目的认同程度如何。

（二）进行前期调研

策划人员需要对节目将涉及的领域做深入的了解，对内容做细致的分析；还要调查观众的收视兴趣，了解他们的喜好和口味，然后有针对性地策划符合他们喜好的电视节目；更要对不同时间段的主力观众的心理状态进行调查；此外，还必须对市场上的同类型、同时段节目的情况做深度分析和比较。

（三）开展头脑风暴

创意是灵感的闪现。在进行电视策划之初，创意是朦胧的，策划人员考虑得更多的是策划所呈现出来的效果，而对制作过程考虑得较少。在这个过程中，策划人员先要抓取闪现的灵感，生成好的创意，然后通过头脑风暴的形式，对创意进行界定；然后要共同明确创意的实质和内容，明确策划的对象，使策划更有针对性和可行性。

（四）精心编制方案

策划中闪现的灵感和想法，都是策划人员对电视节目进行的现实性构想。这时，如果不把思维的成果转化为完整的、可操作的实施方案，策划便无法得到执行，更无从呈现。所以，电视策划需要完成完整的方案，为节目未来的制作、播出设计详细具体的操作步骤。

（五）实施过程控制

电视策划还有一个重要任务，就是在实施过程中通过各种渠道收集反馈信息，对节目进行再改进。这些收集的信息包括观众对节目的评价、是否有竞争对手对节目给予好评甚至模仿、广告商对节目的反馈等。这些信息能够帮助电视制作人员对节目进行调整、改版，使节目吸引更多的目标受众，更受广告客户欢迎。

第二节　电视策划的方法

一个电视节目如果想尽可能延长节目寿命，不断给观众新鲜感，吸引观众继续关注节目，就必须高度重视电视节目策划，增强策划意识，创新策划方略。而一个电视媒体如果想在激烈的市场竞争中立于不败之地，就必须依靠强大的电视策划能力，制作出高质量的优秀节目呈现给广大电视观众。

那么，电视节目应该怎样策划呢？笔者对当前电视制作工作中常见的几种电视节目策划方法总结如下：

一、头脑风暴法

它是美国创造学家阿历克斯·奥斯本创造的一种思维方法，其核心是高度自由联想，一般是通过小型会议，让与会者提出各种构思，相互诱导，追求产生一种创造性的意念。①

头脑风暴法认为参与讨论的成员人人平等，鼓励他们无所顾忌地提出自己的想法，让想法互相碰撞，以产生更多的奇思妙想，并从这些有创意的想法中有目的地筛选，再重新组合，形成实用的策划创意和方案。

这种策划方法，需要策划团队中的参与者有不同领域的知识储备及生活阅历，能够站在非电视制作、非相关领域的立场，给出更多不一样的建议和创意。在我们国家，这种形式比较多见的表现是借用“外脑”。“外脑”主要是指非本单位的智囊人物。这种形式主要是充分发挥“外脑”的策划作用与电视人的专业制作水平，使之密切配合，争创效益双收。②

在采用这种方法策划的节目中，最典型的例子是中国第一个大受欢迎的谈话类节目《实话实说》。《实话实说》在筹备之初，就重金聘请了几位不同年龄、经历、专业、性别的专业人士，搭建了一个人员构成丰富的“外脑”团队，一起出谋划策。这批“外脑”不仅参与了栏目结构的创造，还渗透进了节目选题的策划中，使《实话实说》成为当年让中国电视观众耳目一新、广受欢迎的电视栏目。

---

① 马工、季小燕：《电视节目策划方法》，《新闻前哨》2005 年第 12 期，第 61 页。
② 马工、季小燕：《电视节目策划方法》，《新闻前哨》2005 年第 12 期，第 61 页。

二、调查法

调查法是指策划者通过组织问卷调查、抽样调查，从而得到所需的有效信息，然后对这些信息进行深度分析得出结论，最后根据调查的结果进行策划。

调查法需要耗费大量的资金和人力资源，而且也不适合从零开始策划一个全新的节目，所以这种方法常常在栏目需要改版、需要进行旧内容整合及新内容创作时，作为阶段性调查方法使用。

在采用这种方法策划的节目中，比较典型的例子是湖南卫视的知名栏目《晚间新闻》的改版。《晚间新闻》栏目最初的节目形式与其他电视台晚间时段的新闻播报并无太大差别。在对频道主要受众群的收视习惯、收视喜好进行深入的调查后，《晚间新闻》进行了非常大胆的改革，将时政类新闻全部移出该栏目，改为全部播报轻松幽默的趣味新闻，让观众看得轻松愉快，更愿意留在电视机前、留在湖南卫视的节目前。

三、经验法

经验法是现在的电视节目制作团队在进行新节目制作时最常采用的方法。需要指出的是，这个方法被使用时，有些是有意识的，有些则是无意识的。所谓经验法，指的是节目策划者根据自己多年的经验，以及其他制作团队的成功经验，找出与本次策划背景相似的地方，结合自己团队的人员素质、制作经费预算、执行环境等因素进行改良性策划。

这种方法之所以最常被采用，是因为它成功率高、操作性强。而相对的，这种方法最大的弊病就在于，它往往不是真正意义上的创新，通过这种方法策划出的电视节目，内涵上往往仍停留在旧节目的骨架中，只是换了张更漂亮、更新的皮而已。

四、引进法

中国的电视事业起步较晚，而且在相当长的一段时间内发展得很缓慢。改革开放后，中国的电视节目才真正走上了迅速发展的道路。可以说，一直到 20 世纪 80 年代，国内电视节目的样式形态，基本上还是按照自己独立的轨迹在发展。进入 90 年代以后，我们可以看到大量的节目开始直接或者是间接地借鉴国外的一些节目样式，中国版本的情境喜剧、谈话节目、肥皂剧、游戏节目和真人秀节目等开始逐渐出现在我们的电视荧幕上。可以说，从西方引进成功的节目样式，现在已经成为推动我国电视节目发展的一条重要途径。而直接引进国外的成功电视节目，然后进行本土化改造，更是成为近年来被各大电视台普遍采用的策划方式。

这几年在电视荧幕上非常活跃的一大批知名电视节目，都是采用这种策划方法的例子。例如2005年火遍全国的湖南卫视选秀节目《超级女声》，还有它当年的竞争对手——中央电视台的《梦想中国》，都是源自大受欢迎的《美国偶像》；又如江苏卫视2010年首播的《非诚勿扰》，也是源自荷兰非常受欢迎的一个电视节目 *Take Me Out*；而2012年引发全国收视狂潮，创下史无前例广告高价的浙江卫视的《中国好声音》，更是连制作在内，原版引进了荷兰的电视节目 *The Voice*。

五、捕捉热点法

所谓捕捉热点法，指的是在电视策划的过程中，因应热门事件、热点话题、传统节日等的需要，策划出能够借热门话题之机吸引观众注意的节目。

这种策划方法较多用于常规电视栏目的特别环节，或者用于电视特别节目的策划。近几年各大省级卫视争相举办的跨年晚会，就是贴合跨年这个热点专门制作的特别节目。而在这些节目的策划和制作中，往往会将过去一年大家生活中遇到的某些流行元素融合到节目中，例如，湖南卫视2013年的跨年演唱会就邀请了2012年火遍全球的“神曲”《江南Style》的原唱者PSY登台演出，这也是他在中国大陆的“首秀”。在元旦跨年的时刻，请来过去一年最红的“神曲”的演唱者，演唱最火的歌，几重热点齐聚，赚足了观众的眼球，也让广告商争相进行广告投放——一个捕捉热点的策划，带来多赢的局面。

第三节 电视策划文案的写作示例

一、电视策划文案的定义和内容

策划文案又叫策划方案或策划书。文案的写作就是把策划的构思用文字和图表确定并表述出来，形成一份可操作的“施工图纸”。①

策划文案一般包括以下几方面的内容：①栏目的宗旨和目的；②栏目的定位和设置；③栏目的选题；④栏目的样式和风格；⑤栏目的运作方式；⑥栏目的宣传方式。

① 柳邦坤：《电视节目策划的方法及原则》，《新闻界》2008年第5期，第110～111页。

二、电视策划文案的写作要求

（一）逻辑清晰

电视策划文案写作与其他形式的文章一样，需要有清楚的框架、合理的结构，这是立文之本。具体说来，就是文案的标题、栏目概况、栏目宗旨、栏目定位等部分，都要清晰地分段写明，让栏目出品方和节目的制作人员清楚地了解策划者的想法和创意。

（二）内容充实

电视策划文案需要内容充实，但这要求的根源仍在于策划的内容本身要有充实的内容，绝对不能靠罗列各种主义、理论，对现有节目进行一番堂而皇之的批判，再堆砌出一堆所谓的全新概念，就成为一个全新的策划，这样的电视策划毫无意义。一份好的电视策划文案，需要在策划前期和中期，就有翔实的数据，或者有真正有创意的、具体的节目内容作支撑，然后在写作策划文案时，将这些精华的想法详细地写进文案中。

（三）通俗易懂

这一要求其实有两方面的含义：一方面是要求文案把策划者需要表达的内容说得清楚明白，哪怕不惜笔墨，也要努力把策划者的想法表述完整，绝不能靠阅读策划文案的人联想和发挥；另一方面则要求在遣词造句方面，避免使用过分夸张、哗众取宠的字眼，尽量用最精简的词汇表达最精确的含义，用最平实的语句来表述策划的内容。

（四）便于操作

执行电视策划、制作电视节目，是一个有着无限可能性的过程。即便再好的电视策划人员，也不可能把策划落实过程中的所有细节都考虑到，也不可能对所有可能出现的情况都有预案。所以，电视策划文案一定要有伸缩性，便于操作。具体来说，就是要尽可能对执行难度大、不确定性多的环节，留有操作执行的余地。例如，在最佳方案之外，准备一到两个备选方案，让制作团队的成员能够随机应变，适当对节目制作流程进行修正和调整，使整体策划得以实施，也使总体的策划目标最大限度地实现。

三、电视栏目策划文案的写作示例

电视栏目策划，是栏目制作部门或团队着手准备或进行栏目运作的首要程序，也是一个新栏目开办之前或一个已有的栏目改版之前首先要进行的一项工作。

以下的策划文案案例，是笔者参与策划的广州电视台少儿频道2007年全新推出的重点栏目《玩转花果山》的策划案。

《玩转花果山》策划案

一、节目概况

《玩转花果山》是广州电视台少儿频道2007年重点推出的一档周末综艺节目，节目针对的活动对象为4～12岁的少年儿童，收视对象为家庭观众。节目采用摄影棚录制结合外拍的制作模式，整体结构由三大主要板块组成，而串联式板块设置使节目的整体包装统一。节目涉及内容包括少儿竞技、趣味问答、才艺展示、互动游戏等，以倡导少年儿童积极向上、快乐成长为基本宗旨。节目板块环节设置新颖，注重突出娱乐性、综合性，力图传递轻松、快乐、有趣的感觉。暂定节目录制场地为广州电视台600平方米的演播厅，节目录制要求有现场观众。

二、节目宗旨

节目以传递轻松、快乐、趣味，寓教育于娱乐，让小孩带动家庭观众为宗旨，抛弃以往单一的少儿类节目形式，加入家庭和社会和谐的元素，带动家庭观众，让节目成为一档由小孩带动家庭的家庭类综艺节目。

三、节目创意

《西游记》是伴随了几代人成长的名著，而西游记里面的每一个故事不但荒诞怪妙，也包含了对生活的深刻感悟。用《西游记》包装少儿节目，可以吸引儿童参与其中，还能勾起成人的儿时回忆，更可以通过《西游记》里面的小故事，给小朋友传达名著中蕴含的现实寓意。

四、节目制作元素

定位：周末少儿类综艺节目。

风格：轻松、活泼、快乐、搞怪、童真。

长度：45分钟/集。

期数：52期（年度）。

语种：粤语为主。

播出：周播。

形式设置：竞技淘汰式，由三大主要板块组成。

内容：以少儿竞技、综艺表演等形式展示少儿的各种才艺、能力，以趣味问答、互动游戏等形式表达他们对事物、生活的独特见解。

制作场地：以演播厅为主，结合外景制作。

五、节目包装

以《西游记》为节目的故事背景，以花果山为节目的场景。

六、包装切入点

《西游记》是陪伴了一代又一代少儿成长的名著。这部带有童话色彩的神话小说，除了是四大名著中全家老少均适合的一部著作外，其主角——神通广大的孙悟空，更可以说是每一位小朋友心中曾经的英雄。

广州电视台所在地就是孙悟空当年的根据地——花果山，而《西游记》这个故事的神奇、魔幻、缤纷刚好适合少儿节目的设置需要。因此我们以《西游记》为这档少儿综艺节目的包装切入点，利用小朋友的英雄孙悟空为节目的号召人物，把《西游记》的奇幻色彩注入节目当中。

《玩转花果山》是一档少儿节目，用《西游记》进行包装，可以在节目中贯穿各种卡通、童话式的虚拟人物，并以虚拟人物的特性来借寓人的心理和性格，从娱乐中教育小朋友（例如：红孩儿——勇敢，沙僧——诚实等）。

在节目当中，这些本有恩怨情仇的神仙妖怪，各种卡通、童话、神话、虚拟人物，加上无国界、无时空领域的概念都将会被引入节目的包装中，营造出一个和谐的节目环境气氛；从包装上、视觉上来说，这也更能吸引小朋友的关注。

七、节目包装带出的发展方向

以《西游记》为全年节目的发展脚本，以孙悟空招兵买马为开端展开节目环节，按照季度进行主题的更改，如：

（1）美猴王招兵买马闹天宫。

（2）集合猴子猴孙打妖怪。

（3）师徒齐走西经路。

（4）取得西经，将法理带到人间。

八、节目人物

1．主持

粤语、普通话、英语皆通，具有亲和力，阳光、健康、活泼、喜爱儿童、能歌善舞，有较强的语言表达能力和现场应变能力，个性鲜明。

（1）主持——美猴王。

一人，包装成为美猴王（建议林洁反串，突显其豪爽英姿）。要求在节目当中有较强的号召力，能引领观众情绪，主要负责总控、推进整个节目的进程和方向。

（2）副主持。

两人，带出两个新面孔主持，因节目以闹天宫、打妖怪、取西经为线索进展，所以他们分别以哼哈二将、八戒和沙僧、弥勒和观音的形象出现。在节目当中，他们扮演插科打诨、应和搞笑的角色，还应充分运用其肢体语言，为节目增加可看性。

2. 评委

每期节目拟请四名评委，由一名成人及三名小朋友担任，其中成人评委将在其中起引导和带动气氛的作用。

（1）唐僧师徒（唐僧、沙僧和猪八戒）。

唐僧、沙僧和猪八戒是与美猴王密切相关的三个人，他们将以评委的身份，协助孙悟空挑选人。另外，拟不定期邀请广州地区的资深少儿节目主持人上节目，担任成人评委。

（2）福、禄、寿。

每期作为评委的三名小朋友都以福、禄、寿的形象出现。在节目当中，他们扮演公正裁判的角色，为选手在各环节的表现评分。要求找有主见、能说会道的小朋友。

3. 嘉宾

三人，要求是能演敢说，喜欢与小朋友相处，可以按照节目的要求投入角色的成年人。根据每期节目的第二个环节“金睛火眼辨真身”的任务设置，选择具体人员。譬如，当期节目“金睛火眼辨真身”环节的任务是寻找最受欢迎的幼儿园老师，那么就邀请幼儿园老师，或者是觉得自己适合做幼儿园老师的成年人担任当期节目的嘉宾；若节目环节任务是寻找超人，就找来三个很像超人或很想成为超人的成年人担任当期节目的嘉宾。同样，嘉宾的包装也根据此环节的任务来决定。

4. 选手

五人，4～10岁的小朋友，只要有才、有能、有胆量，均可参与。每期节目中，选手都在“应聘齐天大圣得力助手”的场景中登场，因此每期节目最后得分最高的选手，即成为当期节目的“花果山战神”（暂定），美猴王也会为他戴上具有象征意义的金刚箍以表身份。建议每期节目的五个选手的背景和才艺多元化，他们可以分别来自幼儿园、社区、少年宫、家庭等，这样选手的背景不同，他们背后的支持力量就不同，由此节目的辐射影响范围更广。

5. 现场观众

不设置具体要求，以家庭观众为主。

九、舞台设计

1. 布景

舞台布景以花果山水帘洞为主题，舞台的设计理念是在游乐场中能体现竞技场的感觉。台上设有秋千、滑梯、彩球池、独木桥等玩具设施，能产生游乐场的效果，是小朋友们的世外桃源。在节目当中，这样的舞台布景不仅可以起到渲染节目气氛的效果，同时，也是节目人物出场、节目开展的道具，所以制作时要求以轻型材料为主、颜色鲜艳多彩，建议采用纯色大色块拼构。

2. 观众区与舞台的关系

三面观众，舞台延伸至观众区，拉近两者之间的距离，让现场观众能最大限度地参与到节目录制当中。

十、节目口号（粤语）

节目口号是节目风格的缩影。有了口号，利于节目信息在观众间的传播以及印象的停留。

广州有座花果山，
山上有个水帘洞；
洞中有群马骝仔，
食饱就系等过冬；
有日嚟咗三个人，
依度变得好唔同；
两个名字叫哼哈，
中意玩下大富翁；
另外一只马骝仔，
原来识得打武功；
金睛火眼金箍棒，
踩住旧云上天空；
原来佢就系：
齐天大圣孙悟空！

十一、节目环节设置

1. “初哥”报到（名称暂定）

以播放外景短片和现场表演的方式进行。外景短片主要介绍选手的基本资料和才艺表演的准备过程，户外拍摄丰富了整个节目的构成成分，把节目带到摄影棚之外，与观众更加接近，增加节目的亲近度与参与度，有利于节目在普通群众中的传播。在前期的外景拍摄当中，工作人员要提前与选手交流，且让选手熟悉镜头，以利于节目现场拍摄。短片播放完后，选手现场表演才艺，在这个过程中会发生一些剧组事先策划的事件，或展现剧组量身定造的包装形式。另类的出场包装加速感染观众，为接下来的环节做气氛铺垫。

	节目内容	提示
前期外景拍摄	了解选手的基本资料、性格、特长，并安排专业人员为其编排节目。工作人员在外景拍摄期间观察每位小朋友的表现，为其量身定做适合他们的出场才艺表演包装	画面提示：选手生活、学习背景镜头；节目排练镜头 字幕提示：选手的基本资料
节目现场	选手在短片播出后逐一出场表演，在三分钟的表演过程中会出现工作人员预先安排的突发意外事件，例如选手的才艺是唱歌，工作人员事先告诉他会有一个大哥哥与他一起唱，但在表演前，不让双方有见面的机会。在正式表演时，为了达到更丰富的演出效果，大哥哥会示意提高音调，与选手“飚歌”；或者大哥哥根本不会唱歌，还走音；或者大哥哥在表演途中接听电话……看看小朋友如何在这样的情况下把节目表演完	画面提示：抓住突发事件发生的一刻，选手的表情、反应特写，观众、裁判的气氛画面

表演后，评委根据各人表现评分。每位选手的得分不能一样，按照在评委心目中的排名评分，最高的是10分，然后是8分，以此类推，最低的是2分。

2. 金睛火眼辨真身（名称暂定）

每集设置一个主题任务，邀请三位成年嘉宾扮演主题人物。嘉宾分别出场展示才能，选手可以以对话提问、互动游戏等方式与他们交流，选出自己心目中最符合当期节目的嘉宾。选手选完后，评委和现场的观众也投票给嘉宾，每人只能投出一票，而这些投票的总数就是选择当位嘉宾的选手的得分，即若A选手选择的嘉宾有37票，那么A选手此环节的得分就是37分。成人嘉宾的加入，可补救节目因小朋友的羞涩、怯场而产生的冷场，并丰富了节目的构成。虽然节目的主体是小朋友，但通过他们，可以带动父母、老师、爷爷奶奶等其他成年人，使之成为节目的嘉宾，参与到节目现场，丰富节目观众的层面，再由这些成年人辐射到其圈子的其他人群，对节目的持续发展有很大帮助。

节目内容	示例
三位嘉宾分别出场，并作现场表演。选手可以通过向嘉宾提出问题、要求他们现场进行角色扮演、与他们玩互动游戏的方式沟通，主持人要在其中担当中介的角色，并以搞笑的语言和敏捷的肢体动作让选手与嘉宾有充分的了解和表现，务必令选手、嘉宾、观众都可以感受到节目的气氛	某期主题是选出“我最喜爱的幼儿园老师”，因此三个嘉宾扮演幼儿园老师并使出了自己的拿手好戏：和小朋友玩游戏，教小朋友剪纸、讲故事、做体操……主持人也可以相应提出“你觉得最好的幼儿园老师应该是怎样的”，并引导小朋友讲出真心话：迟到不会罚我站的，不会硬要我吃胡萝卜的，长得漂亮、声音好听的……而嘉宾也应小朋友的要求，尽量表现相应的优点去诱惑小朋友，争取支持，因为被选为“我最喜爱的幼儿园老师”会获得奖品

此环节的得分加上第一环节的得分，得分最高的两名选手可以进入最后一个比赛环节。若出现同分现象，则由主持人出IQ题或谜语给选手抢答，由最先答中的两位选手进入下一关比赛。

3. 第三环节

(1) 形式一：________(名称待定)。

入围选手各自选择两位帮手（父母、爷爷奶奶、兄弟姐妹……）参与。两组队伍分别进行，他们先通过一个小游戏，然后再做一道心理问答题。

游戏方式	节目内容
手脑并用	通过益智的现场游戏，带动小朋友动起手脚来。例如，设置一块长三米的空地作为池塘，每组的三名成员是青蛙，他们有五片荷叶，荷叶可以移动，每人必须利用两片荷叶（道具）回到池塘对面的家
心理游戏	给每人一份纸和笔，在看过问题后，写下自己的答案，然后向评委和现场观众解释答案的意义。问题偏重于小朋友生活、成长中的一些问题和现象，譬如：“爸爸妈妈为什么吵架了？”“你生日那天，你的家人忘记了，你会如何？”

评委和现场的观众根据他们的表现与回答给选手投票，每人只能投出一票，而这些投票的总数就是选手的得分，即若A选手有37票，那么A选手此环节的得分就是37分。

(2) 形式二：________(名称待定)。

入围选手各自选择两位帮手（父母、爷爷奶奶、兄弟姐妹、朋友……）参与。

两组队伍同时进行知识问答加游戏竞技的比赛。比赛规则：现场有一个大水池，里面飘浮着五颜六色的彩笔，在水池外，竖立着两块白板，上面有十道用十种颜色书写的题目，选手必须分工合作，从水池中打捞出彩笔，然后用它写出相应颜色题目的答案。看哪一组选手在5分钟里答对的题目最多。选手答对1题有1分，答对了几题就有几分。这个环节还可以以短信、邮件等方式向观众收集知识回答题目，从而扩大观众的参与度。

节目形式举例	题目举例
有一道用红色字写的题目："红色加黄色变成什么颜色?"那么选手们就要从水池中打捞出红色的笔，然后在题目后面写上答案"橙色"。如果是蓝色字的题目："世界上生产玉米最多的是哪个国家?"就要从水池中打捞出蓝色的笔，然后在题目后面写上答案"美国"	1. 红色加黄色变成什么颜色? 2. 3月12日是什么节日? 3. 小兰的爸爸有三个孩子，一个叫Sily，一个叫Peter，另外一个叫什么? 4. 2000年的奥运会是在哪里举办的? 5. 一瓶罐装的可口可乐是多少毫升? 6. 世界上生产玉米最多的是哪个国家? 7. 什么叫ICQ? 8. 吃海鲜时不宜饮用哪种酒? 9. 吸烟有害，烟草中毒性最大的物质是什么? 10. 对人体来说安全电压是多少伏?

4. 知识小环节

在节目中间设置"悟空大学堂"和在最后设置名为"悟空说广州"的一分钟知识性小板块，都由上期或之前选出的"孙氏队伍"成员担任小主持，让选手有更高的参与度与后续出镜率，成为节目的另外一个亮点。

(1)"悟空大学堂"。

每期对《西游记》中的一个人物、一件物品、一个现象、一处地方作解释，还原这些事物在《西游记》中的身份，并以此引申到小朋友的学习、生活和成长中来。例如，金刚箍是观音菩萨送给唐僧以制服孙悟空的神物，只要唐僧一念紧箍咒就能让金刚箍紧缩，使孙悟空头痛欲裂。孙悟空本来是一只暴躁冲动的妖精，但金刚箍令他的妖性降服，孙悟空得道成佛后，金刚箍也就自然地解除了。金刚箍和紧箍咒后用来比喻限制人的规矩、准则，中国有句古话说"无规矩不成方圆"，这些规矩准则虽然烦琐，却是令国家和社会井然有序、持续发展的根本，也是人们日常生活、交往的基本依据。

（2）“悟空说广州”。

用镜头以小朋友的眼光带领观众在广州各地穿街过巷，用小朋友的声音讲述旧事物，引出新鲜的事件和变化，诉说广州的变迁。例如，以前的天河区是一片人烟稀少的农田，后来经过政府的城市规划、经济建设工程，现在这里已经高楼林立，有广州最高的标志性建筑——中信大厦，有全市最集中的购物商场，是广州最主要的商业经济地带。

十二、备注

主持在每一个环节要代入角色，发挥主观能动性，令节目生动。例如，在最后一个环节中，主持是其中的裁判和发令者，而两个副主持则为双方选手的军师。他们为自己支持的选手加油打气、出谋献策，还可以在中间思考时间作出假装帮选手擦汗、拿矿泉水给选手漱口等搞笑夸张的表演行为，令节目更加生动、有趣。

十三、节目架构

<table>
<tr><th>板块</th><th>场地</th><th>内容</th><th>参加人员</th><th>化妆、服装、道具、灯光</th><th>备注</th></tr>
<tr><td colspan="6">第一集在此交代节目的设置背景（孙悟空由石头中爆出，来到了花果山的水帘洞，他准备去大闹天宫，于是向江湖发出了招聘启事，哼哈二将赶来为其招兵买马，福、禄、寿三人则来给一下意见）</td></tr>
<tr><td colspan="6">30 秒三维片头</td></tr>
<tr><td rowspan="2">“初哥”报到</td><td rowspan="2">600 平方米演播厅</td><td>节目口号</td><td>由主持人带动观众呼叫节目口号</td><td></td><td></td></tr>
<tr><td>主持人开场串词
主持人互相介绍出场，介绍评委，然后播出选手的短片</td><td>主持人、评委、现场观众</td><td>选手可根据表演的节目自行装扮</td><td></td></tr>
<tr><td colspan="6">出动画标版（过渡）</td></tr>
<tr><td rowspan="4">“初哥”报到</td><td rowspan="4">600 平方米演播厅</td><td>选手外拍短片播出后，作出场表演</td><td rowspan="4">主持人、评委、现场观众、选手</td><td rowspan="4">1. 评委座、分数牌、记分板
2. 追光灯，令选手有自己是主角、舞台是自己的世界的感觉
3. 安排一个工作人员做整场节目的记分工作，并以猴子形象出现</td><td rowspan="4"></td></tr>
<tr><td>主持人串词</td></tr>
<tr><td>五名选手轮番出场后，评委打分点评，主持人宣读各选手评分板上的积分</td></tr>
<tr><td>主持人和评委可以在每位选手表演完后，适当提出一些问题，看他们遭遇突发事件后的感想如何，从而为评分提供更充分的依据</td></tr>
</table>

（续上表）

板块	场地	内容	参加人员	化妆、服装、道具、灯光	备注
出动画标版（过渡）（节目简介、播出时间表、30 秒节目宣传片）					
金睛火眼辨真身	600 平方米演播厅	主持人开场串词	主持人、评委、现场观众、选手、嘉宾	1. 嘉宾按当期节目主题，以适当的形象出现 2. 嘉宾奖品	1. 舞台划分为评委席、选手席和嘉宾席，并留有一定的位置让嘉宾、选手表演、做游戏 2. 为最受欢迎的嘉宾准备奖品
		嘉宾逐一出场			
		主持人、评委引导嘉宾、选手的情绪，引起更多的话题与火花			
		选手提问嘉宾			
		选手选择嘉宾			
		评委和现场观众投票			
		主持人点票			
		主持人宣布可以进入最后环节的选手			
悟空大学堂	外景	上期节目的冠军选手讲述《西游记》的知识	上期节目冠军选手		1 分钟
出动画标版（过渡）					
第三环节	600 平方米演播厅	主持人串词（介绍比赛形式，主持人做简单采访后，比赛开始）	主持人、评委、现场观众、选手、嘉宾	比赛道具	
		进行比赛			
		主持人公布比赛结果			
出动画标版（过渡）					
颁奖	600 平方米演播厅	美猴王为最后的获胜者戴上金刚箍，穿上胜利之服	主持人、评委、获奖选手、现场嘉宾	金刚箍、胜利之服、奖品	准备一些小礼物，由嘉宾、评委送给所有的选手
悟空说广州	外景	上期节目的冠军选手讲述广州的历史文化故事	上期节目冠军选手		1 分钟
结尾		以主题曲为背景音乐回顾本期内容，字幕收尾			

四、电视特别节目策划文案的写作示例

所谓电视特别节目策划，是指为现有的电视栏目，因应新闻事件、重大节庆等的需要而设的特别节目所进行的专项策划。这类策划，是在现有栏目的基础上，设计和策划一些有吸引力的特别报道、主题活动等，以期吸引观众收看节目，增加观众对节目的黏性和忠诚度，扩大节目的影响力。

与上一节介绍的电视栏目策划不同，这类的策划不需要从零开始构思栏目的定位和形式等，只需要在现有栏目的基础上，对内容进行有深度和有创造力的设计。

本节的策划文案示例，是广州电视台《新闻日日睇》栏目为天健地产“圆梦计划”所策划的特别节目的文案。《新闻日日睇》是广州电视台新闻频道主打的新闻时事评论节目，于2004年2月2日开播。栏目由《G4视点》、《G4出动》、《人人都是G4》、《活在广州》、《潮爆粤语》、《广州影像》、《G4落力帮》等环节组成。本次策划，就归入《G4落力帮》环节，以“特别策划”的名义制作及播出。

《G4圆梦——我想要一个家》策划

一、策划缘起

盛夏6月，又到了一年一度的毕业季。电视机前的你可能是一个踌躇满志的毕业生，也可能是工作了1~3年的年轻职场人，又或是已经组成家庭、步入人生另一阶段的收入稳定人士。无论你是哪一种人，相信心目中都会有一个置业梦。在当年的盛夏，在当年的那个6月，我们都有过这样的梦想。然而，现实总是残酷的，纵然有一份稳定的收入，但工薪阶层的你我却永远追赶不了楼价上涨的步伐。到底如何去追逐自己置业的梦想，到底如何去实现这一梦想？G4特别策划《G4圆梦——我想要一个家》将在6月初至7月中旬，在这个城市千万人群中找到你，一起来追梦、圆梦！

二、策划执行

整个策划过程分为四个阶段：

第一阶段：在2013年6月初，《新闻日日睇》栏目曾推出3~5条报道，通过选取城中典型职业人士或家庭为案例，讲述他们心中的置业梦，分析他们在追逐这个置业梦的过程中的难处和困惑。报道所指，一针见血地提出置业的首期款是圆置业梦的关键所在。许多人其实有稳定的月收入，有能力支付供楼款，却一直付不起因楼价上涨而不断上涨的首期款。

第二阶段：热心的地产企业在看到我们的电视报道之后，产生了想圆街坊置业梦的想法。天健地产决定在其最新的楼盘天健上城中拿出3套南向的75平方米的房子参与圆梦计划。天健地产将和G4一起发动一场海选报名，向全广州有志于圆置业梦的人发出邀请。天健地产会在这些报名街坊当中选出最终的3个幸运儿，为他们送上一套免除了首期款的天健上城房子。在这个阶段里，天健地产会举行一场名为“启梦置业之旅”的晚会，推出海选这个概念，同时也启动我们G4这次置业圆梦计划的海选。报名的持续时间将会是两周，在这期间，G4会在报名者当中选出一些有故事的进行报道，通过报道他们的故事，折射不同阶层、不同年龄段的人的置业梦想，也以此来推动更多有着置业梦想的人能加入这场海选当中来。

第三阶段：在经过了第二阶段的海选报名之后，我们的目标是积攒到40 000名左右的参赛者。第三阶段持续的时间将会是一周，G4会联同天健地产、《南方都市报》等合作媒体以及15名来自不同领域的评委，在这40 000个报名的个案中筛选出300人参与角逐。在第三阶段结束的时候，天健地产将举行一场“追梦置业之旅”晚会，让评委在300名参赛者中选出30人参与最终的角逐。这一阶段的报道重点是评委如何去听取和看待参赛者的置业梦，以及在300进30的过程当中，参赛者是如何陈述自己的置业梦的，他们身边的朋友、同事、家人又是如何为他们助选的。通过报道，突出追梦过程中的那种忐忑的心情，还有那种与梦想一步之遥的期待和兴奋。

第四阶段：经过前三阶段之后，第四阶段也正是到了整个活动最白热化的时候。30个人，3套房子，3个方向。每条跑道上有10个人竞争，如何能脱颖而出、如何能打动评委是这个阶段报道的卖点。9个评委来自不同领域，处于不同年龄，他们将会在一周半的时间里对最终的这30人进行考核，去他们现在的工作单位，去他们现在居住的地点，还有去暗访他们身边的亲友，综合评判这30个人，最终决定哪3位能脱颖而出。G4在这个过程中的报道类似于真人秀。在这个阶段结束的时候，天健地产会筹办一场“圆梦置业之旅”晚会，公布最终胜出的3名参赛者名单，为整个活动画上句号。

三、报道计划

第一阶段：6月3日~6月8日，6条报道，完全不植入天健地产的信息。

第二阶段：6月10日~6月22日，8~10条报道。其中6月10日的报道内容是天健地产的“启梦置业之旅”晚会；其余报道会侧重于参赛者的故事，剖析不同阶层和年龄段人士的职业梦想。

第三阶段：6月24日~6月30日，4~5条报道。其中包括6月30日的天健地产“追梦置业之旅”晚会。侧重报道300进30的过程，体现参赛者追梦过程中忐忑的心情和那种与梦想一步之遥的期待和兴奋。

第四阶段：7月1日~7月10日，5~6条报道。其中包括7月9日的天健地产“圆梦置业之旅”晚会。侧重报道9位评委对最终30人的考核，以及这30人为了赢得最终胜利而努力的过程。

四、主办方权利和义务

作为这次圆梦计划的主办方，《新闻日日睇》是整个计划的主导方，G4这一品牌的体现也会贯穿整个活动。具体体现的权利和义务如下：

权利：

（1）活动全程G4的标识都会在宣传单以及活动背景板中露出。

（2）作为主办机构，G4品牌会在《南方都市报》相关的报道中露出，同时也会在腾讯大粤网的活动专页中体现G4品牌。

（3）作为回报，南都公益基金会将在整次活动期间附赠约3次活动的硬广，上面会有G4品牌的露出；而在整个活动结束之后，也会视项目执行情况附赠G4累计1个版面的公益广告位（可拆分数次，也可一次出版）。

义务：

（1）宣传片当中先显示策划名称《G4圆梦——我想要一个家》，然后介绍这是G4特别策划，送出的奖品是由天健地产的天健上城提供的3套免首付房。宣传片当中要有明确的天健地产以及天健上城的标识露出。

（2）整个活动中天健地产的3场晚会，G4团队要派记者和摄像团队完整记录，素材交付天健地产，每场晚会出一条新闻。天健地产的企业信息要在新闻报道中有所体现。

（3）G4团队配合天健地产组建整场活动的评委队伍，G4派出人员担任评委会成员。

（4）G4团队作为整个活动的主办方，天健地产的3场晚会主持需节目主持人林洁担任，G4团队负责协调主持人的档期问题。

五、植入价值

G4在6月9日至7月9日1个月的时间跨度内，为配合策划报道的植入需要，会提供17~21条带有天健地产信息的新闻报道，每则新闻报道长度是2分~2分30秒。同时，G4团队会为这次策划报道制作相应的宣传片，片中会植入天健地产的相关信息，片长为25秒~30秒。除了《新闻日日睇》的《G4出动》栏目播出的新闻报道和宣传片之外，本次策划报道还会携手《南方都市报》、腾讯大粤网、新浪微博等媒体，全程跟踪报道这次的活动策划。在G4品牌的主导下，合力南都全媒体品牌的力量，在1个月的活动时间内，将达到在电视、报纸、网站全媒体上“天健地产天天见”的植入效果。上述的植入，若以商业价收取，价值将超过××万元，其中G4品牌提供的价值约为××万元。天健地产须为此支付××万元。

六、合作媒体

《南方都市报》、《南方都市报·公益周刊》、广东济德文化公益服务中心、腾讯大粤网、新浪微博

本章思考练习题：

1. 什么是策划？
2. 什么是电视策划？
3. 电视策划有哪些特征？
4. 电视策划的可行性包括哪两方面？
5. 电视策划有哪些作用？
6. 电视策划的任务是什么？
7. 在当前的电视制作工作中，有哪几种电视节目策划方法比较常见？
8. 课堂分组讨论：当前常见的几种电视节目策划方法，各自的优缺点是什么？
9. 请为《广东卫视新闻》的中秋节特别报道提出一些策划创意。
10. 请以小组为单位（每组5~6人），为你所在省份的省级电视台综艺频道，策划一个以厨艺比拼为核心的综艺真人秀节目，并撰写一份完整的策划方案。

第九章　电视包装文案写作

第一节　电视包装的要素与原则

电视包装是电视业发展到一定阶段的产物。我国传统媒体实行“事业管理，企业经营”之后，电视媒体不仅要面临来自电视业内的追求收视份额、媒体品牌、栏目品牌等竞争，还要应对来自其他媒介包括传统报刊业、广播业以及正在迅速崛起的新媒介的竞争挑战。随着业内外竞争的日趋激烈，电视业要谋求更大的发展空间与可持续发展的机会，就要实行创新与改变。电视频道专业化、电视栏目专业化等就是竞争带来的变化之一。在实践中，越来越多的电视媒体开始重视创立自己的品牌特色与专业特色，有的放矢地在节目形态、节目内容特色、栏目定位等方面着手，从内部质量上着力打造其专属底蕴与价值，提高对相关受众群体的吸引力。

在快节奏的现代生活里，在各行各业日新月异的竞争新思维的引领下，人们早就改变了“酒香不怕巷子深”的观念。电视媒体不但认识到在竞争激烈的现代媒介生态里，酒香也怕巷子深、王婆卖瓜也须自卖自夸的现实，而且认同眼球效应才是现代市场竞争的法宝。随着竞争意识的不断深入与丰富，电视包装已经成为电视媒体业整体发展战略的重要组成部分，同时是否重视电视包装、电视包装成功与否也成为衡量一个电视媒体经营理念是否成熟的标志之一。

电视包装是一个复杂的系统工程。电视包装可以理解为一个交叉综合的概念。它是在电视频道、栏目与节目制作基础上，对包装概念的电视化应用，是利用一系列视觉性和听觉性符号对电视节目、栏目、频道乃至电视媒体的整体形象进行一种外在形式要素的规范和美化，力图影响或作用于受众，促使受众形成对电视媒体（或栏目、节目）的整体性概念和表面评价。这些外在形式要素包括颜色、图像、声音等诸要素。

根据包装对象、包装内容、包装目标的不同，电视包装可以划分为电视节目包装、电视栏目包装、电视频道包装以及电视媒体包装。

一、电视包装的要素

（一）色彩

在电视包装中，色彩是必须运用的基本要素之一，也是在观众的视觉感官上发生作用的最活跃要素。

心理学研究表明，人的视觉器官在观察物体时，在最初的20秒内，色彩感觉占80%，形体感觉仅占20%。随着观察时间延长，人眼对于事物的形体感觉才逐渐上升，5分钟以后人对于被观察事物的形体感觉才与对事物的色彩感觉持平。色彩感觉不仅作用于人的视觉器官，还直接影响着人的情绪反应和对事物的认识方式。为了使受众获得对电视媒体的良好观感，并能持续地吸引更多观众收看电视节目，在设计电视包装方案时，尤其需要利用好色彩要素。

与绘画艺术对色彩的运用有较大差别的是：绘画艺术对于色彩的运用要服从绘画者对于作品的整体构思，通过色彩能准确表达绘画者在作品中注入的情感或突出构成作品形式美感的部分；而电视包装对于色彩的运用更注重色彩的概括性和装饰性，通过对色彩的色调、明暗度、饱和度和对比度等的恰当运用，来彰显电视包装对象的媒体（或栏目、节目、频道）个性，以求明确表达媒体的定位追求，彰显媒体的特点，或显示媒体的风格与一贯立场等。由于蓝色通常给人以安详、稳定、冷静和宽广的心理印象，所以很多电视媒体的新闻频道或新闻类栏目，常常借用蓝色来实现其营造稳重庄严形象的目的。上至中央电视台的新闻频道及其他多个新闻类频道，下至各地方电视台新闻类栏目的宣传片或片花、片头，都大量地采用蓝色作为主要颜色基调。

当然也有不少电视媒体频道、栏目或节目为了凸显自身媒体的个性特点与风格，往往充分发挥设计创意，大胆采用视觉感强、容易带给人生机勃勃的印象的鲜艳色彩。例如，凤凰卫视选择了艳丽的橙黄色作为媒体台标图案的颜色（见图9－1），一方面是因为该台旨在彰显它是以黄土文化为本源文化的华语媒体，有助于展现该媒体信奉华夏人文精神及中华文化的文化内涵；另一方面，橙黄色正好是黄土的象征色，又比真实的黄土色更显明亮，更易激发观众产生希望与光明的联想。也有的电视媒体为使其包装能给人们留下更深刻的印象，在色彩运用上特意标新立异，大胆采用别的媒体一般较少运用的色彩。实践表明，只要运用恰当，标新立异的色彩运用确能起到出人意料、令人记忆深刻的效果。如上海的东方卫视采用热烈、活力奔放的大红色（见图9－2）为它的台标包装的主色调，显示其作为国际化大都市媒体的热情、活力、前瞻、奔放的海派文化特征。

图 9－1　凤凰卫视台标

图 9－2　东方卫视台标

电视包装中无论运用什么色彩，无论主色调是单色或是复合色，都是为包装对象服务的，都要突出包装主题与目的。因此，色彩要与其他包装元素配合，使包装整体协调。好的包装色彩运用应该与其他包装元素一起，突出频道、栏目、节目的整体风格、特点，帮助提升其形象与口碑，并帮助丰富频道、栏目、节目的内涵与意蕴。

（二）画面图像

画面图像是电视包装中最重要的内容元素，因为电视是通过活动的画面图像以及与画面紧密配合的声音共同传播信息内容的媒介。且由于具有声画俱备、声画合一的传播特性，电视媒介优胜于其他媒介。

观众主要是“看”电视，而不是“听”电视。但是，运用于电视包装中的画面图像与一般的电视节目中传送的画面相比，内容的侧重点有所不同。电视包装的画面图像范围相对窄一些，包括在日常电视传播影像范畴之内。电视包装画面图像特指用于包装、宣传电视媒体（或频道、栏目、节目），对电视媒体形象和频道栏目的风格、特点或目标追求等起着点睛式概括、提炼与推介的作用，对加深受众对包装对象的印象、提升包装对象的知名度或整体形象起指引作用的画面图像。

画面图像一般比文字更具有视觉冲击力。由于画面的形象性，在制作电视包装的宣传片时，电视媒体应充分利用调动画面图像的作用，选择富有鲜明印记和最能表现电视包装对象的风格特征、节目特色、精神理念、地域色彩和传播追求的符号标识（如标志性建筑物、台标之于媒体）、特色事物（如水乡小镇、石拱桥、油纸伞之于江南地区的电视台）、品牌节目片段（如《焦点访谈》、《新闻联播》之于中央电视台）等入画，既增加包装画面图像的美感，又能给观众留下深刻记忆，加深观众对包装对象的印象。对画面图像的恰当运用，能增加电视包装作品的形式美与成功率。例如，中央电视台纪录频道宣传片开头的几个画面如下：蓝调底色的画面上，一股小水流喷涌而出，逐渐汇合成一股大水流并凝聚成一个晶莹剔透的小水晶体，然后小水晶体下方出现“CCTV9、纪录”的字样；接着小水晶体又幻变成硕大的水晶立方体，即纪录频道的台标。运用含蓄的立方体形象，其含义是：

深浅，里外，凹凸，远近；
凡事不止一面，视界决定眼界；
多维的视角，多义的表达；
彼此多看一面，共同接近真实。

台标的设计含义，很贴切地表达了纪录频道的频道理念——“以真诚的态度，为时代中国存像；以真挚的情感，为民族心灵著史；以真切的体验，与大千世界共鸣；以真实的脚步，与文明进程同行”。紧接着作为台标的水晶立方体旁边出现宣传频道定位的几行字幕，如图 9－3 所示：

图 9－3　纪录频道宣传片片段

而随着水晶立方体的转动，它的每一面都出现了纪录频道曾经播放的众多纪录片的画面。最后，伴随着画外音“2011 年 1 月 1 日，中央电视台纪录频道正式开播”，出现如图 9－4 所示的画面：

图 9－4　纪录频道宣传片片段

（三）声音

声画合一地传播信息是电视媒介优于其他媒介的传播特性。声音也是在电视包装中起关键性作用的元素，声音与画面、图像、图表、文字、色彩等构成电视传播的综合元素。电视传播中应用的声音包括所有能直接作用于人的听觉的有声语言（播音语言、画外音、同期声）和非语言的音乐、音响、音效等。作为电视包装中的声音，也既可以是能直接传情达意、传递信息的有声语言，还可以是特别擅长渲染、激发情绪的非语言的音乐、音响、音效。因为非语言的音乐也能给观众传递固定印象，如《新闻联播》正式开播前，随着栏目名称的出现而播出的那段相对固定的音乐，它一旦响起，就会让人联想起这个著名的新闻栏目。

在电视包装中，无论是有声语言的选用，还是音乐（歌曲、乐段）的选用都要注意几个问题：一是声音要与电视的其他元素配合，共同为电视包装的主题和目标服务；二是选用的声音必须是有自己特色的，且能为宣传、推介、提高、突出电视包装对象的形象、风格、特色等发挥不同作用。

（四）语言文字

在电视包装尤其是宣传片中，语言文字（宣传语）的运用通常是必不可少的。简明扼要的宣传语是帮助实现电视包装目标的有力工具。由于语言文字具有高度概括内容的能力，又能直接表达画面不擅长表达的抽象内涵和深层的精神意义等，因而语言文字在包装中的作用和地位是不言而喻的。电视包装中的语言文字包括有声的语言文字和无声的语言文字。有声的语言文字，包括画外解说词（通常是简短的宣传语）、播音语言；无声的语言文字，包括各种字幕文字（频道名称、栏目名称、节目的标题——包括正标题与副标题、同期声字幕、人物介绍性字幕、衔接字幕、内容概括字幕等）。

具体而言，语言文字在电视包装中所起的作用有：①导视，电视包装的目的之一是增加收视率，通过电视包装中的语言文字的宣传、推介，提高观众收看节目的兴趣，引导观众的收视行为；②宣传，向观众推介频道的文化追求、栏目的特色优势、节目的精彩亮点等，达到广而告之、加深观众印象的目的；③解读，向观众具体介绍频道与众不同的定位、特征与奋斗目标，栏目新的构思或新的追求，新节目独家报道的内容或独特的表现形态；④主题，比起擅长表现外在形象的画面，文字擅长表达内在的、抽象的、精神的、主观意念的东西，媒体（频道、栏目、节目）的目标追求、主题文化等主要依托文字来提炼与强化，如“用事实说话”一语即可提炼《焦点访谈》栏目的主题宗旨；⑤意境，文字贯穿于电视包装的全过程，从包装策划方案到包装作品中的宣传口号等具体表述，都靠文字，含有形象意境的文字才是巧妙的、富于吸引力的，也是最具表现力的，形象化的电视包装也离不开有文学意境的文字来营造和构筑。

电视包装中的语言文字运用应注意如下问题：

（1）了解包装对象，以突出栏目、节目的个性、风格、定位与追求目标；注重使语言文字风格与包装对象风格特征一致。如前面所引述的中央电视台纪录频道宣传片的事例，其语言文字的表述重点与包装对象的频道定位高度一致；而且宣传片的语言风格与包装对象的传播风格也相同，都稳重大气又不失活泼丰富。

（2）研究与包装相关的对象，实施有的放矢的包装。电视包装最终要面向受众，选择受众容易理解与接受的电视表现手法、受众喜爱的文字表达方式进行电视包装，才有利于达成包装目的。此外，进行电视包装前必须认真分析媒体竞争对手的包装，扬长避短，另辟蹊径，才能设计出有特色的、有竞争力的包装。例如，同样是影视频道，一个频道的包装宣传语是：“锁定影视频道，品味戏剧人生。”目的是让受众被动接受它的播出内容:“锁定”才能“品味”。作为其竞争对手的另一个频道,变主观为客观,站在受众的立场作宣传,宣传语主动告诉观众:“专放老百姓爱看的影视剧。”

(3)以提升包装对象的知名度与媒介竞争力为目标,运用概括简要且富有号召力的语言。包装中运用的词语、句型、修辞手法既是个性化的,又是最贴近包装对象的独特内涵气质的。通过这些独具鲜明个性的包装文字,能增加观众对包装对象的认知和识别能力,使观众能在众多同类媒体中迅速辨识出包装对象媒体。例如,作为中央电视台目前唯一一档专门针对驻外记者开办的日播国际新闻栏目的《环球记者连线》,它的宣传语是:“聚焦新闻热点,解读环球时事,直击新闻现场,讲述背后故事……每周二至周六,零点三十五分,新闻频道‘环球记者连线’为您连通世界。”这段文字突出的是该栏目的主要报道特色,即它相对其他新闻栏目的竞争优势:通过驻外记者对国外媒体的解读和对当地人士的采访,集中呈现各国的声音和观点。又如凤凰卫视资讯台由著名评论员阮次山担纲的新闻评论栏目《新闻今日谈》的宣传语:“多角度透视,全面论点《新闻今日谈》。”阮次山先生语速缓慢甚至有点结巴、语音不标准,却以见解独到、分析深刻、迅速且切中要害的评论而为人称道,宣传文字的重点放在宣传他所主持的栏目的特点与优势上。

二、电视包装的原则

(一)统一性原则

所谓统一性,是指在实施电视包装时要综合考虑、努力平衡与协调各种包装元素之间、频道和栏目之间的关系。

制订包装方案时,要从整体把握与综合考虑以下两方面:一是参与电视包装的各个元素都是为包装总体目标服务的,如无特殊情况,放大任何一个元素都可能影响与阻碍别的元素发挥作用,好的包装应该是画面图像、色彩、声音和语言文字的有机组合和协调发展;二是要遵从“下级”服从“上级”的原则,即节目的包装风格服从栏目的包装风格,栏目的包装追求服从频道的包装主题与需要等,如果“下级”的包装与“上级”的包装是不协调的,甚至是矛盾的、有冲突的,应予修改后再使用。

(二)定位性原则

所谓定位性原则,是指电视包装必须尊重与符合电视的功能定位和受众定位。电视的功能定位多是复合性的,每个电视媒体的功能定位一般是“服务型”、“信息型”、“宣传型”、“休闲型”、“娱乐型”、“知识型”、“资讯型”等某两种或多种类型的组合。例如，新闻频道的定位多是“信息型＋宣传型＋服务型”；综艺频道的定位多是“娱乐型＋休闲型＋服务型＋知识型”；旅游栏目的定位多是“休闲型＋知识型＋服务型”等。电视的功能定位使电视频道、电视栏目在日常经营与节目制作上有了较为明确的努力方向，也方便其经营打造自身的风格特色与个性。当然，不同的电视媒体、不同的功能定位，也对电视包装提出了不同的要求。如国家级的电视媒体代表着国家和政府的形象，面向全国各地的观众，无论是媒体报道的信息或播出的节目，都会受到国内外媒体传播机构等专业人士或普通受众的关注乃至批评。因此进行国家级媒体电视包装时，要从国家形象的大局意识出发，力图塑造大气、庄重、积极向上、健康活力的媒体整体形象；或者加入富有民族特色的传统文化标志物、有民族象征意义的元素进行包装设计构思和表达。而地方性媒体的电视包装可增加一些能体现地域文化特色、地方民风民俗与传统文化的内容，则更容易得到地方观众的认同。

电视专业频道的受众定位多是依据受众的兴趣、爱好或年龄、职业、地域等来考虑，如体育频道、财经频道、少儿频道、电影电视剧频道等把频道的受众分别定位为体育爱好者、投资爱好者、少年儿童及家长、电影电视剧的忠实“粉丝”等。电视栏目的受众可能还包括某个明星栏目主持人的“粉丝”，或包括栏目特定内容风格的追捧者、欣赏者等。电视包装在考虑电视的受众定位时，要充分了解和仔细调研频道、栏目的目标受众群的信息需求、收视心理、收视习惯；也要及时了解和分析目标受众群收视“口味”的变化与新的收视期待等数据资讯。在目前媒介的竞争生态下，媒体受众定位的指标不是固定的，而是会有变化的。电视包装要考虑到当今电视媒体受众定位的多样性与复杂性，尽可能在包装理念上灵活一些，把受众市场目标放大、放远一点，挖掘更大的或潜在的受众市场。

（三）渐变性原则

一般而言，电视频道、栏目一旦策划完毕投入制作，开设和播出都会持续较长时间。如果不是制作质量不佳或收视率长期低迷，一般情况下不会轻易停播或撤销。这既有利于频道、栏目培育和发展自身的独特风格，以及保持风格特色的一贯性，也有利于培养观众对媒体的收视忠诚度，稳定频道和栏目的受众群市场。例如，中央电视台的《新闻联播》、《焦点访谈》、《东方时空》等名牌栏目，凤凰卫视的《冷暖人生》、《锵锵三人行》、《鲁豫有约》等名牌访谈栏目都已开播超过十年。与媒体内其他同类栏目的收视率相比，上述名牌栏目的收视率排名一直位居前列，这些栏目也都培育了自己庞大的忠实受众群。

在电视频道、栏目的经营发展过程中，对频道、栏目实施的电视包装并不是一成不变的，而应采取渐变的原则。原因是：①原来的电视包装随着频道、栏目自身的改版或频道、栏目不断推出新的策划活动，需要及时进行新的宣传、推介和包装；②原来的电视包装使用日久，会让观众产生审美疲劳，影响对频道、栏目的收视感受；③原来的电视包装会因为频道、栏目的变化发展而显出内容或形式上的不合时宜，需要更新、改进或替换新的包装。

对于播出时间较长的电视频道、栏目而言，它们已经拥有一定的知名度，已经创出了自己的品牌效应，也已占领着一定的受众市场份额，轻易地抛弃或破坏原来的频道、栏目品牌显然是不明智的。因此，对频道、栏目的电视包装采用渐进式改变的做法才是比较科学、适宜的，但要注意以下几点：①只做形式上的改变，如改变包装音乐、包装字体、文字颜色，改变包装元素的组合方式或改变包装元素的叠放或出现顺序等，但不改变电视包装的核心内涵，保证包装对象原来的风格特色不走样、不变味。当然，如果包装对象的核心内涵已随着时代的发展有所延伸或改变，则要在包装中加以突出宣传，让社会公众与原来的受众群体及时感知包装对象——老的频道栏目焕发新芽，具有创新发展的潜力与魅力。②注意控制改装的频率，一般不主张在短时间内频繁改变、更换电视包装。近年来，有些电视媒体一旦听到不同的议论声音，就频繁更换台标，以至于搜不到旧台标的观众以为原来的媒体或频道已经撤销了。对于电视媒体的经营和生存来讲，这种动辄改变包装、喜新厌旧的做法，其实是把观众拒之门外，白白让自己的受众市场流失的笨招。③推出新的电视包装时，不要立即停止播出原来的旧包装，等观众适应了新的电视包装，对新包装的脸孔、声音比较熟悉、比较接受了，承受新事物的缓冲期过后再撤下旧包装。

（四）科学性原则

电视包装的科学性原则主要体现为：电视包装需要讲究有序化操作、规范化操作，避免盲目操作给媒体带来人力、物力、财力等资源上的浪费。因为每次创造新的电视包装、改造旧装都要消耗大量的资源。

对科学性原则的把握，在不同的阶段，如实施包装前、包装执行中、包装推行后，有不同的重点。

（1）实施电视包装前，对包装应进行总体设计。总体设计应基于对如下两方面资料的充分了解与科学分析，才能真正知己知彼。一是对电视包装涉及的媒体内部信息，如频道、栏目的经营现状如何，频道、栏目、节目的质量评价如何，是否有新的发展目标和新的定位追求等要有清晰而客观的了解；二是对电视包装涉及的外部信息，如媒体竞争对手、本地媒体生态的现状、目标受众群的新变化等要进行广泛的市场调研，掌握准确的数据和详细的背景资料。

（2）电视包装推行中，要做到权责分明、监督落实。媒体内部应设立专门的包装实施与督导部门，制定明确的包装规范与配套的强制落实措施，以顺利推行既定的电视包装方案。

（3）电视包装推行后，媒体内部员工应达成共识，服从分工协调，担当各自的包装职责，保证电视包装的顺利实施。同时，应及时反馈竞争对手和受众市场对新一轮电视包装的反应评价，这有利于对电视包装进行微调，或为电视包装的改良提供可靠的数据资料。

（五）前瞻性原则

电视包装作品融电视的技术应用和艺术审美于一体。电视包装的前瞻性原则是指电视技术应用和电视艺术审美观念上的某种预见性，电视包装设计者“应该在大致了解电视产生、发展规律和技术革新历程的基础上，尽量借鉴媒介先进国家电视审美的经验，然后立足于本地特色进行电视包装，这样才能首先在理念上站到前沿，保证包装的持久性和新颖性”①。

第二节　频道包装文案的构思与写作

频道包装的理论依据主要源自 CIS（Corporate Identity System，即企业形象识别系统）。无论包装的对象是什么社会组织、包装的形式如何丰富、包装的手法如何多样、包装的理念如何先进，其实电视频道包装文案与其他社会组织的包装文案的核心宗旨都相同，就是通过运用一定的包装策略、设计方式与宣传手法，建立起包装对象与众不同的、鲜明易辨的识别系统工程，使之具有独一无二的某些特征，从而提升包装对象的整体形象，最终达到宣传推广包装对象、提升其整体形象与知名度、提高营销效益的目的。

CIS 一般包括视觉识别（VI）、理念识别（MI）、行为识别（BI）三大部分。营销学对包装的阐释是：作为形象外在表现形式的视觉识别和行为识别组合，其终极目的是为了烘托组织的整体精神，也就是实现形象包装的内在追求——理念识别。

① 骆鹏主编：《影视传媒文案》，西南师范大学出版社 2007 年版，第 261 页。

对于电视频道组织的发展来说，视觉识别和行为识别从形式上界定了频道的独特属性，如频道的台标设计所蕴含的频道独特的价值追求与特点，频道宣传片渲染推介的频道的个性化表现与特色节目等；而理念识别则从观念上高屋建瓴地给予视觉识别和行为识别方向性指示（宣传语高度浓缩概括频道的文化精神与价值追求）。只有借助包装形式和内容的通力合作，才能更好地帮助受众认识与接收频道的风格。

对于电视媒体频道的包装形式，国内目前尚未形成统一的认识，也没有建立系统严谨的统一规范。一般而言，一个频道包装文案的写作构思大致包含三个方面：

一、频道包装的背景依据

任何包装设计都要讲求知己知彼。电视频道包装也需要充分认识组织自身的条件、实力、特色、追求目标与价值观念等，并且要了解媒体所处的外部环境、竞争对手的相关资料等，在翔实占有背景资料、数据与展开全面分析的基础上进行包装设计。频道包装需要考虑的背景依据有：

（一）频道的外部文化环境和内部功能

频道的外部文化环境主要受电视媒体所处的地域因素、特定媒介生态因素等的影响。在进行频道包装时，要充分了解影响频道的地域文化、风土人情、本土历史及发展概况、地理风貌等外部文化环境，并把这些元素融入包装设计中。频道的内部功能主要受媒介分级和媒介类别的制约。中央、省级、市级等不同级别的电视频道所发挥的功能各有不同，同处于省一级的卫星频道、专业频道等频道之间也存在频道功能上的差异，频道包装设计时需要考虑这些差异。

（二）频道的目标受众和市场概况

现代媒介在运营中都会设立自己信息服务的主要对象——目标受众群和信息服务的主要拓展对象——潜在受众群。频道包装文案写作肯定要考虑主要目标受众群的收视习惯、收视兴趣、收视心理、收视需要与收视期待。媒介经济研究学者唐绪军把媒介受众分为：固定受众（即媒体的忠实观众、忠实“粉丝”）、不稳定受众（习惯在多个电视媒体之间游移）、潜在受众（对媒体有一定兴趣了解或关注，有可能发展为不稳定受众或固定受众）和边缘受众（因某些缘故接触与利用本媒体概率较低的公众）。频道包装方案在计划时要进行调研，了解清楚其受众分布情况，尤其是目标受众群的相关资料，让频道包装有针对性地加强对目标受众群的宣传与服务力度，提高频道对目标受众群、不稳定受众群乃至潜在受众群体的吸引力。

（三）频道的主要竞争对手

在频道经营的生存环境中，难免要面临来自同地域各媒体的同类专业频道，乃至不同类专业频道的挑战。竞争出现在节目内容质量、技术制作水平、节目人才队伍，以及经营营销手段等方面。频道包装文案写作前要对竞争对手的各方面表现和优、劣势情况进行全面了解、对比与客观中肯的分析，才能在知己知彼的前提下扬长避短，实施有效的差异化竞争宣传。因此，在频道包装文案中要对主要竞争对手的特点和优劣情况作简略说明。

（四）频道的主要广告来源

电视媒体播放的广告作品是电视传播的信息产品，在电视媒体经营中为其带来利润收入；而在电视媒体风格的培养形成过程中，电视广告也对其传播载体——电视媒体本身产生一定的影响作用。因为广告的内容、广告中的角色、广告的风格特点、广告的创意与制作水平都会对播放广告的频道产生连带性波及与影响。例如，曾有某羊毛衫产品广告以重金投放在中央电视台春晚黄金时段播出，却因为此广告的创意过时、设计简单甚至有点“雷人”而被不少观众调侃，播放该广告的中央电视台综艺频道也连带受到影响。所以在频道包装文案写作中，还要考虑频道目前主要的广告来源，广告对象的特性，广告风格是否与频道包装宣传片内容特点相左，广告风格是否互相矛盾、互相排斥。如果出现上述情况，应该在频道包装文案上注明如何协调、怎样错开频道包装宣传片与商业广告的播出频率与播出时间，或者及时对频道包装内容作出修改和调整。

（五）频道的人员素质和硬件设施

人才队伍是媒体的宝贵资源，人才素质是决定与造就频道节目制作水平的关键性因素，也是推动频道包装实施的关键要素。因此，在频道包装文案中，要对人的分工与责任、组队安排与协调管理作出明确指示，以确保频道包装设计与实施能有序、有效地执行。

二、频道包装的总体设计

频道包装的总体设计需要考虑参与包装的各种元素的恰当应用，以及考虑各元素相互之间的协调与合理配置。总体设计应该对包装目标的实现具有高屋建瓴的思考，起整体指导的作用。总体设计一般包括如下两个方面：

（一）色彩配置

色彩配置是指电视频道包装文案中，应包含对频道包装所用到的色彩的具体配色说明方案。频道包装的色彩配置有单色配置和多色配置之分。

单色配置指以 1 ~2 种颜色为主色调，其他颜色仅仅作为补充色。单色配置使用简便，可以较快地树立起频道的标志形象，因而多数电视媒体都乐于采用。如果采用单色配置，须在频道包装文案中说明色彩的寓意、选择理由与具体的处理意见。

多色配置即摆脱一两种颜色的视觉约束，把多种色彩融入包装中混搭使用。电视包装对多种色彩的综合运用，可以表现频道多彩的节目内容与丰富的内涵。如果采用多色配置，须在频道包装文案中说明：选择哪几种色彩？选择每一种色彩的寓意是什么？各种色彩具体如何搭配？色彩配置的方式如何？多色使用的目标效果是什么？在包装实践中，一般频道包装都倾向于选用明亮的色彩，鲜明夺目的颜色更容易吸引观众的注意。黑色、灰色等较暗沉的颜色，一般较少运用。

（二）基本风格

在一个电视频道的风格特征表现中，频道包装的基本风格左右着频道宣传的整体效果。因此，在频道包装文案中应该对频道的基本风格有相对详细的说明与指导。频道包装的基本风格主要由画面风格、声音风格和字体三个方面来体现。

画面风格，指由构图方式、光影变化、色彩调配等构成的电视画面特征。

声音风格，就是指主题音乐、人声和效果声三种元素的特色，以及它们彼此之间的配合产生的综合效果。

字体，就是指在频道包装中对英文、中文、汉语拼音、数字等不同文字的体式进行有针对性的设计运用。由于画面上呈现的不同字体会带给观众不同的印象，在后期制作加工中，要对字体给予充分的重视。现在常见的电视包装习惯是：中文一般用黑体和综艺体，英文多采用 Times New Roman 字体。

上述三个方面的因素影响和决定了频道包装的基本风格，无论在具体操作中采用什么形式，基本风格都应做到简洁大方。

综上所述，电视包装的总体设计其实既为包装定下了主要的基调，也提供了具体实施包装时的可操作计划。设计时既要体现包装的总体设计构思，也要详细列出操作方案的大致步骤和内容。

三、频道包装的具体操作内容

这是电视包装中说明介绍得最具体的部分，也是电视包装文案中最有价值的精华部分。有的包装文案写得较详细，有的则较粗略；有的对操作内容辅之以图片、图表来叙述，有的则用分镜头的方式来说明包装如何操作。电视包装文案可详可略，字数可多可少，但一般都包含以下内容：

（一）台标

台标是每个电视媒体或频道自身身份的标识，一般由电视媒体（或频道）名称与标志性图案组成。台标一旦确定就不会轻易修改，以利于观众建立对包装对象的记忆与关注。通常台标会出现于电视屏幕的左上角。

关于台标，在包装文案中要写清楚以下几项内容：

1. 台标的设计

台标的设计一般需要考虑名称缩写、字体变化和地方特色。例如，湖南卫视的台标如图 9－5 所示，其包装文案对台标的设计说明是：

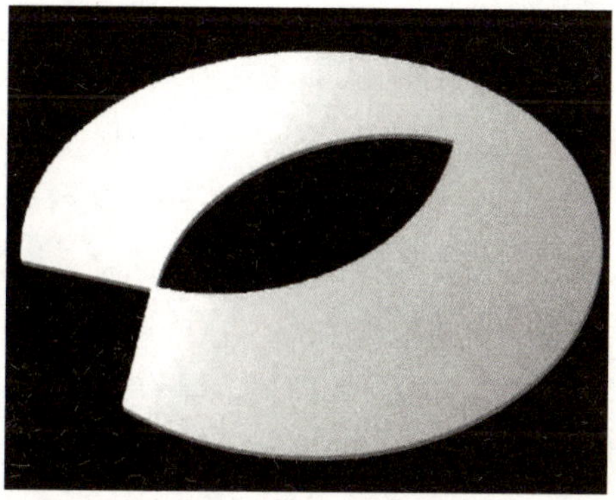

图 9－5　湖南卫视台标

简单流畅的椭圆形轮廓，左下方自然形成一个缺口，形成鱼的大写意图案；中心呈现一粒稻米的放大形状，象征着有“鱼米之乡”美誉的湖南。从屏幕上看，金灿灿的台标恰似一条纽带，代表着电视媒体的特定内涵，意味着湖南卫视是让世界了解湖南、让湖南走向世界的纽带。台标图案同时蕴含着卫星运动的轨迹，东方的上空又多了一颗璀璨的新星。

台标的设计寓意，恰恰吻合了湖南卫视的媒体定位与追求——努力奋斗成为中国大陆电视媒介的新星。

2. 台标的效果

一般来说，使用缩写的台标较为直观，使用字体变化的台标富有个性色彩；而使用有地方特色的台标不仅能够标新立异，还寄寓了一定的文化内涵和象征性，容易在媒体所在地得到受众的接受。

如上述湖南卫视的台标设计，刚开始不少人认为它的色彩和形状与芒果较相像，就往芒果的方向去想，甚至还有不少人因这个形似、色似芒果的台标而戏称湖南卫视为“芒果台”。当湖南卫视台标设计的真正含义被披露后，因其与湖南“鱼米之乡”的地方特色非常吻合，得到了人们的肯定与赞赏。

3. 台标的寓意

台标设计含意深远，往往令人回味悠长，也使人印象深刻。在电视媒体的日常运营中，展示台标时可引入先进的技术，借助动画、音乐等，尽量给观众更多、更强烈的现代视觉享受，提高媒体对观众的吸引力。凤凰卫视除了在节目播出时将台标展示于屏幕左上角外，在栏目或节目播出间隙，也不忘记将台标配上固定的标识音乐、宣传语，进行动态使用——动画状的“凤”与“凰”分别从屏幕左右两边飞入，然后“凤”与“凰”飞拢聚合（见图9－6）。这个过程，除了背景标识音乐，还伴随着来自画外的宣传声：“您现在收看的是凤凰卫视中文台。”

图9－6　凤凰卫视台标

凤凰卫视的台标寓意，可从“凤凰”的传统象征意义说起。“凤”自古以来是中国人心目中的瑞鸟，天下太平的象征。古人认为时逢太平盛世，便有凤凰飞来。“凤”的甲骨文和“风”的甲骨文相同，即代表具有风的无所不在及灵性力量的意思；“凰”即皇字，为至高至大之意。凤凰被人们认为是百鸟中最尊贵者，为鸟中之王（尽管它们是虚构的），在很多地方都流传着“百鸟朝凤”的传说。在中国人的思想观念中，“凤凰”自古以来就是最重要的吉祥之物，是美好、才智和吉祥的象征。传说中，凤凰能在火中涅槃重生。另外，它们还分别代表着一阴一阳两团燃烧而充满动感的火，共融于一个圆中，但首尾不相交，给人以豁达开放之感。

与其他新建媒体一样，凤凰卫视刚成立时，在注册地香港的名气并不大。凤凰卫视总裁刘长乐承认，对香港的电视业来说，香港无线电视台和香港亚视基本上是一个七三开或八二开的格局。更重要的是，香港无线电视台已建立起香港人的收视惯性，这是很难改变的。“而在电视业竞争非常激烈的台湾地区，凤凰卫视同样也很难创造高收视。所以作为一家唯一能在大陆‘落地’的香港电视媒体，正是凤凰卫视能生存下去的主要原因，因为它在中国大陆根本没有另一家同样的对手。”

凤凰卫视成立后，一直与香港无线电视台合作，凤与凰正好象征着两家媒体，它们既合作又保持相对的独立。此外，凤凰卫视台标的寓意还阐释了凤凰卫视认识世界的方式——开放的思维和开阔的视野。这个寓意正好说明了凤凰卫视的风格追求与定位追求——做有国际视野的新闻资讯报道、做世界华语电视媒体的强者。

（二）晨曲和晚曲的配置

晨曲和晚曲是电视媒体、频道在每天开播伊始和一天播出的节目结束时播放的歌曲或乐段，又称为电视频道的开始曲和结束曲，它们也是构成电视包装的成员。现在，有的电视媒体（或频道）对于晨曲与晚曲也相当重视，会根据电视媒体或频道自身的特色、定位等实际情况，专门请人创作量身定做的晨曲和晚曲，突出这部分包装的原创性。

关于晨曲和晚曲的配置，在电视包装文案中须注明以下内容：

（1）所选曲目的名称、作者（体现对作者版权的尊重）。

（2）如果选用某乐曲的某段落，除了要注明原曲的名称、作者外，还应注明所使用的是原曲中的哪部分，一般以“____分____秒”的形式阐述。

（3）说明选用歌曲或乐段的特点及意蕴，说明选用它的原因或理由。

（4）说明与晨曲和晚曲配合使用的画面——或是与晨曲和晚曲意境、情调一致的画面，或是这一天节目片段的剪辑集合，或是明天的节目预告的字幕。

（三）节目导视系统

节目导视又称收视指南，指一个电视频道中出现在栏目与栏目之间的对收视内容所做的预告性的介绍。由于节目导视事实上兼有推介节目内容、引导观众收视的作用，因此也被视为宣传片的一种：收视宣传片。

节目导视出现的频率较高，它所宣传的对象具体而明确，是为了推介某个节目或预告其内容。节目导视的表现形式也比较简单。从作用来说，节目导视在频道整体包装中具有引导收视、介绍频道的功能，还有衔接栏目的作用。

节目导视可按以下方面划分：

1. 按容量大小划分：完整导视和片段导视

在频道包装实践中，频道的完整导视往往和晨曲或晚曲配合出现，制作比较简单。导视文案只要写出字体、字号、色彩、屏幕容量（如一幕××行等）、出现方式（如跳转、淡出、淡入等）即可。

频道的片段导视较多，一般出现在一个栏目播出前或结束后，而且只提示未来较短时间段里的收视内容、起到提示下时段节目内容，引发受众收视兴趣的作用。例如：“接下来请收看《全媒体全时空》。”片段导视的内容虽简单，设计却相对较复杂，除了要在听觉、视觉上下功夫，确保和频道包装的整体风格相吻合外，还要琢磨如何编排才能激发收视兴趣，让受众充满期待。不少频道在设计片段导视时，往往会截取即将播出的精彩节目片段，配合预告字幕播出（如预告片花）。甚至还有频道采用设问的方式，一边介绍一边把问题用“字幕+画外音”的形式传达给受众，激发受众求解的欲望，引人入胜。

2. 按播出时间划分：日播导视和周播导视

频道的日播导视，一般以“今天”、“今晚”、“稍后”、“接下来”等提示播出时间，相当于一种垂直式的栏目播出预告；频道的周播导视，一般以“本周精彩节目内容”、“一周预览”、“×月×日至×月×日期间”、“周×至周×，×点至×点”等来提示播出时间，相当于平行铺陈式的栏目播出预告。

3. 按内容划分：节目内容导视和广告时段导视

节目导视的出现都是为了提前告知节目内容，以提高传播效率。在进行节目导视文案写作时，不必写太具体的分镜头，只需说明最后要达到的效果即可。例如，胶州电视台频道包装策划方案里关于该台新闻综合频道和生活娱乐频道广告时段的提示为：“我们设计一棵卡通的大白菜，既活泼又贴近胶州百姓，并设计两个版本”，“第一个版本，一棵卡通大白菜摇摇摆摆地坐在摇椅上，字幕出现：‘休息一下，待会见！’；另一版本，也以卡通大白菜为主角，它摇摇摆摆地走出屏幕，在即将出去的时候回头，说：‘不要走开，马上回来！’”

（四）宣传片推广

台标一般被人理解为频道的浓缩形象和表情符号。宣传片可以说就是频道的性格特征和灵魂亮点的象征表现。

这里的宣传片，指的是电视媒体在进行自身营销时，为了对媒体、频道、主要栏目或精品节目进行宣传、推介而制作的广告短片。频道宣传片尤其需要重点宣传频道的气质精神，突出强化频道的形象。

宣传片的表现形式很多，宣传片包装文案的内容主要包括：

1. 频道 ID

ID 是 Identification（意即“标志”、“身份证明”、“标识”）的简称。频道 ID 也可称为频道台标呼号，相当于频道片花，是频道宣传中最重要的识别标志，一般包括 Logo（即标志、标志图，在包装策划中，它多指图标广告，用来和字标广告相区别）、字标广告、口号、音频等，画面一般以台标演绎为主，同时配合音乐、音响、频道呼号等声音识别系统。标准的频道 ID 一般长度为 3～5 秒，最长的一般也不超过 25 秒。

频道 ID 追求简洁、清楚，而在文案写作上，则要尽量说清楚频道 ID 各部分之间的配合方式，以及想追求的最终表达效果。

中央电视台纪录频道（CCTV9）是中央电视台旗下 24 小时全天候排播免费、专业的纪录片的频道，旨在向观众展示国内外的优秀纪录片。纪录片题材广泛，包括历史、科技、宇宙、考古等。这是中国第一个向全国播出的国家级纪录片频道；

该频道同时还以英文向海外二十多个国家播出，是中国第一个覆盖全球的中英文双语纪录片频道。它以“全球眼光、世界价值、国际表达”为定位，对内推动中国纪录片产业发展，对外多面地、更加真实地反映中国面貌。

中央电视台纪录频道频道 ID 的文案说明如下：

自 CCTV9 纪录频道在 2011 年初推出后，一直致力于树立良好的品牌形象，并迅速走上了向上发展的轨道。现在该频道每天的观众达七千万之多。我们所有的创意作品都立足于把立方体作为该频道的首要视觉形象资产，以一种新颖有趣的方式呼应该频道的蓝色立方体标识，先声夺人地推出一系列迷人的 ID，有的是放置在优美风景中、自然奇观之上的巨大玻璃状立方体展示柜；有的则是惹人喜爱的野兽 ID，展示了狂野神奇的动物立方体；而该频道的通用 ID 则是由数以百万计的晶粒体和四溅的水花汇聚而成。蓝色的水晶体呼应该频道的蓝青色主色调。新近推出的最新宣传包装作品则是一系列的形象宣传片，优美地展示了一个逼真的立方体地球、一个巨大的立方体鱼群，而且还特意为该频道的考古类节目创作了一个模拟发掘考古场面的立方体，力图直观形象地向观众展示考古工作如何揭开掩埋在浮沙下的古老遗迹的神秘面纱。

Brand Energies 公司在中央电视台综合频道（CCTV1）2013 年全面改版后，为该频道制作了一个非常绚丽的主 ID，并与英国知名电视广播作曲家 David Lowe 的作曲完美结合，衍生出 OSP 导视系统。经过两个月的设计与制作，令观众耳目一新的综合频道主 ID 于 2013 年 1 月 1 日正式上线播出。其文案说明如下：

据负责该主 ID 设计的创意总监 Sandy MacMillan 介绍：“玻璃弧（见图 9 – 7）以 Logo‘CCTV1’为中心，环绕一弧形能量轴进行持续而且有力的运动，体现出该频道与国家级的‘新闻与综艺节目’相结合的综合频道气质。这对于中央电视台综合频道来说，是一个全新的、极具现代感的鲜明形象，强化了中央电视台综合频道作为世界上受众最广的电视媒体的地位。”

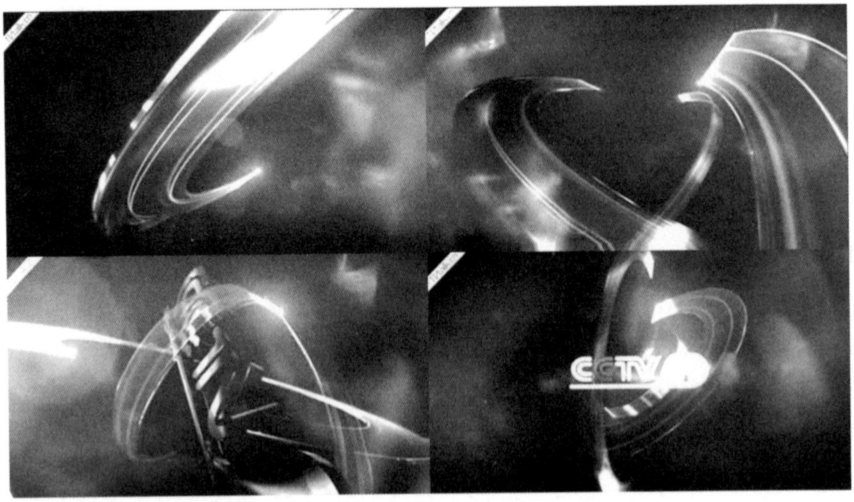

图 9－7　中央电视台综合频道的玻璃弧设计

2. 形象宣传片（也称“品牌宣传片”、“承诺宣传片”）

相对于频道 ID 而言，频道形象宣传片的制作须集画面图像、音乐、音响、字幕等的设计于一体，设计与制作都较为复杂。频道形象宣传片的长度大都在 20 秒至 60 秒。但也有个别宣传片长度为两分钟以上的，如中央电视台纪录频道 2013 年的一条宣传片。而按国际标准惯例，其一般长度是 15 秒和 30 秒。

在写作形象宣传片文稿时，要重点突出以下两个方面的内容：

(1) 宣传理念。

宣传理念往往通过宣传语展现，综合体现频道的精神。在文案写作前，首先必须了解频道的定位、宗旨、目的以及审美追求等，然后在统一的风格要求下，把频道的所有理念熔铸成一个可见的形象。例如，中央电视台电影频道的宣传片先呈现一个突出的定格，先推出由老胶片堆成的“山”字形象标识画面，再拉出另一画面——若干美丽的蝴蝶飞来，停留于胶片“山”上，流连忘返。胶片略为暗沉的银色与蝴蝶五彩缤纷的颜色交错，形成强烈的视觉冲击力，传达出美丽的蝴蝶群（各种类型的电影观众群）因闻“香”（精彩的电影）而来，缱绻留恋的含义。其实，这当中寄寓着电影频道的希望——“声誉美好，名望远播”。

总之，写作形象宣传片文稿时，须明确形象宣传片的宗旨，文稿文字应对宣传理念作具体而简要的说明。

(2) 宣传角度。

在频道追求定位或价值理念的引导下，设计出形象宣传片的大致内容，这涉及宣传角度。一般的宣传角度有四个：

①宣传语。

宣传语即立足于本频道定位而设计的凝练醒目的词语或者短句。设计宣传语时，在形式上应该尽量精练，以易上口、易记忆为好；在内容上则应该尽量囊括频道的宗旨和各栏目的内容特色。一般来说，宣传语在片头和片尾应该分别出现一次，以起到强调和加强记忆的作用。

宣传语的分类方法包括以下几种：

a. 按每条宣传语的音节分。

一般而言，频道宣传语以简洁、鲜明，能给人留下深刻印象为佳，故一般以最基本的短语字数为标准，包含 4 ~6 个音节的较为多见。如“人文天下——陕西卫视”；“传播北京，视听全球——北京卫视”；“苍凉独品，天高水清；日月常新，疆界无垠——中国新疆电视台”；“西部黄金卫视——贵州卫视”。也有音节数为零的宣传语个案，如凤凰卫视以纯粹的画面语言——其媒体形象图标“两只凤凰”旋转而出，最后定格在屏幕正中——为媒介形象作宣传展示。

b. 按宣传语的内容特色分。

目前，在多个省级卫视的形象宣传语设计中，具有如下比较突出的特点：

一是走情感路线，突出对百姓生活的关注，着重表达人文关怀之情。例如，“情深似海，意重如山，这里是山东电视台”；“湖北卫视：有情有义”。

二是突出宣传其追求的媒体定位，或突出媒体所在的地域。例如，“CCTV4 中文国际频道：传承中华文明　服务全球华人”；“CCTV10 科教频道：教育品格、科学品质、文化品位”；“CCTV14 少儿频道：引领成长，塑造未来”；“CCTV15 音乐频道：享受音乐，感悟人生”等，都是宣传频道所追求的目标、服务的宗旨的。又如“西部黄金卫视——贵州卫视”，表明贵州卫视定位于西部受众；“传播世界的力量——上海文广新闻传媒集团”，表明上海文广新闻传媒集团定位于具有海派情怀与视野的整个世界。再如“快乐中国——湖南卫视”；“人文天下——陕西卫视”；“传播北京，视听全球——北京卫视”等。

三是运用具有强烈动态效果的词语，表达媒体的远大志向。例如，“唱响燕赵—— 河北卫视”；“相约山西卫视，天涯从此为邻”；“让我们飞得更高——深圳卫视”。大多数省级卫视都在立足于服务本省电视观众的同时，也希望引起全国电视观众的关注，反映了省级卫视“既是本省的，又是全国的”的办台理念。具有动态效果的词语的大量运用，增加了频道宣传语的立体感，也彰显了省级卫视与当地同级别媒体相比超越地域局限的媒体定位特色。

c. 按宣传语的布局谋篇技巧分。

其一，“开门见山”型。频道宣传语中直接表明所宣传的电视频道名称，既简洁利落、直接鲜明，又让人一目了然，便于记忆。例如，安徽卫视的宣传片犹如一幅幅清新淡雅、特色鲜明的徽派建筑水墨画，通篇没有一个文字说明，只有最后简单的一句话：“看电视看安徽卫视。”而西藏卫视的宣传语更是简洁明了：“美丽的西藏欢迎您——西藏卫视。”虽然这样平淡的语言并不能很好地反映西藏卫视的品牌定位，但把它放到反映西藏丰富的民俗、质朴真挚的民风民情、美丽又神秘的自然风光的宣传片里，却同样能给观众留下难忘的印象。

其二，“柳暗花明”型。“柳暗花明”型的宣传语，一般在正式提出宣传语之前都先抛出一个引子，然后才道出频道宣传语。

在抛出引子的手法中，有采用排比手法强化宣传效果的，如江苏卫视的宣传语：“情感，人类亘古不变的丰碑；情感，记忆中铭心刻骨的传奇；情感，心际间绵绵不绝的回响；情感，生命里坚定不渝的守望；情感，天地间生生不息的炙热胸怀。江苏卫视与您细细体味万水千山隔不断的情感脉络，江苏卫视——情感天下。”也有运用白描手法直接引出宣传语的，如浙江卫视就是这种类型的突出代表：“‘山’不会过来，‘我’过去；‘时光’不会停止，我‘追’；‘天地间’，我们‘风华正茂’。‘新征程，新开始’；浙江卫视——活力 · 打动中国。”而旅游卫视的宣传语则是：“二月的西伯利亚，五月的秦淮，七月的亚马孙，十月的刚果丛林。声声不息，行走不止。眼界改变世界，行走改变命运——旅游卫视。”表述直接且富有频道特色的宣传语本身，已很好地宣传了频道定位追求。还有的宣传语的引子设计突出了地域特点，如宁夏卫视的宣传语：“聆听塞上江南的声音，目睹西部明珠的精彩，记录每一天的生活，记载每一次的感动。以开放的胸襟——宁夏卫视邀您一同走进。”此外，还有把媒体所在的省名镶嵌入频道宣传语中的。例如：“源深志远，天辽地宁——辽宁卫视。”

其三，“无声胜有声”型。这种频道宣传语设计可谓别出一格。例如，凤凰卫视中文台 2007 年的宣传片中只有台标的画面语言，没有采用任何宣传语文字，以实际行动诠释了电视艺术以画面说话的理念，同样给观众留下了深刻印象。

②主持人。

此角度即以该频道的明星主持人为频道宣传片的着力点。这种包装策略的优点是：一方面可以显示频道的人力资源力量强大，能吸引明星主持人加盟于本媒体；另一方面可以通过明星主持人的光环和魅力，提升电视频道的“眼球效应”。在实际操作中，要特别注意体现各明星主持人的气质、个性，充分展示明星主持人的个人魅力，最大限度地发挥明星主持人的社会影响力。此外，在主持人的编排顺序上，除了兼顾主持人的名气大小外，也要考虑频道宣传重点的需要。例如，吴小莉、胡一虎、陈鲁豫、窦文涛、梁文道、何亮亮、阮次山、许戈辉等明星主持人，经常亮相于凤凰卫视一年一度拍摄的各频道宣传片中，充分体现了该媒体拥有强大的主持人团队实力，既令同行羡慕不已，也提高了凤凰卫视在观众心目中的收视吸引力。

③特色栏目。

以频道特色栏目、精品节目为主体构建频道形象宣传片，是许多电视媒体的频道宣传片设计中经常采用的手法。也有不少电视媒体的综合频道往往把该频道的名牌栏目、特色栏目的片头组接在一起，作为频道宣传片的画面内容，强化了观众对该频道名牌或特色栏目的记忆。有的专业频道还把本频道的报道内容剪辑成片，也可以聚焦宣传点，唤起或刺激受众的收视兴趣，加深潜在受众对频道的了解。例如，中央电视台的纪录频道在其频道宣传片里介绍了频道播出作品分四大题材类型——“自然探索”、“历史人文”、“社会纪录”、“文献档案”（见图9－8－1），介绍了该频道中文版的八个主题时段（见图9－8－2），又把该频道播出过的深受好评的精品纪录片如《故宫》（见图9－8－3）、《香港十年》（见图9－8－4）、《大国崛起》、《再说长江》作为唤起观众美好观感、扩大频道美誉度和知名度的宣传内容。

图9－8－1

图9－8－2

图9－8－3

图9－8－4

图9－8　中央电视台纪录频道宣传片

④精神理念。

频道的形象宣传片除了具有推介节目、吸引收看的作用外，还承担着宣传频道的个性特色、表达其精神理念与价值追求的任务。许多频道宣传片都会围绕频道的风格特征、风格理念来展开，以此树立个性，展示差异，确立属于自己的位置。例如，中央电视台纪录频道的频道宣传片就直接表达频道的精神追求——“以襟怀天地、心动你我的价值理念为核心，建立纪录频道高品质、个性化的品牌形象，体现出纪录频道的文化内涵”。同时，就如该频道宣传片所介绍的，“包装宣传片描绘出一个具有现代感的国际化形象，亮丽的国际化包装让纪录频道的形象深入人心，让观众对频道品牌进行清晰的识别，并形成强烈的视觉记忆。以内蕴深厚、品质高雅的宣传片，传递出频道价值，为频道注入生命的灵动，让频道形象可触可感，栩栩如生，最终产生强大的品牌号召力”。又如湖南卫视的“快乐”旗帜、旅游卫视的“行走文化”等，都是各频道个性化的精神理念的浓缩表现。形象宣传片通过重点宣传频道的精神价值、文化理念追求等，强化受众对频道的认知，争取受众的认同。

在写作形象宣传片的包装文案时，应详细写明宣传口号、解说词，写出拟拍摄的画面内容、期待的画面效果，以及宣传片要传达的精神理念，为导演拍摄提供明确的方向性要求。

（五）频道包装中的文字构思、文字形态与语言特色

在频道包装中，从策划、设计到每一步操作内容的阐述等，都离不开文字写作的配合，频道包装从包装构思的意念表达、频道主题的概括表述到频道宣传创意的传递等都离不开语言文字的精心组织。

频道包装的文字构思可分为以下几个阶段：

1. 了解、熟悉包装所需的素材资料

频道包装前首先要广泛搜集、充分了解与电视包装相关的一切素材，包括频道的栏目、节目制作质量与客观水平，频道内部的人力、财力、物力条件以及频道以外的素材，如频道所处的媒介生态环境、频道所在地的地域人文环境与地方媒介的历史发展背景等。要真正从客观上认识“己”与“彼”，从整体上了解、把握需要进行频道包装的对象的真实面貌。

2. 研究受众与分析对手

要通过特定的专门技术设备，了解频道各栏目的收视率数据，了解频道与其他省市同类频道的收视对比数据与市场评价。在此基础上，既要进行频道受众市场现状分析，也要进行受众收视心理、收视习惯等情况分析，还要推测频道潜在受众的市场发展空间等。

对受众的研究分析，还应包括了解本地受众日常生活的语言喜好、特定的语言使用习惯等。频道包装文案写作应采用本土老百姓普遍使用、乐于接受的词语、句型、语气及典故等。

频道包装作品既是给受众看的，也会与竞争对手的频道包装形成竞争，故进行频道包装前，须调研了解竞争对手状况与其包装策略、包装作品形态，以免重复竞争对手的包装创意，与竞争对手的频道包装形成差异化的良性竞争。

3. 组织素材、强化主题、表达创意

组织素材，指的是对电视频道包装素材进行取舍、整理、筛选、归纳、排列、组合的过程。频道包装作品应在透彻理解、认识与认同频道精神理念与文化内涵，明确并深刻理解电视频道包装主题的前提下，串联起有效的、有用的频道包装素材。

这里的主题，指电视频道日常运营中主要推崇与遵循的精神理念、文化内涵、价值追求与奋斗目标等。同时，主题也是电视频道包装主要的宣传诉求点与文字表达重点，可以理解为频道的主题精神，即频道包装的宣传主题。电视频道日常运营所遵循与追求的主题思想是怎样的？需要在包装前进行冷静的思考、分析、挖掘，并准确提炼、表述。

电视频道作为专业的传播组织，要巧妙地宣传自己、包装自己，必须运用“软文”。“软文”不但要尽量符合媒体规则与社会伦理，还要讲究包装文字的“软”——或绵里藏针、以柔克刚，或软硬兼顾、内外兼修，或春风化雨、润物无声，让观众在不知不觉间掉入频道包装“软文”的设计中，为其创意折服。

在频道包装中，文字的存在形态有以下几种：

1. 字幕

无声的语言文字在电视画面上的呈现形态是字幕。在频道包装中，字幕承载着不同内容与作用，可以用概括简洁的文字表达频道精神内涵、定位追求等；可以重复频道名称、服务宗旨；可以高度概括频道特色、目标、追求；可以直接宣传王牌栏目、明星主持人等等。字幕可以是词语、词组、短句或段落，可以是事物名称、人物姓名等。

2. 画外音

这里的画外音是频道包装中使用的伴随画面内容出现的有声语言，发声人不露脸。画外音对画面内容起到说明、解释或补充的作用，或者提炼、点化画面内在的意义、精神等。

3. 人物语言

频道包装中若运用人物语言，则发声人出现于画面内，声音符号和文字符号合二为一。当频道包装中有各界名人参与时，采用人物语言形态，会给频道包装带来名人光环效应，从而增强频道包装的说服力。如众体育明星给体育频道做包装宣传，体育明星们真人发声，会增加频道包装的号召力。如果明星主持人出现于频道包装中，以体现着明星主持人的形象气质、声音特色、播音主持风格与个人魅力的人物语言为频道宣传呐喊，也是一种强有力的包装，因为明星主持人本身就是频道的形象代表之一。

在频道包装中，文字语言的特色有以下几点：

1. 简洁而紧凑

通常，频道包装作品容量不会太大，播出时间不会太长。长的或许有 1 分钟或几十秒，短的可能只有十来秒、一句话。故而，频道包装的语言文字必须是紧凑的、简短的，容不得一个多余的字。

例如，凤凰卫视中文台现在于栏目间隙经常播出的包装作品采取“台标 + 宣传语”的形式。作为凤凰卫视标志物的凤与凰在其中旋转、飞入、聚拢、围合成凤凰卫视台标，同时响起画外音：“这里是凤凰卫视中文台。”

2. 呈现跳跃型，节奏感强

在频道包装作品中，语言文字的出现，要么对频道内涵作高度提炼概括，要么对频道节目作画龙点睛的推介。实际上，推介时不可能完整叙述情节，通常做法是以几个贴切准确的词语组合，高度浓缩频道精髓，渲染情绪，吸引关注。例如，广东卫视曾使用的一部频道宣传片，就以“清新、开阔、前瞻”来概括其频道主题精神，虽然只有区区六个字，但既字字珠玑、简明扼要，又准确传神地宣传了广东卫视作为改革开放前沿省份的地方电视台所具有的频道特色以及其独特的频道传播视野、胆识与传播追求。

频道包装中运用的语言文字不仅以跳跃型居多，节奏感一般也比较强，这是由频道包装多呈现短小精悍的风格决定的。例如，中央电视台曾使用一个包装作品，其宣传语播出时采用的节奏是：“传——承——文明，开——拓——创新，中国——中央电视台——”这几句宣传文字的节奏快慢，完全取决于配合画面播出节奏的需要。该包装前段是神州大地高山、大河、长城等的全景画面，气势磅礴雄伟，文字节奏相应放慢才能相配；后段画面是媒体名称的字幕，节奏自然加快。

3. 流行时尚用语较多

频道包装作品的主要目的在于宣传、推介包装对象，故频道包装的文字用语也要紧随现实社会公众的时尚追求，才能有效吸引受众的关注。所以，不少频道包装作品会紧随现实生活中出现的新鲜事物、新潮观念等，选用具广泛影响力和普遍性的时尚用语、流行热词等。例如，“互联时代”、“××在线”、“镌刻时代影像”、“全媒体”、“完全时尚手册”等。

4. 讲究实用性与直接性

频道包装作品种类多样，有的侧重于宣传频道形象，有的侧重于推介频道的特色风格，也有的则是预告频道近期热播的栏目和节目，具体告知栏目和节目播出、重播的时间，或预告即将播出的节目的重点内容等。例如，凤凰卫视中文台在栏目间隙经常播出的包装作品是“台标+宣传语”接“您现在收看的是凤凰卫视中文台”；而凤凰卫视中文台的新闻资讯栏目《凤凰早班车》、融入新媒体特色的资讯栏目《全媒体全时空》都采取“栏目名称+播出、重播时段”的方式（见图9－9）将信息直接告知受众。包装虽然简单，却非常实用、有帮助。

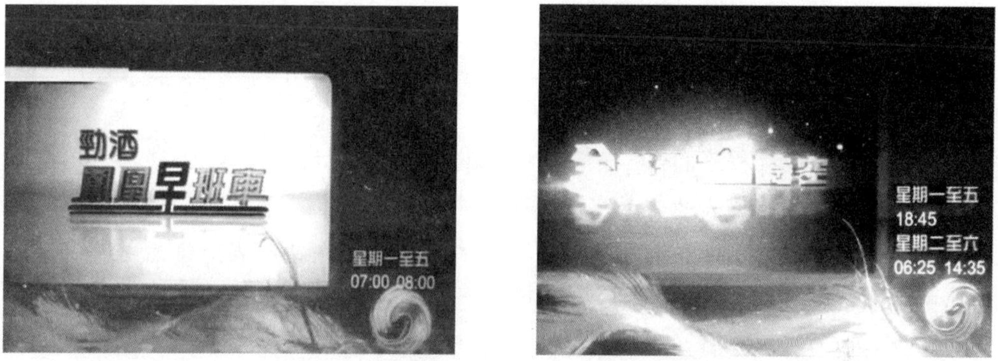

图9－9 “栏目名称+播出、重播时段”方式

5. 语气亲切，力图消除媒介与观众的隔阂

预告型或连接栏目型的简单包装作品，包装文字的语气宜平和、亲切，尽可能体现频道服务于受众的定位，以频道是受众贴心朋友的姿态示人。例如，“欢迎回到直播间现场”，“欢迎来到农历八月初六的《24小时》，我们为大家梳理了今天的重要新闻，首先我们来关注……”等。

6. 多具震撼性与鼓动性

电视频道作为大众媒体，无论频道的专业性是什么，无论是新闻频道、体育频道、财经频道或综艺频道等，都要肩负起传统大众媒体的社会职责，如制作公益宣传片、组织公益宣传晚会、制作专题公益节目、组织面向社会公众的户外公益活动等。这些短片或节目的制作，都与频道包装有密切联系。电视媒体不但有参与组织、宣传公益活动的义务，而且对公益广告制作要多花心思设计，有责任制作出主题突出，诉求明确，表现形式自然、丰富或有美感的宣传作品。频道包装语言的震撼性，多数体现在公益宣传片、主题宣传片的宣传语上。例如，“爱惜生命之源，‘关’住滴滴点点”；“保护水资源，促进西部大开发；节约每滴水，共同创建节水城”。

以下是一个极为简单的电视频道包装示例：

中央电视台经济、生活、服务频道形象宣传片（含画面设计效果）

画面	声音	字幕
一组有动感、有情绪的人物	（歌声）啊……	
一对男女坐热气球升空	（画外音）相知、相伴	相知、相伴
彩底	中央电视台经济、生活、服务频道	台标 CCTV 中央电视台 经济—生活—服务频道

从频道包装设计程序而言，先确定频道的定位语：“经济—生活—服务”；然后思考、设计如何阐述与表达这个定位；接着，推出一段人物塑造画面，目的是补充与烘托生活的主题，画面中人物的动作、表情及歌声都在共同表达生活美好、充满希望的主题氛围。“相知相伴”既是频道对受众市场的追求目标，也是频道主动向受众传递的善意，以及频道服务于民的主题理念的体现。

宣传片中的字幕与画外音的内容，既是对包装主题的强调，也能在屏幕上透过文字的视觉形象加深观众对频道主题精神的记忆；而且，字幕、画外音与“男女坐热气球升空”的画面一同播出，也有利于营造画意合一、水乳交融的意境。

第三节　栏目包装文案的构思与写作

栏目包装文案对于电视工作者而言，相当于一个具体项目的执行计划书。它不仅需要清晰阐述电视媒体频道包装的宗旨理念，还要对栏目包装涉及的各个要素，如栏目的片头、片尾、片花、节奏、主持人定位等进行详尽的说明，给包装制作者提供可执行的具体操作指导。

一般来说，具体可操作的栏目包装文案写作分为以下三个部分：

一、栏目包装的背景分析

进行栏目包装的背景分析时，首先要介绍栏目由诞生到发展的主要过程，然后要充分考虑栏目目前面临的媒介现状，通过对现行媒介生态进行恰如其分的描述，进一步为栏目包装提供参照依据以及理论上的策略支持。在背景分析中，要重视运用情况调查的数据和统计结果等，重视运用科学的分析手段，以提高栏目包装的可信度与说服力。

一般而言，栏目包装需要考虑的环境可以分为两种：

（一）宏观环境

栏目生存的宏观环境，一般是指具体栏目所要面对的同地域及不同地域的同类栏目、相似栏目等竞争对手构成的市场环境。在当今网络等新媒介迅速崛起的形势下，还要适当考虑新媒介对栏目生存造成的跨媒介竞争的影响因素。而在媒介市场上制约、影响媒体或栏目生存发展的诸多因素中，主要因素是法律法规因素、受众因素和竞争对手因素。栏目包装文案要就此进行相应的阐述、解释与分析。

1．法律法规因素

深入了解法律法规，是为了使栏目能更稳健、更规范、更持续可行地发展。在写作栏目包装文案时，应重在审核栏目包装文案的内容、理念、做法等，注意其中是否存在与国家法律或地方法规相违背、相抵触、相冲突的做法和提法，如是否有为增强宣传效果而使用涉暴、涉恐、色情的镜头画面等。而对栏目内容本身就和法律法规有着密切联系的法制栏目而言，更需要对相关法规进行说明，准确把握表述尺度。

2．受众因素

与频道包装写作不同的是，栏目的受众相比于频道而言更加单纯、更加明确，比如江苏卫视2010年开播的《非诚勿扰》是一档旨在为现代大龄男女青年牵线搭桥的婚恋交友节目，喜爱该栏目的观众首先是有着婚恋需求的人群及操心其婚恋大事的家长亲朋们。当然随着该栏目的热播，喜爱该栏目的观众群的成分变丰富了，节目的观众不再分年龄层、性别、地域，更多观众不是为婚恋交友而只是为看节目的热闹而收看，也有观众是好奇栏目为什么会火而收看等。对于此类迅速走红的栏目，它的栏目包装应该迅速追随栏目热播的步伐，对受众因素予以更多层面的考虑，使栏目得到更好的宣传。

一般而言，栏目包装还须考虑以下因素：不同地区的观众都必然观到当地方言、地方风俗、生活习惯与文化背景等因素影响，形成不同的观众群体和千差万别的收视偏好与习惯。比如，以粤方言为主要日常生活用语的泛珠江三角洲地区，其电视观众大多喜爱收看用粤方言播出的新闻节目。同理，整个四川盆地是以四川话为主要日常生活用语的，群众也喜爱收看用当地方言播出的新闻节目。广州广播电视台的《新闻日日睇》与重庆卫视的《龙门阵》都是以地方方言为播出语言的特色新闻栏目，各自有着较高的收视率。但显然这些具有浓郁地方特色的新闻栏目在当地的收视反响与知名度都远高于外地受众市场。究其原因，当然主要是这些栏目的受众群分布在本地区或方言流行区域，受众群受本土文化、风俗、语言等影响深远，方言作为播出语言更易被当地观众接受与认可。

因此，栏目包装文案写作，首先必须对本地受众的受教育程度、年龄层次、收视习惯、当地主要的文化风俗等展开调查了解，并在包装文案中做出相应的详尽说明，这样才能使栏目包装的针对性、目标性更加到位。在栏目包装文案写作中，对受众情况的准确说明和相应的实际分析是十分必要的。

3．竞争对手因素

栏目和频道包装都需要知己知彼。但是，频道包装文案对竞争对手或潜在竞争对手一般只作概要性论述，而栏目包装文案对竞争对手的分析相对要更具体和细致些。

在栏目包装文案写作中，对竞争对手的情况主要应写明以下四点：

（1）竞争对手的优势与不足。

（2）本栏目的竞争力如何？优势与劣势的主要情况和表现如何？

（3）本栏目在同类栏目竞争中所处的地位。

（4）目前的应对措施与今后将要采取的改革方略。

例如，昆明电视台大型社会新闻栏目《晚间关注》的栏目包装文案中，对其竞争对手的实际情况作了如下阐述：

A．主要竞争对手：纵观目前本土同类新闻栏目，最具竞争力而且占有较大优势的当数云南电视台《都市条形码》、《民生关注》两档节目，但首要竞争对手是《都市条形码》。

B．竞争对手的基本情况：……

C．竞争对手的策略及优势：包装色彩丰富，有时代感和较强的冲击力，对年轻观众有吸引力。同时，该栏目新闻内容丰富，报道风格及个性较强。在推广上，

《都市条形码》主要通过举办新闻评奖等活动来促进观众参与，以达到宣传的目的。①

（二）微观环境

电视栏目的微观环境，主要指栏目内容生产、生存所依托的电视频道的资源性条件，如该电视频道目前拥有的软件、硬件条件，以及其主要广告来源、经营状况等。其中软件、硬件条件与广告来源将直接决定着栏目包装方案的实现程度。因此，在栏目包装文案上，这两方面的说明缺一不可。

1．电视频道的软件、硬件条件

电视栏目依托电视专业频道生存。与电视频道包装的原理一样，确立栏目包装的设计与包装期待目标时也必须对栏目现有的人力、物力、财力、技术条件，尤其是对节目制作水平如何、栏目是否有自己独特的风格特征、栏目是否已经形成栏目品牌或积累一定的知名度等情况，作全面的、充分的调研。在此基础上，全面评估栏目的现状，进行合理的宣传设计。栏目包装文案写作中要对这一部分调研情况、数据等略作说明。

2．关于广告来源的阐述

栏目包装文案中对广告来源的说明，主要表现为对广告主的阐述。一般来说，对广告主的阐述包含三个层面的内容：

（1）广告主对栏目有多少认知度，即他们是知道与熟悉栏目，还是对栏目一无所知？

（2）广告主对栏目是否有较高的认可度，即他们是如何评价栏目的，是否真正肯定与认可栏目的制作质量，是否了解栏目的受众市场份额？

（3）广告主对栏目的购买度，即他们是否真正有意愿购买栏目的广告时段，或只是处于货比三家的阶段？广告主购买广告时段的意愿强烈与否？广告主购买广告时段的实力到底如何？

若栏目准广告主对栏目的认知度不够，说明栏目存在宣传乏力的问题，在包装宣传上应该增加推介、宣传的力度；若准广告主对栏目的认可度不够，表明栏目的质量还有待改进与提高，除了改善栏目本身的内容外，还需要检查栏目包装是否存在未能合理而适当地展示栏目优势的问题以及研究怎样进行突出栏目特色与优势的调整改进；若准广告主对栏目的购买度不够，则意味着栏目定位可能出现问题。应

---

① 骆鹏主编：《影视传媒文案》，西南师范大学出版社 2007 年版，第 277 页。

该厘清的一个事实是，栏目的广告对象与栏目的受众并不一定是同一群体，不能合而为一。应对广告主购买度不足的事实时，栏目应逐渐调整栏目的风格定位，有效吸引广告主较为重视的受众群体。

总之，介绍广告来源的根本目的在于利用包装进一步挖掘栏目的潜在广告价值。

例如，上述昆明电视台《晚间关注》栏目的包装文案中，对目前的观众与广告主的分析是：

目前广告主的态度：

A. 对《晚间关注》的认知度：目前，在风云广告所接触的广告客户（广告主）当中，对《晚间关注》有大概认知者约为40%，对《晚间关注》具有全面认识的仅为15%左右，而对《晚间关注》毫无认知的广告主占45%左右。

B. 对《晚间关注》的认可度：在所有的目标客户中，对《晚间关注》具有高度认可并具强烈意向者几乎没有，经过一次沟通认可者占10%左右，绝大多数客户都需通过多次深入沟通后才具有一定的认可度，而对广告投入的意向几率相对头号竞争对手《都市条形码》而言是非常低的。

C. 对《晚间关注》的主动指名购买程度：目前，众多广告客户对《晚间关注》的指名购买程度几乎为零，关注热情普通不高。

D. 未满足的需求：大部分广告客户认为，目前《晚间关注》主要针对群体偏向于老龄化和女性化，所涉及消费者范围相对较小，购买能力相对较低。而且，受观众关注的程度相对《都市条形码》要低，节目时间较短导致注目程度也随之降低。另一方面，广告客户认为《晚间关注》的群众基础薄弱、互动性不强，老百姓的喜爱程度不高。当然，这些客户意见仅代表部分群体的意见，我们不必统而认可，但也须加以重视。

当然，栏目包装的背景分析可以呈现多种形式，并不一定完全按照以上分类顺序论述，只要文案中包含有这些方面的内容即可。①

二、栏目包装的具体操作

这部分是栏目包装的重点，通过具有可行性的包装策划，旨在形成独特的栏目

---

① 骆鹏主编：《影视传媒文案》，西南师范大学出版社2007年版，第278页。

标识系统。一般说来，栏目包装文案的具体操作要涉及四个方面的内容：

（一）栏目定位

一般而言，电视栏目的定位应该包括该栏目的功能定位、受众定位和风格定位。确定这三种定位，是为了进一步确定栏目的品牌形象，力图延长栏目的生命周期，并且更有针对性地进行栏目包装，或为改进栏目包装奠定较一致的认知基础，明确包装改进的目标。

例如，伴随着2005年广东电视台珠江频道的大幅改版，《今日关注》被定位为该频道的民生新闻栏目，其新闻报道理念、新闻生产运作机制、新闻播报风格等，都有了新的突破。广东电视台珠江频道《今日关注》栏目的定位是：从受众定位看，它面向广东及周边省区，重点是广州及珠三角地区的观众；从内容定位看，该栏目以报道民生、服务百姓、宣传广东为宗旨，内容锁定百姓生存状况、生存空间、生存环境，关注与百姓生活息息相关的、对百姓有影响的事件及信息；从功能定位看，它努力与广大观众实现良性激情互动，力争办成深受广大观众喜爱的电视晚报式的新闻类直播节目。2005年6月，改版后的《今日关注》收视率超过香港亚洲电视台和香港无线电视台两档主要的新闻节目，甚至压倒同一时段热播电视剧的收视率，打破以上两档香港电视新闻节目曾经创造的收视率始终高居前列的神话。值得欣慰的是，《今日关注》已切实走进广东老百姓的生活并成为广东电视台的品牌新闻栏目，这已超越了收视率所能说明的含义。

（二）栏目风格

栏目风格主要由栏目片头、片尾、片花等综合表现出来。

1. 片头

栏目片头是电视栏目形象的高度浓缩，它体现着栏目的精神内涵与价值追求。它可以帮助受众了解栏目的主题、风格、理想目标、功能特点以及受众定位，从而起到一定的导视作用，一般时长不超过30秒。片头文案写作，一是要在片头设计中，重点强调片头宣传的内容和期待取得的效果；二是片头设计应注意发挥创造性思维，以较丰富的想象力进行写作；三是片头设计要注意保持与相关电视频道乃至所在电视媒体整体包装的一致性。

例如，广东电视台公共频道的《DV现场》栏目的片头包装的要求是：

《DV现场》是一档民生新闻报道栏目，主要的内容定位是民生生活资讯。

该节目无论是内容开放性或观众的参与性都是节目环节的内容特点。栏目的每位观众都可利用个人DV，在现场第一时间拍摄身边有新闻报道价值的事件，记录事件的发生、进展和结局。重点宣传：随手拍下身边事，随时反映大民生。

栏目借此方法拓宽其新闻来源渠道与报道资源空间，增强节目的吸引力。……

事实上，广东电视台公共频道的《DV 现场》栏目自开播以来，受到了当地群众较多关注与喜爱。主要原因除了栏目资讯的民生特色外，还因为家用 DV（移动便携式摄像机）和智能手机的普及，便于人们自己动手拍摄身边事、身边人，鼓舞了人们亲身参与大众传播的热情。该栏目的片头包装宣传栏目走在利用 DV 新媒介发展受众市场的前沿，功不可没。

2. 片尾

片尾是栏目结束的标志。在栏目包装文案中，对栏目片尾的说明文字通常主要包括如下几个方面：

（1）片尾的形式与文本要点。

①自然形。

栏目随当期节目内容的播放结束，自然收官。按一定程式（如字幕由下而上滚动播放）播出诸如节目主持人、嘉宾、主编、导播、统筹、制片人、摄像、化妆、技术、监制等参与节目制作的成员名单字幕，赞助单位、协办单位名称字幕，以及台标、栏目的联系方式等图形和字幕。

这种片尾一气呵成，简单又自然。流畅的片尾形式让观众顺其自然地知晓栏目的本期节目结束了。

②花絮形。

花絮形片尾有两种，有的由节目制作过程中的花絮、片段剪辑集合而成，作为强化观众印象的宣传片花；有的由一般不为人知的、略带神秘感的幕后工作花絮剪辑而成，对电视媒体感兴趣或想了解节目制作知识的观众看来，这是具有吸引力的。有的栏目还特地把节目制作中的“NG”花絮剪辑为片尾，令观众忍俊不禁之余，也加深了其对节目制作工作各种酸甜苦辣的了解。

③片尾曲或 MTV 形。

这种方式选择与栏目风格相对应的相对固定的乐曲、乐曲片段，或选择栏目自创的宣传歌、乐句等作为栏目的片尾曲，边播放片尾曲边结束栏目播出。片尾曲借助音乐的魅力，既容易调动观众的情绪，让人印象深刻，也比较容易让观众形成固定的印象：每当听到熟悉的片尾曲响起，就知道节目结束了。如凤凰卫视的著名栏目《锵锵三人行》、《世纪大讲堂》、《一虎一席谈》、《环球人物周刊》等多个栏目，都采用主持人感谢观众收看节目，配合相对固定的片尾曲，加上当期节目结束画面的方式作片尾。

另外，专门制作栏目宣传 MTV，效果也是不错的。MTV 画面可以是唱歌者在歌唱，或是把栏目宣传片的剪辑片段作为 MTV 画面，或是由电脑特技制作的动漫片段等，再配上专门的片尾曲。

当然，片尾的制作方式是可以交叉运用的。如上述的那几个节目在播放片尾曲时，同时向上滚动播出节目制作者的字幕。

④预告形。

有的节目内容较复杂、较多，而栏目的时长是相对固定的，所以同一个节目就需要分两期甚至多期播出。在这种情况中，适宜对下期节目的主要内容采取预告的方式透露一点，吸引观众继续关注节目内容，留住观众的收看兴趣与期待感。在预告形片尾中，要注意根据观众的收视心理，选择性地抛出收视的悬念点或观众期待得到答案的问题，作为预告形片尾的宣传语。

例如，《鲁豫有约》2014 年 4 月 29 日播出的《张韶涵——隐形的翅膀》（上集）片尾，为同年 5 月 1 日播出的下集作预告①：

画外音："凭借偶像剧出道并走红台湾，却为何成为她最尴尬的回忆？"

张韶涵同期声："我怎么能演女主角呢，我一直哭一直哭，然后我眼泪就一直没办法停止，就一直掉一直掉。"

画外音："事业巅峰，她却遭遇家庭风波。非议、指责，一度让她陷入绝望。"

张韶涵同期声："那一阵子呀，我几乎都没有看新闻。那时候狗仔是一个月都守在我家，我一个月无法出门。"

画外音："事业、人生，遭遇重大挫折，她如何走出阴霾？"

张韶涵同期声："然后每一天我都问自己说，因为看着天空我就会说，为什么是我？"

画外音："吴青峰、许茹芸，好友辛辣爆料"；"兄妹情深，她与亲人有着怎样的难忘的故事？"

张韶涵同期声："他们就自己偷偷去安排了行程，然后去订了机票，然后给我一个惊喜。"

画外音："特别惊喜，韶式私房菜独家呈现"；"张韶涵，褪去偶像外衣。"

片尾播放时，屏幕右方一直挂着竖式字幕："下集精彩继续。"

---

① 资料来源：凤凰网。

（2）片尾效果陈述。

在栏目包装文案中，片尾效果陈述的内容主要包括：栏目结束时播放的画面、音乐、字幕、颜色等各部分的构成、相互配合等的制作要求；对片尾应产生的综合效果或作用的要求等。在文案中，对上述内容应尽可能详细描绘，或作清晰的说明要求。

片尾制作的形式丰富多样，可以采用回顾节目中能令人回味、深思的对白场景的手法，以突出节目的内容价值；也可以重播节目精彩看点或令人捧腹之处，以加深观众对节目的美好印象。

片尾制作无论采用哪种形式，总的基本要求是：得体自然，不画蛇添足。

3. 片花

片花是运用形象、典型的视听符号或精彩的内容片段，进行精巧的结构剪辑而制成的浓缩版包装设计。片花有如烟花一般，长度约为 5 秒至 10 秒。片花虽然生命短暂，却需要尽情绽放其绚烂与美丽，要有令人赏心悦目、过目难忘的吸引力。

有人把栏目片头比喻为企业广告，而把栏目片花比喻为产品广告。这两个比喻比较准确地说明了两者的区别。其一，栏目片头重在推介、宣传栏目的理念、追求与定位等，着眼于较大的、表面上的包装；而栏目片花重在宣传栏目的名称、风格、主持人等，对栏目而言较为具体，着眼于若干关键看点。其二，片头的内容一般倾向于导向性较强的宣传；片花的内容相对较轻松自然，强调突出栏目的精彩或个性。其三，片头有时要起到导视或“吆喝”的作用，或预告重要的节目内容；而片花就像普通文章的过渡段、转折段或过渡句、转折句，在节目中起着过渡、转折或递进的作用。当节目内容过于复杂、冗长，节目节奏过于缓慢、拖沓，或者节目主题有所变化的时候，往往使用片花作过渡和转折，以调节节目播放的节奏和观众的收视心理。

片花的形式较丰富，但其制作并不太复杂。片花可以包括整个频道的图标标识加呼号，如边播放频道台标，边说出宣传语“你现在收看的是 × × 台”，我国目前电视栏目包装中应用较多的就是这种“频道标识 + 广告语”的形式。片花也可以是一两句简单易记的栏目宣传广告语。片花甚至可以是频道或栏目的宣传片节选，而在栏目包装文案上只需要说明采用哪种片花形式即可。如果采用栏目宣传广告语作为片花，则需要在文案中先为栏目创作出精彩扼要、易记、易上口的广告词。

无论采用哪一种形式的片花，都应具有或独特新颖，或单纯易识别，或唯美感人，令观众印象深刻的视觉效果，且应与栏目总体风格相吻合。

例如，湖州广播电视台《新闻 60’》的宣传片片花设计方案如下：

（1）总的时间长度：15 秒。

（2）视觉特征：版式风格与总片头风格协调，出字幕“新闻关注社会，资讯开阔视野”并落版一个《新闻 60’》标准 Logo。

（3）听觉特征：音乐风格凝重、沉稳，加配音：“新闻关注社会，资讯开阔视野，《新闻 60’》正在播出。”（有音效）

（4）《新闻 60’》页面落版与 5 个子栏目的片花。

①说明：《新闻 60’》由“新闻连连看”、“报看天下”、“湖州要闻”、“新闻社区”、“关注”等 5 个子栏目板块组成。因此，《新闻 60’》的页面落版与 5 个子栏目板块的衔接，既要体现有所区别、间隔的效果，又要体现是一个大栏目整体的分子。

②5 个子栏目片花的长度为 8 秒，形式都是随《新闻 60’》落版 Logo 的变化，引出子栏目片名。比如：“新闻 60’”标识 + “关注”字体，字体由动到静的过程，应有镜头变焦、聚焦的感觉，整个感觉有深度和张力。再如“报看天下”着力在一个“看”字的变形，“看”字中的“目”可设计成一个眼球状等。

③子栏目小片花的音乐要求简练、利索，并有尾音音效。

（三）栏目结构

1. 栏目包装音乐

电视栏目的收视率高低主要取决于其内容质量，但栏目包装音乐的确有助于令观众辨识或知晓栏目的播放，从而有助于提高栏目的收视率。好的栏目包装音乐应和栏目包装的形象设计、色彩搭配有机地成为一个整体，使得观众无须看到画面，而是一听到栏目片头音乐，就产生亲切感，就能判断出是什么栏目播出了。

为此，选择电视栏目包装音乐时要做到以下几点：

一是在设计或选择栏目包装音乐时，要以符合频道栏目定位为原则，力求做到与栏目定位追求、风格特点相配合。如新闻类栏目的包装音乐风格应该偏向于庄重、舒展与大气，以选用现代感较强的简洁的电声音乐为多；而综艺类栏目的包装音乐，既可以选用由各地著名的地方典型曲目改编而成的歌曲乐段，也可以选用公众耳熟能详的流行歌曲或流行轻音乐作包装音乐，如当年《同一首歌》栏目就直接引用了《同唱一首歌》的原形旋律为栏目包装音乐。中央电视台综艺频道（CCTV3）2013 年推出的全新大型益智游戏类综艺栏目《开门大吉》，鼓励普通人通过努力去实现家庭梦想。报名参加该栏目的门槛很低，不用死记硬背，无须能歌善舞，只要怀揣或浪漫，或勇敢，或疯狂的家庭梦想，勇于接受挑战就有可能站在中央电视台的屏幕前，为自己、家人或朋友实现美好愿望。该栏目开播后，收视率屡创佳绩，因而入选“2013 两岸四地最具创新活力电视综艺栏目十强”，被中国广播电影电视报刊协会、中国电视艺委会评为“2013 年度优秀广播电视栏目”。该栏目巧妙地选用了知名歌唱组合“凤凰传奇”演唱的同名歌曲《开门大吉》为栏目包装音乐。此举巧妙之一在于，同名歌曲为该栏目名称作了最直接的宣传；巧妙之二在于，借助“凤凰传奇”组合本身成名于有老百姓舞台之称的《星光大道》后红遍大江南北的传奇，借助他们所演唱的歌曲在大多数观众中有着较高传唱率与熟悉度之势作宣传，客观上可以增强宣传效果；巧妙之三在于，歌曲中的歌词“开门大吉送吉祥、送吉祥”，既简单明了又贴合人们渴望生活吉祥如意的群体心理。

二是要尽力保持相对长久而稳定地使用栏目的包装音乐。要用一定的时间去培养观众对包装音乐的熟悉与认同感，并最终在观众心目中塑造栏目包装音乐的品牌。如中央电视台的《新闻联播》片头包装音乐已使用多年，一直没有更换，原因除了该音乐雄宏大气的风格特别适合该栏目作为国家媒体新闻栏目的风格特点外，还有该片头音乐在广大观众心目中早已树立了独一无二、无可替代的权威印象。

三是电视栏目包装音乐的设计或选择，还应注意突出电视媒体所在地的地域特色、人文历史特色，注意汲取地方音乐多年积累流传的音乐精华，尽量多采用风格节奏与栏目风格节奏相接近或较为统一的音乐。

四是栏目包装音乐尽量选择旋律或清新，或简洁的类型，力争让观众过耳不忘，常听常新。

例如，中央电视台综艺频道 2013 年推出了大型“综艺 + 游戏”栏目《黄金 100 秒》，这是一个证明自己实力、表达自己心意的大众舞台，也是一个争取认同的平台。在节目里表演者表达自我认同，观众通过投票表达对其才艺表演的情感认同。栏目对参加者不限才艺类型、不限地域性别，人们带着各自不同的目的参加挑战，目的背后大都包含一个积极的梦想追求，或是失败者寻求大众的鼓励，或是有特殊才艺的草根寻求大众舞台的展示机会及大众认同等。栏目的游戏规则是：参加者在舞台上只能利用 100 秒时间展示才艺去获得现场观众的投票，由现场观众投票率来决定表演者的成败。栏目多种淘汰方式让表演与结局充满刺激感，能挺过 100 秒才艺考验并得观众认可的选手，即可获得赞助商提供的黄金饰品奖励。

该栏目的包装宣传主题曲采用的是歌手徐千雅演唱的《金光闪闪亮》，因为歌名和“灯光已刷亮，音乐又轰响，无数的心跳等你出场”这样的歌词与该栏目的内容定位非常吻合。另外，该主题曲的宣传效果更得益于其主旋律热烈而简单、节奏明快而强烈，对该栏目每期节目的 10 ~ 15 位表演者都传达出催人奋进、勇敢追梦的信号。

2. 栏目分节

一般而言，电视栏目每期节目的播出都有一定的时长，可根据栏目内容的播出需要，将栏目划分成若干子栏目或小板块。这种栏目分节的做法，会使栏目在播出过程中产生一定的节奏感，或由此形成栏目特定的标识性，栏目的忠实观众也会逐渐对这种栏目分节形成的节奏感产生依赖和认同。在最初设计栏目分节时，应该充分考虑多种因素：一是分节设计要区别于其他同类栏目，有其独特新颖之处；二是分节要与观众最佳收视时长相匹配，具有普遍适用性。这样才能使栏目的分节设计对观众产生“眼球效应”和收视吸引力。

对于栏目分节的包装文字的说明包括以下内容：

（1）明确栏目内容。

栏目内容的介绍可以比较简略，主要是对栏目每期节目内容的展开过程中具体划分出哪些小环节作出具体说明。

例如，中央电视台新闻频道目前唯一一档专门针对驻外记者开办的日播国际新闻栏目是《环球记者连线》。该栏目主要分为“环球聚焦”和“环球直击”两个固定板块。就该栏目日常播出内容看，这两个板块的内容特色与分工是①：

（1）“环球聚焦”板块选取当天或当下的国际时事热点，以北京演播室为中心，与非洲分台、北美分台和五大中心站演播室以及事件发生地的驻站记者或特派记者进行视频连线，通过记者对当地媒体报道的梳理和总结，对新闻事件进行多角度解读。“环球聚焦”板块也会关注国内重大事件。例如，“神九”发射、两会、十八大等热点事件。节目将通过驻外记者对国外媒体的解读和对当地人士的采访，集中呈现各国声音和观点。

（2）“环球直击”板块主要选取当天的地区性热点新闻事件或具有典型意义的社会现象。该板块在选题上并不以时效性为第一追求，而注重对某一事件或某种现象的深入发掘，通过本台驻外记者的观察和讲述，探究事件背后的原因。

又如，凤凰卫视中文台的历史文化类栏目《世纪大讲堂》，对栏目内容分节的说明，也是比较明确简单的②：

---

① 资料来源：央视网。
② 资料来源：凤凰网。

(1)《世纪大讲堂》是一档以“学术也一样让你听得懂”为宗旨，有着强烈文化抱负，具有一定文化品位，而且形式活泼、双向互动的节目。

(2) 每期节目的讲座主题、主讲学者嘉宾虽然不同，但节目内容的核心部分大致划分成四个小环节。第一环节是由栏目主持人介绍当期节目的学术主题和主讲学者嘉宾；第二环节是主讲嘉宾展开他（她）的主题讲述，介绍其研究成果与独到的见解心得，该环节配合讲座内容播放相应的视频或在屏幕显示讲解内容字幕等，帮助现场与电视机前的观众更好地理解讲堂内容；第三环节是由现场观众与主讲嘉宾围绕当期研讨主题展开提问与解答的节目互动，现场观众直接参与内容制作；第四环节是由栏目主持人对当期讲座内容作小结式的提炼概括。

(3) 节目最后，由主持人预告该栏目下期节目的主题内容，提醒观众留意并关注。

(2) 确定板块（或章节）的名称。

栏目板块的取名手法是多样的，如可根据栏目内容定位，考虑栏目内容进展的一般逻辑顺序来设计栏目板块（环节）的名字。江苏卫视有一档大型生活服务类栏目（更多人直接理解为婚恋交友类节目）《非诚勿扰》，该栏目给单身男女提供公开的婚恋交友平台，宣扬和表现新时代的婚恋观念。由于该栏目给时下快节奏生活的青年男女提供了一种新颖的婚恋交友模式，赢得了广大观众的认同与关注，收视率持续几年红火。该栏目设计的互动形式，突破了传统的男女交友方式，如为参与该节目交友的24位单身女生非常贴心地设计了以亮灯和灭灯来决定报名男嘉宾去留的方式，既体现对女性的尊重，也体现女生优先的理念。该栏目的板块设计既根据栏目婚恋交友的内容定位，又依据男女交友一般需经历的各个交往阶段来决定。

对江苏卫视的《非诚勿扰》栏目现有的分节模式加以分析，将其分节设计还原成包装文案，大意是这样：

《非诚勿扰》分成四节：

A.“爱之初体验”

这是“女生特权”环节，参与交友的女生根据对亮相男嘉宾的第一印象，选择是否灭灯。继而，由主持人提问灭灯女生的灭灯理由。

B.“爱之再判断”

这同样也是“女生特权”环节，分段播放表现男嘉宾“基本资料”、“情感经历”的视频（“基本资料”由男生自我介绍其职业、生活习惯、业余爱好等，“情感经历”反映男嘉宾过往交友情况与体会、喜欢与不喜欢的女友类型、对女友的期待与基本要求等）。每段视频播放后，女生可向男生直接发问，或讲述感受与意见。主持人通过与女生们及现场的男女点评专家进行互动交流，探讨男女交友的方式、理念等，帮助女生增加对男生各方面的了解与认识，也扩宽节目的内容看点。

C.“爱之终决选”

这是“女生特权”的最后一环，播放“朋友采访”视频。由男生的亲友同事等对其品格、能力、为人处事、生活情趣等方面，作补充介绍与评价。此环节力图提供更多信息，帮助女生对男生有不同角度的了解与认识。视频播放完后，由女生自行选择是否继续为男嘉宾留灯。若所有女生都对男生灭灯，则男生离场。

D.“男生权利”

男生对历经上述三个板块后依然没有灭灯的女生，有权选择是否牵手。男生若选择牵手留灯女生，则速配成功。若留灯至最后环节的女生不止一个，男生有权选择其中一位女生牵手；若男生认为留灯女生都不是心动女生，也有权一个都不选择。

E.“爱要勇敢说出来”微博互动

建立与利用该栏目的官方微博平台，吸引场外的单身男女参与节目交友，以扩大栏目的潜在受众群，提升节目的收视率。电视机前的观众若对没有牵手成功的男生有爱慕之意，可通过栏目的官方微博转达交友愿望。场外单身男生若有意向参与该节目的交友活动，也可通过栏目组的官方微博表达申请。

该栏目的板块设计，既符合男女交友的一般过程，也有利于栏目内容的展开与推进。各板块内容结束后，可看到男女是否能速配成功。

栏目板块的命名也可借用各种修辞手法，或者借用口语、成语、谚语、俗语或诗文等，还可以对人们熟知的语句进行谐音变形处理，或引入较多人已了解其语义的网络热词来命名。无论采用哪种方法，一般栏目板块名称都应达到三个要求：一是板块名称与该板块所担负的功能具有关联性；二是各板块名称要有机统一，具有协调性，彼此能相互呼应配合；三是板块名称应尽量简洁易记，帮助观众加深对栏目的记忆。

（3）确定栏目板块的连接顺序和连接方式。

栏目板块之间是否需要过渡？采用什么形式或方法进行过渡？这些都是栏目包装要解决的问题。若是板块分节设定已非常成熟清晰的电视栏目，可由主持人直接宣告“现在进入××环节”或“请进入××区，展开下一个环节××”。

对于节目连贯性很强又有晋级环节的限制规定的电视栏目，则可在节目开始时，由主持人介绍节目的全部环节如何转换、如何晋级等规则。例如，中央电视台综艺频道的大型游戏类栏目《幸福账单》，节目伊始即由主持人们轮流介绍节目的不同环节①：

主持人朱迅（舞台中间）：亲爱的观众朋友们，您现在收看的是中央电视台综艺频道正在播出的大型游戏类节目《幸福账单》。今天是我们的特别节目，邀请大家和我们一起登上这艘幸福游轮，展示你们的风采与勇气。

主持人周炜：如果要到挑战区，还须先跟我来到这里。看到我身后有30位美女评审团成员（引领并走向舞台后排站立的评审团，呼吁她们向观众打个招呼），60秒的才艺展示要经过30位美女评审的认可，才可以到游戏挑战区。

主持人周宇（引领来到挑战区）：当然，当您得到美女评审团的认可之后，您就可以开始我们为您准备的大型水上游戏挑战啦。我们在这里为您设计了一、二、三、四共四个关卡。只要您顺利通过这四关，您的账单就报销成功了。

主持人马跃（舞台中间，旁边各站一个摩拳擦掌的“小怪物”）：如果您顺利通过了四个水上关卡，在这里还有一个惊喜等待着您，那就是您可以选择让账单翻倍。不过这两个“小怪物”不是那么好对付的啊。

接着，节目以画外音的方式全面而又具体地介绍了游戏规则，对主持人们没有提到的游戏规则细节作补充说明，画面上同步显示规则细节的关键词，力图让观众更明白节目板块：

画外音（游戏规则）	字幕（游戏规则介绍）
报账人只需通过60秒才艺展示，赢得30位美女评审给出的超过20盏蓝灯，即可获取进入游戏挑战区的资格。挑战前四关大型水上游戏成功，即可赢得账单报销。继续挑战第五关，更有机会赢取账单翻倍	60秒才艺　30位美女 20盏蓝灯 挑战成功　报销账单 账单翻倍

① 资料来源：央视网。

以上这些关于游戏规则的介绍，其实就是对栏目板块划分的说明。这些内容都应全部先行写入栏目包装文案中，且要准确陈述。

此外，在栏目包装文案中还明确写出：

若报账人选择挑战第五关，则有可能在冲关时遇到“小怪物”拦住并被推下水，这样报账人之前赢得的报销权就丢失了；而若报账人幸运地冲过第五关，则能让账单的报销额翻倍。

在节目中，这段板块的转换说明由主持人把控。通常是在报账人四关水上游戏都通过后，由主持人把它当作游戏规则向报账人作详细说明，再由报账人自行决定是否进入第五关环节。

也就是说，电视栏目包装文案中的板块分节是可控制的，可以根据节目内容的实际需要再调节。

在现实中，也有的电视栏目采用其他的手法转换或过渡到另一板块，如播放另一段音乐，由在节目现场的乐队或乐手演奏另一风格的歌曲，或变换另一批节目嘉宾上场。例如，凤凰卫视的《鲁豫有约》栏目有时会把同一类型的几批嘉宾安排在同一期节目里访问，嘉宾被安排分成几组上台进行访谈。当期节目也自然地因为访谈嘉宾的更换，分出了几个小环节。节目还能用播放与下一板块内容相关的视频资料，或直接在屏幕显示下一板块名称的字幕等手法，提醒观众板块的转换。

（四）栏目主持人

优秀的主持人是电视媒体宝贵的人力资源。优秀的主持人也往往成为媒体、栏目的闪亮名片，为媒体、栏目增加一定的知名度与号召力。故而，应把对优秀主持人的宣传也纳入频道或栏目包装中。

对优秀主持人进行量身定做的悉心包装，不仅有助于让观众亲近媒体与认识频道、栏目，也可借助优秀主持人的明星风采，为栏目增色加彩。例如，凤凰卫视的经营方式是打造“三名”的路线，即培养与包装自身媒体的名主持、名记者、名栏目。因此，凤凰卫视一向比较重视包装自己的优秀主持人，成功的包装也让它的一批优秀主持人成为家喻户晓的明星主持人，如吴小莉、胡一虎、窦文涛、陈鲁豫、陈晓楠、曾子墨、何亮亮、阮次山等。而其对主持人运用的包装手段非常灵活多样，如让各主持人多参与有曝光量的活动，担当频道宣传片或栏目宣传片的主角；又如让主持人担任凤凰卫视主办的各种大型公益慈善活动、大型社会活动的主持人；再如由优秀主持人轮番担任由凤凰卫视主办或协办的各种影视大奖、文学奖、每年的环球中华小姐选举、各年度“影响世界杰出华人”颁奖典礼等的主持人。还有，凤凰卫视鼓励优秀主持人以栏目发展的过程与主持人自身成长的历程为素材，写出自传体式的书籍。此举既鼓舞了主持人的事业上进心，又让其通过写书沉淀与升华成长的体会与经验教训。透过这些自传体书籍的传播与包装，凤凰台的优秀主持人更广为人知。

栏目主持人的包装还包括对主持人服饰装扮的定位和对主持风格的定位。

例如，对于多数新闻栏目的主持人而言，端庄美观、稳重正式的职业套装、西装等正装是出镜播报新闻的不二选择。而综艺栏目主持人多会选择既时尚新潮，又突出个人个性喜好的时装。但即使是娱乐综艺栏目的主持人，也不能毫无顾忌地穿着太暴露性感、太标新立异的奇装异服，或穿着与栏目风格不一致的服饰。如竞赛类综艺栏目的主持人，通常穿着比较休闲的服装，以便于在节目中跟参与竞赛的观众随时互动；而体育栏目的主持人，通常配合节目报道需要，选择穿着运动服现身于运动场进行出镜报道或解说。

主持风格定位是主持人包装中的重要组成部分。首先，主持人的主持风格当然须服从或与栏目风格定位保持一致；其次，主持人的主持风格要符合主持人本人的内在气质；最后，主持人的主持风格总会有一系列的言行外在指标，并以一定的形式表现出来。例如，广东电视台公共频道民生新闻栏目《DV 现场》的几位主持人的主持风格很有个性特点。他们都是年轻的男性主持人，每期节目都是单独一人主持，他们通常在播报一条新闻信息之前对新闻事实进行铺垫、渲染概括或暗示提问，在播报完一条新闻后，又会点评新闻中的人与事，对观众予以提醒。他们连着装风格都有别于新闻栏目主持人的正装示人，穿着迷彩军装坐在直播间做报道，给人风风火火奔赴新闻前线的初生牛犊形象。他们的主持风格带有明显的个性特点：先报道后点评，客观和主观兼顾，批评、讽刺、质疑与赞扬、关怀、体恤结合。当然，上述主持人们如此的主持风格要配合《DV 现场》栏目的内容与风格定位：做一档信息源开放、市民大众高度参与的民生新闻栏目，同时也是一档镜头向下、关注基层民生、敢言敢评的民生新闻栏目。

写作栏目主持人包装文案时，其详略还要视主持人在节目中的作用大小而定。例如，在《中国戏曲》栏目的策划方案中，由于主持人在该节目中起着较为重要的作用，故对栏目主持人包装提出了较为详尽的要求，连带对与主持人相关的嘉宾、现场观众都作了相关说明①：

---

① 骆鹏主编：《影视传媒文案》，西南师范大学出版社2007年版，第285页。

主持形式：节目由两名男女主持人主持。

（1）女主持人控制节目的进行，承上启下，多向沟通，活跃场面气氛；同时也是调动现场观众参与节目的关键人物。

（2）男主持人主要辅助女主持人，谈天说地，评古论今，对节目进行过程中所设计的知识性、技术性的内容进行权威性的解释。

（3）特邀嘉宾。每一场节目均邀请4～5名嘉宾到场，他们主要由各界知名人士、代表该剧种顶级水平的演员、著名票友、剧社的领导等组成。有时也会根据需要邀请能够代表特定社会群体和娱乐市场消费趋势的特定人物作为嘉宾，如青年学生、普通市民、农村地方戏剧社的经营者、民间艺人等。

（4）演播厅现场观众。根据不同场地的具体情况，在现场安排一定数量的观众。

三、栏目的宣传和推广

这是针对电视栏目及主持人所进行的包装推广活动。和频道宣传有所不同的是，栏目宣传的对象十分明确，可以把宣传重心放在对栏目内容和风格的直接推介和理念的阐述上。

（一）推广目标

栏目的推广目标是一个硬性指标，把它写到文案中，一是为了提供包装的坐标，为宣传活动的安排、宣传片的制作提供宏观参考系数；二是为了表明包装的落脚点，当需要衡量包装效果时，就可以根据推广目标判断宣传行为的有效性。

推广目标是可以量化的。在写作栏目包装文案时，首先要充分了解和考虑与栏目运营相关的市场情况，如竞争对手的情况、栏目自身实力和受众反应等。例如，昆明电视台的《晚间关注》栏目就在其包装文案中，把该栏目的推广目标细分为三个①：

1. 知名度目标：通过系列推广配合前期《晚间关注》所做的大量宣传，可使本栏目知名度、认知度、认可度提升60%以上；

2. 说服力目标：栏目推广策略须建立在客观事实的基础上，且予以认真执行，这样，可以使《晚间关注》对观众的说服力提升50%以上，从而建立起良好的观众基础；

① 骆鹏主编：《影视传媒文案》，西南师范大学出版社2007年版，第286页。

3. 广告销售目标：观众认可度和信赖度提高了，自然能赢得广告客户的关注。一旦推广成功，可使广告销售达到一个前所未有的高度，广告主的信赖度也将大大加强。在风云广告公司业务部门的配合和努力下，可使《晚间关注》广告量在现有基础上增加两倍左右。

在栏目的实际运营中，对栏目推广目标的制定与表述，还应综合考虑并服从频道的和媒体的整体定位与追求目标。

（二）宣传行为

栏目的宣传行为主要包括栏目宣传语设计、宣传片制作以及宣传活动安排。

1. 栏目宣传语

栏目宣传语是对栏目主要表现内容、核心实力、内涵追求等各方面进行综合、提炼的点睛之笔。从内容上来讲，宣传语通常以最概括、最凝练、最有感染力的语言去宣传和表述所包装栏目的追求理念、定位、宗旨、独特风格或最具典型性的方面等，尽量充分表现栏目某一方面的特点；从语言表达来看，宣传语表述应该简洁扼要，宣传语的语句力求朗朗上口、简单易记、亲切动人。以下是一些例子：

媒体	栏目	栏目宣传语（宣传诉求）
中央电视台	新闻评论类栏目 《焦点访谈》	“用事实说话。” （突出栏目的内容与风格定位：“时事追踪报道，新闻背景分析，社会热点透视，大众话题评说。”）
中央电视台	综艺类栏目 《黄金 100 秒》	“是金子总会发光的。” （宣传栏目的宗旨——鼓励有梦想的人们，抓住 100 秒舞台的黄金机会，绽放自己的光彩，实现梦想，追求幸福）
中央电视台	戏曲类栏目 《九州大戏台》	“三四个人，千军万马； 四功五法，尽显风华； 六七步行，四海神州； 八方精彩，曲韵悠长。” （凸显栏目平台展现的是中国戏曲表演的各种艺术特色）
中央电视台	经济类栏目 《经济半小时》	“观经济大势，知民生冷暖。” （宣传栏目的追求目标与服务宗旨）
凤凰卫视中文台	健康养生类栏目 《出入平安》	“做个健康快乐人。” （体现栏目的制作目的——有健康，才有平安快乐）

此外，因为栏目宣传语经常嵌在片头、片花里一起出现，故在写作栏目宣传语时，还应该注意表述的节奏感。在写作手法上可多采用对比、拟人、比喻、排比、想象、联想、回环等修辞方式，增加文采，使其更显生动形象。

2. 栏目宣传片

完整的栏目宣传片通常是一个成熟的电视栏目包装的核心，片子不需太长，约为30～60秒。宣传内容应具体实在，无须长篇陈述，也拒绝理论化、抽象化内容，而要言简意赅地宣传栏目宗旨、理念追求等，通常带有一定的导视意味。栏目宣传片的包装文案中要写明以下几点：

（1）栏目宣传片的名称、风格特点。

（2）栏目宣传片的设计思路。

陈述宣传片中必须突出宣传的要点。宣传要点怎样分步骤呈现？有哪些内容必须写入解说词？对解说词有哪些具体写作要求、语言要求？对宣传片须拍摄的画面有哪些具体要求？

（3）栏目宣传片的效果。

这部分陈述宣传片里需要呈现或需要表达何种画面效果、音效音乐，及加入哪些需要配合画面的重点字幕、照片图例等。以下是两个例子：

凤凰卫视中文台《环球人物周刊》栏目宣传片

画面	画外音	字幕
主持人卢琛正在说话的脸部特写	一直和新闻人物打交道（卢琛语）	
一盒打开盖的画笔 （特写）一只手轻轻扫过这排画笔	有时候觉得他们很远，需要仔细观察人物的言行举止，才能揣摩人物的性格（卢琛语）	
（特写）一只手在竖着的画板上绘画着人物肖像	有时候又觉得他们很近，一两句生动的点评，就能勾勒出人物的精髓	
主持人卢琛侧面特写 （中景）卢琛背对镜头看着一幅幅挂在画板上的人物素描画	无国界的收藏，素描这个时代的移民者	
（环状飞入）栏目名称、播出时间段		环球人物周刊 首播时间：周六23:00～23:45 重播时间：周日03:15～03:55

凤凰卫视中文台《全媒体全时空》栏目宣传片

画面	画外音	字幕
五根长短不一的、不停晃动的手指	五根手指可以分工，也可以合作	
一根手指指向画面字幕 两根手指分别指向“×”、“√”和“电话”标志	第一档全媒体节目，与您互动双赢	第一档凤凰全媒体节目
三根手指分别指向地图上的“欧洲”、“亚洲”、“美洲”	全球意见共享	
四根手指分别指向微博图标、微信图标、Skype 图标和 Facebook 图标	四方搜罗及时资讯	
五根手指，指尖分别指向凤凰卫视五个媒体平台的图标	五大平台同步发送	
两根手指触碰后，各拉出一条长线，世界各媒体的标志旋转翻飞	最默契的配合	
一根手指点击画面中央的凤凰台台标，散开变成凤凰卫视五个媒体平台的标志	全媒体资源就是互通有无	
	“全媒体全时空” 星期一至五 凤凰卫视中文台	全媒体全时空 周一至周五 18:45 周二至周六 6:25、14:35

3. 栏目宣传活动

宣传活动是电视栏目运营发展过程中衍生的包装方式。电视媒体或频道、栏目在进入运营拓展阶段后，需要一定的宣传推广活动，既进一步激发频道、栏目自身的潜质与活力，以增加栏目的社会影响，扩大栏目的知名度，也在受众市场的开拓中，让更多观众知晓、接受与喜爱栏目，提高栏目的受众市场占有份额。

在栏目宣传活动的包装设计上，首先，要考虑栏目自身的特色、条件，因材量身地设计。其次，要结合栏目自身的优势与风格特色设计宣传活动的内涵核心，尽量做到宣传活动与栏目的运营推介相得益彰，以吸引观众，得到观众认可。最后，在设计宣传活动时注意引导受众广泛参与，多设计能让广大受众参与互动的环节；活动的难度要适中，能让广大受众有兴趣、有热情、有能力参与到宣传活动中；要能让观众通过参与宣传活动，加深对栏目的认识与感受。

电视栏目在推出大型的宣传活动时，还可以借助互联网的技术力量，设计专门的活动网页，在网页上广而告知宣传活动的相关内容，如宣传活动的宗旨、具体的活动安排、参与活动的对象及要求、宣传活动的起止时间、参与活动的渠道与办法等。此外，还可在活动网页上链接宣传活动的宣传片。

应按宣传活动的既定进度，在活动网页上及时公布可参与活动的幸运观众名单。宣传活动正式开始后，网页上要及时更新对宣传活动的跟进报道，让更多观众了解宣传活动的详细情况。

例如，中央电视台中文国际频道（CCTV4）2014 年举办“中央电视台面向全球诚意征集百集大型纪录片《记住乡愁》主题歌歌词”宣传活动。为了开展此次活动，取得更好的活动宣传效果，中文国际频道在央视网上为该活动设立了活动专页。这个活动专页向全球华人观众公布了参与该活动的各项详细信息①：

一、征集活动的宗旨

《记住乡愁》主题歌歌词全球征集活动旨在找寻、弘扬散落在古村落里的文明基因，以此唤醒社会各界对中华优秀传统文化的认同，提升对中华民族文化的自信心和自豪感。欢迎大家踊跃参与。

二、征集活动动态

《记住乡愁》歌词征集自 2014 年 8 月 1 日起至 2014 年 9 月 15 日止，海内外任何个人或机构均可作为应征者参加本次活动。围绕“记住乡愁”的主题要求，作者可根据创作需要自行命题，作品可从多角度出发，颂扬中华优秀传统文化和传统美德，把历史文化的思想精华与“富强、民主、文明、和谐、自由、平等、公正、法治、爱国、敬业、诚信、友善”的社会主义核心价值观有效地连接起来。

---

① 资料来源：央视网。

三、征集要求

（一）征集时间：2014 年 8 月 1 日起至 2014 年 9 月 15 日止。

（二）征集对象：任何个人或机构均可作为应征者参加本次活动。应征者必须是歌词的著作权拥有者。

（三）作品要求：

1. 围绕“记住乡愁”的主题要求，作者可根据创作需要自行命题。作品可从多角度出发，颂扬中华优秀传统文化和传统美德，把历史文化的精华与“富强、民主、文明、和谐、自由、平等、公正、法治、爱国、敬业、诚信、友善”的社会主义核心价值观有效地连接起来。

（1）美丽家园：描绘家乡优美和谐的自然与人文环境，表达对家乡美好前景的憧憬与信心。

（2）成长记忆：反映家乡丰富多彩的民间生活、传统习俗，表现优秀传统文化在启蒙教育及个人成长方面的深远影响。

（3）文化寻根：展现中华民族深厚的文化积淀，赞颂中华优秀传统文化的时代价值。

（4）亲情守望：抒发游子对故土的眷恋之情，歌颂养育一代又一代中华儿女的父老乡亲。

2. 词风不限，应优美动听，真挚动人，具有易于流行传唱、感染力强、魅力持久的艺术特性。

3. 应征作品必须为原创作品，且未曾以任何形式发表或公开演出过。作品应具有较高的思想性、艺术性。

四、活动宣传片

（在网页上点击即可观看视频）

五、《记住乡愁》节目介绍

《记住乡愁》是由中央电视台中文国际频道拍摄制作的百集大型纪录片，该片以弘扬中华优秀传统文化为宗旨，选取 100 个以上的传统村落进行拍摄，是一部以看得见的传统村落为载体，以生活化的故事为依托，以乡愁为情感基础，以优秀的传统文化为核心的大型纪录片。

目前，该片拍摄工作正在紧张进行，摄制完成后将在中央电视台多个频道和地方卫视频道播出。

六、征集作品提交

1. 应征者请到中央电视台官方网页（www. cntv. cn），点击进入“百集大型纪录片《记住乡愁》主题歌歌词全球征集活动”页面，点击右侧图片，下载作品提交表并规范填写。（亦可直接输入下列地址下载作品提交表：http：//download. cntv. cn/download/teleplayvip/jzxctjb0730. doc）

2. 您可采用以下方式提交表格：

电子信箱：cctvjzxc2014@163. com。

传真：（0086）010－85068129。

邮寄地址：中国北京市朝阳区光华路甲1号院中央电视台新址中文国际频道《记住乡愁》主题歌歌词征集组委会收；邮政编码：100789。（由于工作人员人手有限，所有作品概不退还，敬请谅解）

以上三种提交方式选择其一即可。如有疑问请联系活动组委会，电话：（0086）010－85064303。

七、评选与揭晓

应征作品的评选将由专家评选委员会负责。专家评选委员会（以下简称“评委会”）选出部分应征作品在相关媒体和活动网页上发布，最终评选结果将在各大媒体上向社会公开发布。

1. 评委会从应征作品中选出三十首入围歌词在相关媒体展示，在活动网页上刊发。

2. 评委会从三十首入围作品中精选十二首优秀歌词作品，邀请专业音乐人士为其谱曲。

3. 评委会最终从十二首优秀歌曲中评出最佳歌曲一首，作为百集大型纪录片《记住乡愁》的主题歌。

4. 十二首优秀歌曲将有机会在中央电视台举办的《记住乡愁》主题晚会上进行演唱。

应该清楚的是，以上放到该宣传活动专门网页的所有文字与视频内容，其实就是中央电视台中文国际频道为《记住乡愁》征集主题歌歌词的宣传活动专门设计的包装文案上的内容。

本章思考练习题：

1. 电视包装可应用的元素有哪些？选择一个你喜欢的电视媒体所播放的频道宣传片或栏目宣传片花，试分析其所应用的电视包装元素和片花设计思路有何独特之处。

2. 对照电视包装原则，选择两个省级卫视频道的频道宣传片，或选择两个栏目的宣传片花，对比分析它们的优劣与特点。

3. 试分析中央电视台纪录频道频道宣传片的包装特点。

4. 选择一个你喜爱的电视频道或热播的栏目，为它重新设计三句宣传口号。

5. 为本省卫视频道设计一个新的包装，并写出含画面效果设计方案的频道宣传片文案。

6. 请为电视台某个新办栏目，或正在热播的节目，或电台、电视台将要举办的大型媒体活动，设计一个含画面效果设计的预告片文案和一个含画面效果设计的形象宣传片文案。

后　记

随着科技日新月异的发展，网络及众多迅速崛起的新媒介对传统的广播电视媒介形成强大的冲击力。然而，作为传统大众媒体的广播电视凭借其所拥有的坚实的公信力、高素质的传媒人才队伍、高且稳定的传播质量等依然有着旺盛的生命力。而且，我们也有理由相信广播和电视在媒介融合发展的大趋势下，将通过不断学习与整合新媒介的传播优点并转化为自身的传播实力，增强自身的传播优势。而随着多媒体技术的发展，广播电视媒体日常运营中所需的文案写作无疑将与时俱进，以更适应新媒介不断涌现更新、全媒体信息传播成为主流的形势。在写作过程中，本书写作者们力求在提供广播电视文案写作基本知识的同时，反映广播电视在媒介融合进程中的新动态、新做法，并为读者提供最新的文本案例。

本书是跨校集体合作的成果。由于受到不可预见的客观因素影响，本书写作历时一年多。本书的写作与出版，得到很多人的关心与帮助，在此特别鸣谢广州大学新闻与传播学院副院长田秋生教授的关心鼓励与帮助！本书的出版还得到了暨南大学出版社的大力支持，在此也表示非常感谢！

另外，还要特别感谢参与本书写作的其他两位年轻老师！他们是广州大学新闻与传播学院的李近老师和广州体育学院的曾岑老师。正是有赖于我们三人的通力合作与辛勤劳动，才有本书的顺利成稿。全书写作的具体分工如下：

钟剑茜（广州大学新闻与传播学院副教授）：著第一章、第二章、第三章、第六章、第七章、第九章，共六章；并负责此书大纲的编写、全书写作的协调统筹，以及后期整部书稿的审核校对工作。

李近（广州大学新闻与传播学院讲师）：著第四章、第五章，共两章。

曾岑（广州体育学院体育新闻与传播系教师，广东广播电视台房产频道主持人）：著第八章。

最后，期待本书能得到学界、业界同道者及读者诸君的关注，更衷心期待得到各位的斧正赐教。

钟剑茜

2015 年 1 月于广州